消費者意思決定の構造

解釈レベル理論による変容性の解明

TOGAWA Taku
外川 拓［著］

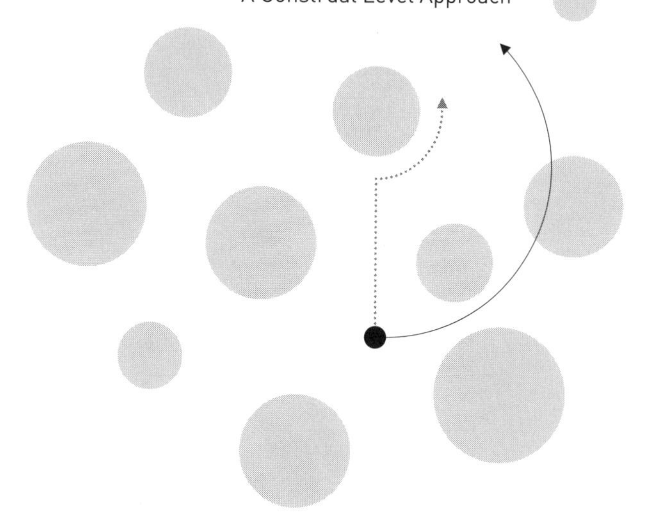

千倉書房

はしがき

消費者行動研究は，1つの研究領域として質，量ともに目覚ましい発展を遂げてきた。専門の学術誌である*Journal of Consumer Research*には，1974年の創刊から40年あまりで2,000本近くの優れた研究論文が発表されており（Wang et al. 2015），それらの知見は，マーケティング研究や関連分野の研究に幅広く引用されている。また，かつての消費者行動研究は，心理学ですでに得られた知見を消費の文脈に応用したものが多かったが，今日では逆に，消費者行動研究における知見が後続の心理学研究に影響を与えるケースも見られるようになった（例えば，Zhang and Li 2012; Zhao, Lynch, and Chen 2010）。日本においても，日本消費者行動研究学会の設立に加え，学会誌『消費者行動研究』が刊行され，学術的，実務的に有意義な示唆をもたらす多くの知見が発表されている。

学問としての消費者行動研究が発展する過程において，テキストも重要な役割を果たしてきた。当時，オハイオ州立大学の研究者であったJames F. Engel，David T. Kollat，Roger D. Blackwellが，1968年に初の本格的テキストである*Consumer Behavior*を著して以降（Engel, Kollat, and Backwell 1968），今日においても多くの優れたテキストが出版され，知識の普及と体系化に貢献している。

こうした事実を踏まえると，消費者行動研究が1つの専門領域として発展していることに疑いの余地はないだろう。しかしながら，社会科学の一領域であるという性格に鑑みるならば，消費者行動研究に従事する際，理論的な精緻化を追求するだけでなく，実際の消費者行動がどのような様相を呈しており，それらの現象が既存の理論によってどれくらい説明可能なのかという点にも注意を向けてみる必要がある。

様々なメディアを通じて，また，実務家との議論を交わしていくなかで，依然として「モノが売れない」,「消費者が見えない」といった声が聞かれる。ある調査によると,新製品のうち,ヒットするのはわずか2割にも満たず,ほとんどは短期間で市場から淘汰されていくという(日本経済新聞社2011)。また,製品やサービスに対して,一見すると矛盾した消費者反応が生じることもある。例えば,iPhoneの最新モデルをはじめ,先進的な製品には消費者から常に高い関心が寄せられる一方で,復刻版ファミリーコンピュータなど「昭和」を感じさせる製品が強い支持を得ることもある。音楽をオンラインで手軽にダウンロードすることが主流となった今日,あえて「音楽フェス」とよばれるオフラインのライブに足を運ぶことが若者のなかでブームになっていたりする。消費者が一見すると不可解で,一貫性を欠く無秩序な行動をとることは,決して珍しくないだろう。こうした行動に対して,既存の消費者行動研究がどの程度十分な予測と説明を提供できていたか,という問いが本書における研究の出発点となる。

第1章でも詳しく議論するとおり,消費者行動研究においては,1つ1つの製品を個別に評価し,評価点をもとに選択肢が絞り込まれていくプロセスが前提とされてきた。例えば,「バッグが欲しい」という目標を有した消費者は,その目標に合致しそうと思われるブランドA,ブランドB,ブランドCに関する様々な情報を取得していく。自身が重視する特定の基準(例えば,「見た目はおしゃれか」,「使いやすいか」など)によって各ブランドを評価した結果,ブランドBの評価点が最も高かった場合,ブランドBを購入する,というテキストでおなじみのプロセスである。こうした絞り込みを進めていくプロセスを想定することにより,複雑な消費者購買意思決定の諸変数を特定し,それぞれの変数がどのような役割を果たしているのかについて,詳しく分析することが可能になる。

しかしながら,実際の買い物は,本当にこのような首尾一貫した意思決定によって行われているのであろうか。むしろ,あらゆる状況変化のなかで,ほんの些細なきっかけにより,重視する選択基準や製品評価の視点が揺れ動くことも少なくないのではないか。例えば,ある時点では「おしゃれなバッグが欲しい」など漠然と考えていたが,いざ購入する段階になると,バッグのデザイン性より，使い勝手や容量などの現実的な事柄が気になりだしたりするといった現象は決して珍しくないだろう。

こうした問題意識のもと，本書では消費者意思決定が有する「変容性の高さ」に注目し，その様相を明らかにしていく。ここでいう変容性とは，情報処理スタイルや選択基準などが，様々な要因によってたやすく変わっていく様子を指す。したがって，本書が想定しているのは，従来の研究書やテキストで前提とされがちであった首尾一貫型の消費者像ではなく，外部や内部からの様々な要因の影響を受けながら意思決定を変化させていく「移り気な」消費者像であるといえる。

もちろん，筆者は「すべての消費者意思決定が無秩序に変容するため，そこに法則性や理論を見出す作業は無意味」などと主張しているわけではない。むしろ，本書の狙いは，個々の意思決定に一定程度の合理性や法則性が存在することを前提としたうえで，従来のモデルでは十分に捉えきれなかった現象やそのメカニズムを特定し，新たな理論で補強を試みることである。

「変容性」という本書の問題意識は，筆者だけが独自に提示しているものではないと考えている。例えば，Lemon と Verhoef が *Journal of Marketing* において議論しているカスタマー・ジャーニーの考え方や（Lemon and Verhoef 2016），須永（2010）が提示した「動態性」の概念，秋本（2012）が提示した「相対的情報処理」の概念も，問題意識の根底部分は多かれ少なかれ共通しているものと考えられる。

既存の理論を振り返ってみると，変容性の高さに注目するための視点も複数提唱されてきた。例えば，「選好の逆転現象」という観点から行動経済学をベースとした議論を行うことが可能である（竹村 2009）。実際，選択集合の構造や言語的なフレーミングなど，様々なコンテクスト要因が取り上げられ，それらが認知プロセスにどのような影響を及ぼすかが吟味されてきた（新倉 2005）。こうしたなかで，本書では，変容性に関連する多様な現象を包括的に捉えるべく，解釈レベル理論に依拠して議論を進めていく。

解釈レベル理論は，ある物事に対して遠いと感じるか，近いと感じるかによって，同じ物事であっても人の捉え方が変化する現象を説明している。例えば，生い茂る木々に向き合う際，人は遠く離れた高台から「森」を眺めることも可能だが，森に接近していき，そこに生える１本の「木」をつぶさに観察することもできる。つまり，同じ対象であっても，対象との距離感によって，人はその対象を抽象的，全体的に捉えることもあれば，具体的，部分的に捉えることもある。こうした距離と認識変化の法則は，消費者行動においても応用可能であると考えている。

バッグの購入という行為においても，半年後に買おうと考えている（時間的に遠い）場合と，今これから購入する（時間的に近い）場合では，購買というイベントに対する捉え方やバッグの重視属性が異なっていても不思議ではない。あるいは，同じギフト購入でも，贈与先が普段あまり接点を持たない（社会的に遠い）人物の場合と，親しい（社会的に近い）人物の場合では，認識の仕方が異なるだろう。こうした目標に対する距離感は，従来，コンテクスト要因として位置づけられ，様々な研究知見が示されてきた。解釈レベル理論を援用することにより，様々なコンテクスト要因が変化したとき，消費者の意思決定がどのように変容していくのか，こうした現象はどのようなメカニズムによって生じているのかという疑問に対して包括的な説明と予測が提示できると考えた。

＊　＊　＊

本書は短期間で書き上げられたものではない。日本商業学会の学会誌である『流通研究』（第６章），日本消費者行動研究学会の学会誌である『消費者行動研究』（第２章の一部，および第３章），日本マーケティング学会の学会誌である『マーケティングジャーナル』（第８章の一部），欧州マーケティング学会（European Marketing Academy; EMAC）の学会誌である *Journal of Marketing Behavior*（第８章の一部），ならびに大学紀要（第１章および第５章）において，筆者が数年にわたり発表してきた論文に加筆修正を施し，新たに書き下ろした章を加えるなどして，改めて１つの体系化された書籍としてまとめたものである。

本書は序章，終章含め，3部全10章から構成されている。序章では，改めて本書における理論的なアプローチ，および研究の方法論について提示する。

第Ⅰ部「本書の理論的背景」においては，実証研究に先立ち，本書が依拠する理論的基盤を明確にする。第1章では，過去の消費者行動研究を概観し，これまでにどのような理論や概念が提示され，どのような取り組みが行われてきたのかについて把握する。そのうえで，消費者行動研究が捉えきれていなかった死角部分として，「変容性」の概念を提示する。実際に自動車の購買を予定している消費者に対する探索的な調査や，先行研究でのインタビュー調査の結果を踏まえ，時間推移に伴い消費者の評価軸や選択軸が変容していく様相を明らかにする。

第2章では，変容性の高い消費者を捉えるための枠組みとして，本書が依拠する解釈レベル理論の全体像を確認していく。論文データベースによる集計データを用い，今日，消費者行動研究に限らず心理学全般において，解釈レベル理論を用いた研究が増加傾向にあること，また，社会科学領域のなかで，最も盛んに解釈レベル理論を援用しているのが消費者行動研究であることなどを示す。そのうえで，解釈レベル理論を構成する中核概念の1つである「心理的距離」にはどのような種類が存在し，対象に対する心理的距離の変化によって対象の捉え方がどのように変容していくのかについて論じていく。先行研究では，消費者の解釈レベルを測定するための様々な方法が考案されてきた。第2章では，こうした解釈レベルの操作や測定に関する方法論についても示していく。

第3章では，解釈レベル理論が消費者行動研究においてどのように扱われてきたのかについて，先行研究レビューを通じて明らかにする。具体的には，解釈レベル理論を単独で用いた研究と，他の理論や概念と組み合わせて用いた研究に分類し，研究潮流の変化や既存の知見の把握を試みる。前者の研究群においては，研究の進展に伴い心理的距離の扱われ方に変化が起きてきたこと，後者の研究群においては，解釈レベルを援用する目的に変化が生じていることなどを明らかにしていく。これとあわせ，解釈レベル理論を消費者行動研究に援用する意義がどこに求められるのか，関連する他の理論と比べてどのような相違があるのかについても考察を行う。

第Ⅱ部「解釈レベルと情報取得プロセス」では，消費者の情報探索行動と解釈レベルとのかかわりを検討する。情報処理パラダイムの消費者行動研究においては，購買意思決定過程を探るうえで，視線の動きを専用の機器により測定するアイトラッキングを実施することが推奨されてきた。これにより，どのような情報をどれくらい丹念に探索していたのかという行動（すなわち，視覚探索行動）を測定し，把握することができる。そこで，第4章では，購買までの時間的な距離が遠いとき，または近いとき，消費者の視覚探索行動がどのように変化するのかについてアイトラッキング法を用いて検討していく。

第5章では，マーケティングおよび消費者行動研究において最も主要な感情変数の1つである「満足」と情報探索行動に焦点を向けた。近年，インターネットやスマートフォンの普及に伴い，情報探索がかつてに比べて容易になっている。一方で，これまでほとんど製品知識を有していなかった消費者が，購買直前に「俄か勉強」をするかのごとく，膨大な情報に接することも可能である。こうした購買直前の俄かな情報探索が，購買後の満足度にどのような影響を及ぼすのかについて検討していく。実際にアウターを購入した消費者を対象とした2時点の調査を通じ，俄かな情報探索によって購買後の満足度が高まるか否かは，消費者が有する個人特性としての解釈レベルによって異なることを示す。

第Ⅲ部「解釈レベルと情報統合プロセス」では，外部から獲得した情報をもとに消費者が製品やサービスに対する評価を下す過程に着目し，解釈レベルとの関係を議論する。第6章では，画像を用いた製品訴求が製品評価に及ぼす効果を時間的距離と社会的距離を考慮しながら議論していく。従来の研究では，製品パッケージに画像を掲載することによって，当該製品の評価が高まることが指摘されてきた。しかしながら，こうした効果は常に生じるわけではなく，消費者が製品消費に対して抱く時間的，社会的な距離感によって調整されることを仮説として提示する。実験では，遠い他者への購買と近い他者への購買のどちらを想像するか（実験1），また遠い将来の消費と近い将来の消費のどちらを想像するかによって（実験2），画像掲載が製品評価に及ぼす効果が異なることを明らかにしていく。

第7章では，第6章の結果を踏まえ，社会的距離についてさらなる考察を進めていく。例えば，同じ「友人」という間柄であっても，文化によってその人物への距離の感じ方は異なることが予測される。そこで，日本人消費者と米国人消費者を対象とした日米比較研究を行う（実験1）。相互独立的自己観を有しているといわれている米国人と，相互協調的自己観を有しているといわれている日本人では，特に「身近な他者」（例えば，「友人」など）に対する距離感が異なること，その結果，第6章で論じた画像掲載効果にも相違がみられることを示す。さらに，日本人のみを対象とし，タスクによって自己観を操作した実験を行うことで，前述の相違は，両国間における自己観の違いにより生じたことを確認していく（実験2）。

ここまで，画像掲載という視覚的な訴求が製品評価に及ぼす効果について議論してきたが，消費者が日頃知覚するのは視覚情報だけではない。そこで第8章では，触覚情報が消費者の意思決定に及ぼす効果について，解釈レベルを考慮しながら考察していく。特に，第8章では，触覚情報のなかでも「硬さ」に注目し，硬いという触覚経験（例えば，硬い紙に印刷された広告に触れるなど）が，本来硬さとは何の関連もない別の物事の判断（例えば，広告上に掲載された製品の品質判断など）に影響を及ぼすのか，そうした影響は，対象に対する時間的距離が遠いときと近いときのどちらで強く生じるのかといった点について検討する。

終章では，本書の全体を通じて得られた結果をまとめたうえで，その理論的な示唆や貢献，ならびに今後取り組むべき課題について論じる。

消費者意思決定の構造

解釈レベル理論による変容性の解明

目次

目　次

はしがき……iii

序章　本書の研究視点と方法論……1

1▸ 理論的アプローチ　2
2▸ 研究方法　3

第Ⅰ部
本書の理論的背景

第1章　消費者購買意思決定における変容性……7

1▸ 本章の目的　8
2▸ 消費者行動研究の理論的展開　8
3▸ 情報処理型モデルの発展　14
4▸ 変容性の問題　19
5▸ 議論　25

第2章 解釈レベル理論の全体像 …… 27

1 ▸ 解釈レベル理論への注目 28

2 ▸ 解釈レベル理論の特徴 29

3 ▸ 心理学における解釈レベル理論の位置づけ 35

4 ▸ 消費者行動研究における解釈レベル理論の適用 37

5 ▸ 解釈レベルの測定 41

6 ▸ 議　　論 46

第3章 先行研究の整理と体系化 …… 49

1 ▸ 本章の目的 50

2 ▸ 体系化の枠組み 50

3 ▸ 解釈レベル単独の効果に関する研究 52

4 ▸ 他の理論や概念の効果を結びつけた研究 55

5 ▸ 先行研究のまとめと考察 62

6 ▸ 意義と課題 69

7 ▸ 議　　論 75

第Ⅱ部

解釈レベルと情報取得プロセス

第4章 購買までの時間的距離と視覚探索行動 …… 81

1 ▸ 消費者情報処理の行動的測定 82

2‣ 視覚探索行動に関する先行研究　83
3‣ 時間的距離と視覚探索行動に関する仮説　88
4‣ アイトラッキング実験　90
5‣ 議　　論　95

第5章 情報探索量が満足度に及ぼす影響 …………………… 103

1‣ 情報環境の変化と満足度　104
2‣ 情報探索研究の概観　105
3‣ 俄かな情報探索に関する2時点調査　112
4‣ 分 析 結 果　115
5‣ 議　　論　119

第Ⅲ部

解釈レベルと情報統合プロセス

第6章 消費に対する心理的距離と画像の効果 …………… 127

1‣ 画像情報と製品評価　128
2‣ パッケージ・デザインに関する先行研究　129
3‣ 社会的距離と時間的距離を考慮した仮説　139
4‣ 刺激と尺度に関する予備調査　142
5‣ 実験1：社会的距離と画像掲載効果　147
6‣ 実験2：時間的距離と画像掲載効果　151
7‣ 議　　論　155

第7章 社会的距離の文化差と画像の効果 …………………… 161

1 ▸ 消費者行動における文化差 162

2 ▸ 画像掲載効果の文化差に関する仮説 164

3 ▸ 刺激と社会的距離に関する予備調査 170

4 ▸ 実験1：日米における国際比較 174

5 ▸ 実験2：自己観を操作した実験 179

6 ▸ 議　論 184

第8章 触覚情報と心理的距離の相互作用 …………………… 191

1 ▸ 触覚と意思決定 192

2 ▸ 触覚に関する先行研究の概観 194

3 ▸ 解釈レベルを考慮した仮説 204

4 ▸ 実験1：知覚品質 207

5 ▸ 実験2：支払意思額 211

6 ▸ 実験3：金銭補償の許容金額 215

7 ▸ 議　論 219

終章 結論と今後の課題 …………………………………… 225

あとがき …………………………………………………… 233

参考文献 …………………………………………………… 237

主要事項索引 ……………………………………………… 264

序 章

Theoretical Approach and Research Methods

本書の研究視点と方法論

1▸ 理論的アプローチ

本書では時間推移やその他の要因によって意思決定を変容させていく消費者像を，解釈レベル理論にもとづき明らかにしていく。解釈レベル理論は，同じ対象であっても，対象への心理的距離によって，形成される精神的表象が変化することを説明している。平易に言い換えるならば，ある物事に対して遠いと感じるか近いと感じるかによって，その物事への捉え方が変化することを示している（詳細は，第2章参照)。人が物事に対して遠いと感じると，その物事を抽象的視点で捉え，「なぜ」それを行うのかという点を意識する。一方，人が物事に対して近いと感じると，その物事を具体的視点で捉え，「どのように」それを行うのかという点に目を向けるのである。例えば，「高性能なデジタルカメラを購入しようと思っていたが，いざ店頭で購入を間近に控えると操作性や携帯性が気になりだした」，「チーム内の親睦が深まれば嬉しいと思い，職場でパーティーを進んで企画したが，のちに出欠確認，飲食店の予約，メニューの選定など煩わしく思い，後悔する」など，出来事への時間的な距離感によってその捉え方が変化するという現象は，多くの消費者にとって身近であろう。

心理的距離には，前述した時間的な距離感だけでなく，社会的な距離感（他者に対してどの程度の距離感を覚えるか）や空間的な距離感（対象物に対して物理的にどの程度の距離感を覚えるか）なども含まれる。解釈レベル理論を消費者行動研究に用いることにより，遠い将来の選択と近い将来の選択，遠い他者への購買と近い他者への購買など，消費者の心理的な距離感によって，選択基準や製品評価方法がどのように変化していくかを包括的に捉えることが可能になるのである。

そこで，本書では解釈レベルが消費者購買意思決定にどのような影響を及ぼすのかという点について，関連する先行研究の知見を踏まえながら明らかにしていく。今日，消費者行動論で一般的に想定されている情報処理型モデルによると，消費者の購買意思決定は，主に情報の「取得」と「統合」という2つのプロセスから構成されている（阿部 1984a；新倉 2005)。前者は，特定の目標を有した消費者が製品に関する情報を外部（例えば，広告，ウェブサイト，雑誌記事など）および内部（例えば，既存の知識や記憶）から獲得する過程，後者はそれらの情報をもとに各選択肢について評価や判断を下す過程として捉えることができる。

当然，どのように情報を取得し統合するかは，消費者がそもそも有している目標に強く依存する。その際，目標の捉え方は一義的に固定されたものではなく，消費者個人のなかで様々な要因の影響を受けながら揺らいでいく可能性が考えられる。したがって，本書では購買目標に対する捉え方によって，情報取得や情報統合といったプロセスがどのように変化するかについて，心理的距離や解釈レベルとのかかわりに触れながら議論を展開する。具体的には，理論的な考察を踏まえたうえで（第Ⅰ部），情報取得プロセス（第Ⅱ部）と情報統合プロセス（第Ⅲ部）それぞれについて，目標に対する消費者の心理的距離や解釈レベルを加味した検討を行う。

2▸ 研究方法

本書は主に文献レビュー型の研究方法と，定量的データを用いた実証分析型の研究方法の両方を用いている。本書の前半にあたる第1章から第3章までは，文献レビュー型の理論的研究を実施した。関連する先行研究を広範にわたりレビューし，知見を整理することにより，本書の位置づけ，およびその後に続く実証分析の理論的背景を明確にした。

一方，第4章から第8章までは，実証分析型の研究方法を用いた。ここでは改めて関連する諸研究の知見をレビューしたうえで，仮説を設定し，その経験的テストを行うことで，解釈レベルと消費者反応とのかかわりを明示している。第1章から第3章までのパートで理論的な整序を試み，そのうえで，実証分析へと議論を展開することにより，各章における実証分析の目的や意義が明確になるよう努めた。

実験や調査の方法についても工夫した。解釈レベル理論を用いた従来の研究では，参加者にシナリオを提示し，ある特定の場面を想像してもらったうえで，架空の製品や広告を評価してもらう実験的手法が一般的に用いられてきた。本書においても，第4章，第6章，第7章，第8章はこの方法を踏襲している。

前述のとおり，解釈レベル理論では，対象に対する心理的な距離感（過去や将来の出来事に対する時間的な距離感，あるいは他者に対する社会的な距離感など）によって，消費者の解釈レベルが変化することを想定している。こうした効果を多面的に理解できるよう，本書では解釈レベルの操作において複数の方法を用いた。第4章，第6章の実験2，第8章では，時間的な距離感によって解釈レベルを操作し，第6章の実験1，第7章では，他者に対する社会的な距離感によって解釈レベルを操作した。一方で，解釈レベルを個人特性として捉えることも可能であるという近年の指摘も踏まえ（井上・阿久津 2015），第5章では，個人特性としての解釈レベルを測定し，分析に用いることとした。

本書では，シナリオとは異なり，より現実性の高い消費者反応を確認する試みも行った。第5章では実際にアウターを検討し，購入した消費者に対して調査を行っている。現実の消費者反応を測定する試みは，その他の章においても行われている。例えば，第4章では，消費者の情報探索行動について，アイトラッカー（視線追跡装置）を用いることにより測定した。こうした工夫により，質問紙調査だけでは捉えづらいリアルな消費者反応を把握することができると考えた。

第 I 部

THEORETICAL BACKGROUND

本書の理論的背景

第 1 章

Changeability of Consumers' Purchase Decisions

消費者購買意思決定における変容性

1▸ 本章の目的

複雑化，多様化が進む市場環境において，消費者の選択行動そのものも決して単純ではなくなっている。消費者行動が「読めない」という現実的な課題に直面し，消費が二極化しているどころか，「一万極化」しているという指摘すらある（井上・河野・中 2015）。

類似した製品があふれるなか，また膨大な広告メッセージにさらされているなか，消費者は，特定の購買目標を達成させるために，常に首尾一貫した「絞り込み」を行っているのであろうか。恐らく，そのようには考えにくいであろう。むしろ，刻一刻と変化する環境のなかで，些細なきっかけにより，選択の仕方や選択目標そのものを変えてしまうことも珍しくないように思われる。しばしば「消費者行動が読めない」といわれる原因の1つは，消費者行動研究で暗黙的に想定されてきた「首尾一貫型の消費者像」と，現実の「移り気な消費者像」との間に生じた乖離にあるのではないか。

こうした前提を踏まえ，本章では消費者の「変容性」をキーワードとして提示し，本書全体の問題意識を明示していきたい。具体的には，まず，消費者行動研究の理論的展開や購買意思決定プロセスに関する過去の代表的モデルを概観する。特定の研究領域におけるパラダイムや，理論的関心の遷移を俯瞰することは，取り組むべき課題を特定するだけでなく，本書の位置づけを明確にするうえでも欠かせない作業であると考えられる。そのうえで，過去に提唱されてきた各種モデルで十分には捉えきれていなかった死角部分を，「変容性」という概念を用いて明示していく。

2▸ 消費者行動研究の理論的展開

2-1 初期の消費者行動研究

第二次大戦後，マーケティング研究の発展とともに，既存の経済学モデルとは異なる対象設定や方法により消費者行動研究が展開されてきた。

1950〜1970 年代は，主に社会学的観点から，消費者のパーソナリティや購買動機に注目した研究が行われている。ここでは，消費者の社会階層（Rich and Jain 1968）や準拠集団（Cocanougher and Bruce 1971; Park and Lessig 1977; Stafford 1966）といった社会的外部要因と購買行動との関係に注目が集まるとともに，モチベーション・リサーチの手法により，消費者の選択行動に対する動機，すなわち「なぜ」その製品を購入した（あるいは，しなかった）のかという購買動機の解明が試みられてきた（Britt 1950; Brown 1950; Haire 1950）。こうした試みは，学術的，実務的にも高い関心が寄せられ，特に Dichter が行った日用品購買に関する調査結果は大きなインパクトを与えることになる（Dichter 1964）。また，1960 年代，マーケティングにおける市場細分化の重要性が指摘されるようになり，これと呼応するように消費者のライフスタイル研究が開始された。消費者のライフスタイルを５つに分類した VALS（Value And Lifestyle）研究などはその代表的な成果といえる（Kahle, Beatty and Homer 1986; Plummer 1974）。

2-2　新行動主義的モデルの開発

モチベーション・リサーチの科学性に対する疑義が生じるとともに，いわゆる「認知革命」と呼ばれる大きなパラダイム転換が発生したことを契機とし，消費者行動研究も従来の社会学的研究法から，心理学的研究法に舵を切ることとなった。当時はまだ，消費者行動研究を専門に扱う学術団体や学術誌は存在しなかったものの，1962 年，Guest が *Annual Review of Psychology* に「Consumer Analysis」と題する論文を発表し，心理学と消費者行動研究の接点を明示している（Guest 1962）[(1)]。

こうして，心理学理論の援用により消費者購買意思決定を探る取り組みが本格的に開始されることとなった（杉本 2012）。当時，主流であった新行動主義的な枠組みから，刺激 — 反応とそのメカニズムに注目した Nicosia モデル（Nicosia 1966）や Howard-Sheth モデル（Howard and Sheth 1969）などが開発される。また，その数年後，米国において消費者行動研究を専門とする学会「Association for Consumer Research」が設立され，専門誌である *Journal of Consumer Research*（*JCR*）が発行されるようになり，消費者行動研究は１つの学問領域としての性格を強めることとなった[(2)]。

刺激 ― 反応型モデルは，広告，製品といった入力変数（すなわち，消費者にとっての外部刺激）が加わった際，購買をはじめとした出力変数（すなわち，消費者の反応）にどのような影響を生じるかについて注目している。そのなかで，ブラックボックスとされてきた反応の過程について，構成概念を仮定することにより説明を図ったのがHoward-Shethモデルであった(Howard and Sheth 1969)。構成概念は，知覚構成概念と学習構成概念に分けられ，後者を設定していることからも，本モデルは学習理論をベースとしていることが読み取れる。これにより，消費者の反復購買に注目することが可能となった。Howard-Shethモデルによると，消費者は学習機能を有しており，同一カテゴリーでの購入を繰り返していくうちに，徐々に意思決定が簡素化されていくことが想定されている。具体的には，購買経験が少ない段階では「広範的問題解決（extensive problem solving）」が行われるものの，購買の反復により「限定的問題解決（limited problem solving）」，あるいは「習慣的反応行動（routinized response behavior）」へ移行すると考えられた。Howard-Shethモデルは，消費者行動研究の科学的地位を向上させ，消費者の購買意思決定という問題に対して，そのステップを体系化した点において大きく貢献した。

また，同時期に，態度研究も盛んに行われるようになり，態度と行動との関係についてのモデル化も進行した。その結果，ブランド選択行動を全属性の評価に対する総和の結果として説明した多属性態度モデルが開発された(Fishbein and Ajzen 1975)。

2-3　情報処理パラダイムの台頭

前述したHoward-Shethモデルは，消費者の同質性を仮定しており，個々の消費者が有する情報処理能力の違いが考慮されていない。加えて，外部刺激の入力に対して反応を示すという受動的な消費者像のみを仮定している。こうした限界が指摘されるとともに，いくつかの研究では，同モデルの経験的テストが行われたものの，いずれにおいても全面的に支持される結果は得られなかった（Farley and Ring 1970, 1974; Lehmann et al. 1974; Lutz and Resek 1972）。

こうしたなかで，刺激 ― 反応型モデルに代わる新たなモデルとして提唱されたのがBettmanモデルに代表される情報処理型のモデルである（Bettman 1970, 1971, 1979）（図1-1）。情報処理パラダイムの考え方においては，刺激 ― 反応型モデルの反省を踏まえ，情報処理能力の有限性を仮定し，限られた情報処理資源をどのように配分するかという点が考慮された。また，問題解決のため消費者自身が能動的に情報を取得し，複数の情報を統合しながら，製品評価および購買を行っていくことが仮定されている（阿部 1984a；新倉 2005）。そして，購買した製品を消費することにより，学習が生じ，その経験が次回の選択に影響を及ぼすことになる。

情報処理型モデルの登場により，消費者行動研究は大きな転機を迎えることとなった。具体的には，特定のマーケティング刺激（例えば，広告メッセージ，製品など）に対する消費者の選好や態度の形成について，有力な理論が提示されるようになった点である。情報処理の動機と能力を考慮し，2つの態度形成ルートを示した精緻化見込みモデルは，その代表例といえるだろう

図1-1　消費者情報処理モデル

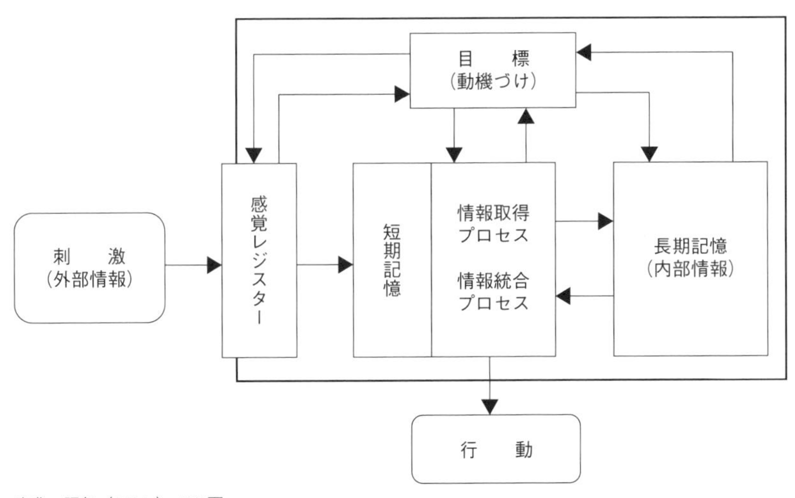

出典：阿部（1984a），122頁。

(Petty and Cacioppo 1986a)。また，購買意思決定プロセスを体系化したEngel Kollat Blackwell（EKB）モデルは，幾度も改訂され，今日では基本的に情報処理パラダイムをベースとしたモデルへと進化している(Blackwell, Miniard, and Engel 2005)。情報処理パラダイムの台頭に伴い，Howard-Shethモデルの改訂版となるHowardニューモデルなども提示された(Howard, Shay, and Green 1988)。

情報処理パラダイムの台頭は，現実的な消費者行動に近似した購買意思決定モデルの開発にも貢献している。とりわけ，EKBモデルをはじめ，同パラダイムをベースとした購買意思決定モデルは複数提唱されてきた。各論者により，用語の違いなどはあるものの，一般的に想定されているプロセスは以下のとおりである。

欲求認識 → 情報探索 → 購買前選択肢評価 → 購買 → 消費 → 購買後評価

消費者は何らかの欲求を認識すると，その欲求を満たし得る選択肢について情報探索を行う。はじめに，情報探索は自身の内部記憶のなかから行われるが，それで不十分な場合，広告，パンフレット，店員，ウェブサイトなどの外部情報を探索するようになる。続いて，購買前選択肢評価の段階では，内外から得られた情報を統合しながら，選択肢のなかでどれが自身にとって望ましいかを判断し，最も評価の高い製品が購入される。また，望ましいと思われる製品がない場合，あるいは情報が不足していると感じられた場合，再度情報探索段階に戻ることもある（新倉 2005)。購入した製品を消費した後，消費者はその製品を再評価し，その評価点が期待を上回っていれば満足，下回っていれば不満足を抱く。

欲求認識の段階から情報処理を進めていくにつれ，評価対象となる製品の集合は変化していく（Brisoux and Laroche 1980)。ブランド・カテゴライゼーションの枠組みによると，入手可能集合，知名集合，処理集合，想起集合という段階を経るにつれ，消費者が徐々に選択肢数を絞り込んでいくプロセスが想定されている（Brisoux and Laroche 1980; 恩蔵 1995；守口 2012)。各集合にどれくらいの選択肢が入るかは製品カテゴリーによって異なるが，テニスラケット，ファミリーレストランなど30のカテゴリーを対象とした過去の研究では，平均すると知名集合で約9つ，処理集合で約7つ，想起集合で約3つの選択肢に絞られていくことが明らかにされている（恩蔵 1995）。

刺激 ― 反応型から情報処理型へとパラダイム転換したことにより，研究で用いられるデータやその収集方法にも変化がみられるようになった。刺激 ― 反応型の時代には，店舗での売上データやスキャンパネルデータなどを用いることが多かったが，情報処理型では，プロトコル法を用いた意思決定プロセスの解明などが図られるようになった（清水 1999）。加えて，Bettman（1979）やKassarjian（1982）では，購買意思決定プロセスの解明において，アイトラッキングや脳機能の測定などが推奨されている。

2-4 解釈主義的アプローチによる取り組みとその後

やがて，問題解決のための意思決定を前提とした情報処理パラダイムに対するアンチテーゼとして，解釈主義的アプローチが提唱された。解釈主義的アプローチにおいては，とりわけ消費者の消費行為の意味や快楽性に焦点が向けられ（Hirschman and Holbrook 1982; Holbrook and Hirschman 1982; 武井 1997），研究手法も心理学実験的なものというよりむしろ，参与観察，エスノグラフィーなど，文化人類学的，民俗学的，社会学的なものが主として用いられている（佐藤 2002；武井 1997）。こうした取り組みは，これまでどちらかというとミクロ的に捉えられていた消費者の購買行動を，文化や社会といったマクロ的要因と関連づける契機となるだけでなく，消費文化論や消費記号論などの新たな領域を生み出すなど（星野 1985；牧野 2015），消費者行動研究に大きな影響を与えたといってよい。一方で，解釈主義的アプローチの台頭が1つの端緒となり，マーケティングおよび消費者行動研究が科学たり得るのかという科学哲学論争が展開され，同分野の科学的位置づけを議論する試みも行われた（阿部 2013；石井 1993；堀田 1991，2006；堀越 2005）。

今日においても，解釈主義的アプローチは衰えることなく展開されており，様々な研究成果が発表されている（例えば，Belk 1988, 2009; 松井 2013）。一方で，前述の情報処理型の考え方も依然として強く定着しており，1980

年代以降，今日に至るまで消費者行動研究における中心的パラダイムとして位置づけられてきた（阿部 2013）。続く第3節では，具体的に情報処理パラダイムにもとづいてどのような研究が取り組まれてきたのかについて，さらに整理を進めていくこととする。

3▸ 情報処理型モデルの発展

3-1 研究の精緻化

1979年，Bettmanにより情報処理型の購買意思決定モデルが提示されて以降，このモデルを構成する各変数やそれに影響を与える諸要因に注目した消費者行動研究が数多く行われてきた（阿部 1984a，2013）。情報処理型モデルに関連するすべての研究をここで詳細にレビューしていくことは本書の目的から逸れるため，代表的なトピックスや既存研究を取り上げ，その系譜を概観していくこととする。

消費者が自ら能動的に情報処理を行っていくことを想定した同モデルにおいて，目標は意思決定に影響を及ぼす主要な変数として扱われてきた。これまでも，目標の構造に注目し，階層性が存在すること（例えば，Lawson 1998），目標階層の抽象性によって情報処理スタイルが異なること（例えば，Park and Smith 1989; Tybout and Artz 1994），目標がその後の製品評価（例えば，Brendl et al. 2003），考慮集合（例えば，Ratneshwar et al. 2001），購買意図（例えば，Herzenstein et al.2007; Klenosky and Rethans1988）に影響を与えることなどが明らかにされてきた。

また，心理学における自我関与概念をベースに，消費者の目標やそれに続く行動に影響を及ぼす要因として，関与を取り上げた研究も行われている。古くは，Krugman（1965）が広告メッセージに対する関与（すなわち，広告関与）によって，当該広告に対する反応が異なることを示したことに端を発し，情報処理そのものに影響を及ぼす要因としての購買関与や（Mitchell 1986），製品が有する特性として製品関与（Zaichkowsky 1985）など，多数の研究が取り組まれてきた[(3)]。また，ブランド研究の活発化に伴い，関与と関連する概念としてブランド・コミットメントが提示された結果，それらの概念整理に取り組んだ研究（例えば，青木 2004；西原 2013）や，両概念からバラエティ・シーキング行動の定式化を図った研究（McAlister and Pessemier 1982; 小川 2005；新倉 2005）などが展開されている。

消費者が有する目標は，情報取得にも影響を及ぼす。例えば，購買関与と外部探索行動に正の関係が存在し，その結果，消費者の購買後満足も変化する（Punj and Staelin 1983; Srinivasan and Ratchford 1991）。加えて，外部情報探索量は，購買関与（Jacoby, Chestnut, and Fisher 1978），製品知識（Beatty and Smith 1987），使用経験（Moorthy, Ratchford, and Talukdar 1997），制御焦点（Pham and Chang 2010）によって変化することも示されてきた。

消費者は外部情報探索を行う前に，自らの記憶のなかで内部情報探索を行う。その際，消費者の記憶や知識がどのような構造を有しているのか，そしてそれがどのように影響を及ぼすのかが研究上の重要な関心事となる。例えば，Johnson and Russo（1984）は，製品知識と記憶の関係に注目し，関連情報を識別する能力などをはじめとした３つの能力が製品知識の増大に影響を与えることを明らかにしている。類似した研究は，Srull（1983）やHutchinson（1983）によっても取り組まれてきた。また，消費者の気分（mood）が記憶にどのような影響を及ぼすのかについて検討した研究（例えば，Bower 1981; Gardner and Vandersteel 1984），消費者の知識について「専門性（expertise）」の観点から体系化を図った研究（Alba and Hutchinson 1987）なども行われている。

知識構造に関しては，カテゴリー化の概念も重要なテーマとして扱われてきた。消費者は，常にいわゆる多属性態度モデル型のピースミール処理を行っているわけではなく，カテゴリー化した知識体系を用いたヒューリスティックを用いることもあるためである（Loken 2006; 髙橋 2011；新倉 2005, 2012）。カテゴリー化された知識について，多くの研究はブランド拡張の文脈で論じており（Loken 2006），類似性概念を用いて拡張ブランドと既存ブランドとの影響関係が探られている（Ahluwalia and Gürhan-Canli 2000; John, Loken, and Joiner 1998; Morrin 1999）。

評価に関連する変数として，知覚リスクや知覚品質に注目した研究も展開されてきた。特に，1980年代に深刻化した日米貿易摩擦を背景とし，品質優位性の高い日本製品が米国市場を席巻するなか，消費者がどのように製品品質を判断しているのかという点は強い関心が寄せられ，影響要因の体系化などが図られた（例えば，Zeithaml 1988）。また，1980年代以降，サービス研究の活発化に伴い，消費段階に注目した研究が行われるようになり，なかでも，消費者満足に関する研究は，満足に影響をもたらす要因の特定，満足により生じる行動など，数多く視点から包括的な研究が行われるようになった（詳細な議論は，Oliver 2010; 阿部 1998を参照）。

3-2　研究潮流の変化と課題

以上のように，消費者の購買意思決定過程をめぐり，目標，情報探索，知識などの観点から多くの研究が取り組まれてきた。この内容を踏まえ，消費者行動研究におけるこれまでの研究展開に見られる特徴と，それによって生じている今日的な課題を明確にしていきたい。

1つ目は，「プロセス」という視点に関する課題である。従来の研究では，刺激 ― 反応パラダイムから情報処理パラダイムに至るまで，意思決定の全体像を示す様々なモデルが示されてきた。とりわけ，情報処理型モデルが提唱されて以降，モデルを構成する各変数（例えば，目標，関与，知識など）がどのような構造になっているのか，また，ある変数と別の変数がどのような影響関係にあるのか，といった点が主たる関心事として扱われてきた。

こうした研究努力は，モデル自体の精緻化を強く促すものであり，購買意思決定モデルの体系化においては必要不可欠な取り組みである。その一方で，購買意思決定をプロセスとして捉えていこうという視点が徐々に希薄化してきた可能性も指摘することができる。つまり，個々の変数に関する詳細な吟味が行われてきたなかで，購買意思決定過程を経時的，時間横断的に捉え，消費者のなかで購買や製品に対する認識がどのように形成され，変化していくのかという議論が置き去りになっていたという可能性である。

同じ人物であっても，証明写真で見たときとビデオ映像で見たときでは，その印象が大きく異なるように，消費者の購買意思決定も，特定時点において個々の製品に対する認識を観察したときと，プロセスを追いながら観察したときでは，その様相が異なる可能性がある。阿部（2009，7頁）の言葉を借りるならば，購買意思決定を捉えていく際，「消費者が特定の対象をどう知覚し，どう評価するかということを解明するだけでは不十分であり，選択肢の集合のなかで，そしてその集合自体が変化するなかで，どの対象が最終的に選ばれるのかというところに直接光が当てられなければならない」のである。

もちろん，これまでに選択行動をプロセスとして捉えようとした研究が行われてこなかったわけではない。むしろ，行動意思決定論をベースとした研究では，積極的に論じたものもある。しかしながら，そこで想定されていた選択は，ある一定の基準のもと，多数の選択肢から漸次的，機械論的に1つの選択肢へと絞り込まれていく過程である。

複数の選択肢を目の前にし，比較するプロセスを考慮した場合，例えば，ある文脈においては魅力的に映っていた選択肢が，ある別の文脈においては別の選択肢と比べて見劣りしたり，ある時点で重要と感じられた製品属性が，その後，取るに足らないものであると判断されたりすることも考えられるであろう。また，阿部（2009）が指摘するように，そもそも選択肢の集合自体が，意思決定過程によって変化している可能性もある。このような視点が，既存の研究ではやや希薄であったことが課題の1つとして挙げられる。

もう1つの課題は，社会的な外部要因と，個人のなかで生じる内部要因の関係が十分に議論されていない点である。かつては，社会全体のなかでの消費者を想定し，社会的な外部変数（例えば，準拠集団や家族など）の影響について議論が行われてきたが，情報処理パラダイムが台頭して以降，個人内部の認知に着目した研究（例えば，記憶研究や態度 — 選択に関する研究など）が行われるようになった。こうした変化は，何人かの研究者によっても指摘されている。例えば，Simonson et al.（2001）は，過去の消費者行動関連ジャーナル（*JCR, Journal of Marketing Research, Journal of Consumer Psychology*）に掲載された論文を分類する試みを行った。心理学が「社会心理学」，「認知心理学」と分類されているのに従い，彼らは消費者行動研究を「社会的研究」，「認知的研究」という軸によって分類している。その結果，過去から現在に至るまで，記憶，知識，意思決定等をテーマとした個人の認知的活動を対象とした研究が飛躍的に増加している一方で，家族，準拠集団，帰属などをテーマとした社会的な側面に焦点を向けた研究が減少傾向にあることを明らかにした。同様の傾向は，その後の研究によっても指摘されている。Wang et al.（2015）は，1974年（創刊年）から2014年に至るまでの過去40年間の*JCR*掲載論文約2,000本を対象にテキストマイニングを実施し，テーマの変遷などを明らかにした。これによると，かつて盛んに行われていた「家族購買意思決定（family decision making）」に関する研究が大幅に減少しているとともに，「自己制御および目標（self-control and goals）」や「感情的意思決定（emotional decision making）」といった個人レベルの認知的活動に注目した研究が増加している傾向が見られたという。清水（1999）も，消費者行動に影響を及ぼす要因を外面的要因と内面的要因に分類し，それぞれが有する影響やメカニズムを統合する必要性を主張している。

消費者行動研究に限らず，科学一般において，研究水準の上昇や知見の蓄積に伴い，社会要因などのマクロレベルの議論から認知要因などのミクロレベルの議論に視点が変化していくことは決して珍しいことではないであろう。しかしながら，その努力の「副作用」として，研究成果と現実的な消費者行動との間で乖離が生じているとするならば，それを埋めていく作業が求められる。消費者はあらゆる社会的要因（例えば，他者との関係，文化的規範など）による影響を受けるが，それだけではなく，例えば他者との関係性という外部要因は，たとえ製品そのものに関する入力情報でなくても，消費者の認知的なパターンという内部要因に変容をもたらす可能性がある。例えば，本書の第6章や第7章で詳細を議論するように，「誰かのための購買」（すなわち，贈与品購買）という一般的な購買行動を例にとってみると，「誰か」という社会的外部要因に対して，どのように知覚するかによって，消費者内部の認知的処理に影響を与える可能性もある。また，「誰かからクチコミで勧められたサービスを利用する」という状況の場合，その「誰か」がどのような人物なのか，どのような関係にあるのかによって，その後行われる情報処理や結果的に生じる購買行動も変容していくはずである（澁谷 2013）。しかしながら，こうした議論は，消費者行動研究において十分には行われてこなかったように思われる。研究対象が微細で特定的になりすぎると，消費者の外部と内部で生じる相互の影響関係が捉えられなかったり，説明が十分にできなかったりする危険がある。

4▸ 変容性の問題

4-1 消費者の変容性

以上で論じたように，消費者行動研究の進展に伴い，購買意思決定に関する多くの知見が得られている一方で，残された課題も存在する。消費者の購買意思決定は，漸次的，機械論的に進められるものとして捉えるのではなく，何らかの外部，内部の状況変化により，紆余曲折を経ながら最終判断が下されるものとして捉えたほうが，実際の消費者像に迫れるのではないかと思われる。また，選択を行っていく過程において，順序立てて選択肢が絞り込まれていくのではなく，その時々によって重視する属性が変化していくことも考えられる。こうした，何らかの要因によって容易に影響を受け，移ろいでいく消費者像を，本書では「変容性の高い」消費者と呼ぶこととする。『広辞苑　第六版』によると，変容とは「姿・形が変わること」を意味する。本書の関心は，まさしく消費者の意思決定過程とその結果として生じる反応が「いかに変わりやすいか」を示していくことにある。

消費者情報処理に変容をもたらす要因は様々なものが想定されうる。もちろん，説得により生じる態度変容もその一例ではある。しかしながら，消費者情報処理に変容をもたらすのは，広告メッセージ等のマーケティング刺激だけではない。例えば，意思決定自体がプロセスであるということを考えるならば，時間推移によって消費者の選択方法が変容していくこともあるだろう。また，自己と他者との関係性などの社会的な要因なども購買意思決定の変容をもたらすはずである。

以下では，特に前者の「時間推移」に注目し，消費者の購買意思決定過程が時間経過とともにどのように変容していくのかについて探索的に明らかにしていく。

4-2　探索的調査

◆ 自動車購買に関する調査結果[(4)]

自動車購買時における重視属性と購買までの時間との関係を明らかにするため，2011 年 9 月，自動車に関するオンライン調査を実施した。対象となったのは，首都圏または近畿圏に居住する 18 歳以上の消費者 412 名（男性 75.5%：女性 24.5%）である。調査では，まず①自動車を購入する予定があるか否かを尋ねたうえで，「ある」と回答した人のみ，②何か月後に購入予定か，③自動車の購入において 7 つの属性をどれくらい重視するのかについてリッカート式 7 点尺度（1：重視していない〜7：重視している）で回答してもらった。7 つの属性は，各種自動車情報サイトなどを参考に，「車種のイメージ」，「企業メーカーのイメージ」，「ボディのデザイン」，「走行性能（馬力やトルクなど）」，「環境性能」，「燃費」，「価格」を設定した。

集計を行った結果，①自動車購入予定の有無に関する質問において，123 名が「購入予定がある」と回答していたため，これらの回答をもとにさらに分析を進めていくこととする。購入予定時期を 4 分位法によって分割したところ，遠い群は平均で約 4 年後（n = 25；M = 47.571），近い群は平均で約半年後（n = 28；M = 6.080）となった。それぞれの群における重視属性の平均値を求めたところ，多くの属性において両群の違いが見られた（図 1-2 ならびに表 1-1）。

図 1-2　自動車購入予定者の重視属性

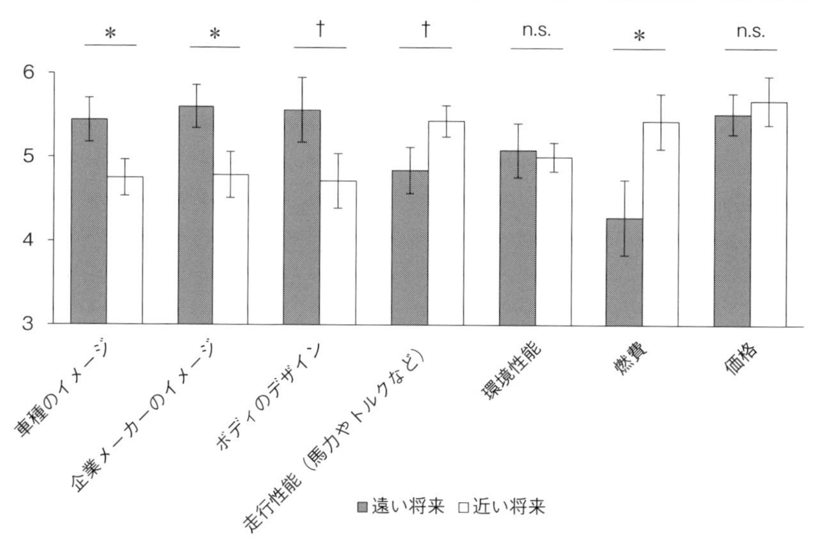

注：図中の＊は 5%水準で有意，†は 10%水準で有意の意。エラーバーは標準誤差（± 1SE）を表している。

表 1-1　重視属性の平均値

	購買予定時期		t 値	p 値
	遠い将来	近い将来		
車種のイメージ	5.44	4.75	2.035	.047
企業メーカーのイメージ	5.60	4.79	2.149	.036
ボディのデザイン	5.56	4.71	1.684	.098
走行性能馬力やトルクなど	4.84	5.43	−1.798	.078
環境性能	5.08	5.00	.227	.822
燃　　費	4.28	5.43	−2.088	.042
価　　格	5.52	5.68	−.411	.683

遠い将来に購買を予定している消費者が重視していたのは，「車種のイメージ」，「企業メーカーのイメージ」，「ボディのデザイン」であった（いずれも 5%または 10%水準で有意)。これらの属性は，いずれも「イメージ」，「デザイン」に関連した内容であり，具体的，客観的には評価することが難しい抽象的なものといえる。これに対し，近い将来に購買を予定している消

費者が重視していたのは,「走行性能（馬力やトルクなど）」,「燃費」であった（いずれも5%または10%水準で有意）。これらは，スペックとして数値化できる属性であり，具体的，客観的な評価指標といえるだろう。なお,「環境性能」,「価格」については，両群における違いが見られなかった（p > .600）。

以上の結果を踏まえると，同じ自動車購入という目標であっても，それがどれくらい遠い将来に予定されているものなのかによって，重視される属性が異なっていることが理解できる。もちろん，この分析結果は，サンプル・サイズや取り上げている属性が限定的である。したがって，この結果をもって消費者の意思決定がどのように変容しているのかを完全に描き切ることはできない。しかしながら，少なくとも，消費者はいつでも特定の選択基準を持ち，それをもとに首尾一貫した購買意思決定を行っているとは限らないという点は，本調査の結果から示唆されるであろう。

◆デジタル製品購買に関する調査結果（石井ほか 2010）

石井ほか（2010）が実施したデジタル製品購買に関する調査についても検討していきたい。石井ほか（2010）は，後述する解釈レベル理論に注目し，消費者の評価軸や選択軸が時間経過によってどのように変化しているのかを明らかにすべく，グループ・インタビューを実施した。インタビューは，2010年2〜3月にかけて行われ，都内の私立大学に通う大学生および大学院が参加している。対象とした製品カテゴリーは，デジタルカメラ，スマートフォン，パソコンの3つであり，これらの製品カテゴリーのいずれかを購入した，あるいは購入を検討している参加者によって2つのグループが形成された（グループ1は14名，グループ2は18名）。

グループ・インタビューにおいては,「製品を購入する前の評価基準や選択基準，現在の使用状況，製品に対する満足度」,「現在の評価軸」などについて質問が行われた。その結果，複数の参加者から評価軸の変化が読み取れる回答が得られたという。

例えば，パソコンを購入したある参加者は,「元々，パソコン特集記事の専門家のコメントや性能評価を見て，最も評価の高いものを買おうと思っていた」が，「店頭に行ったら，なぜかデザインのことが急に気になりだして，最もデザインが優れていたものを購入した」と述べたという。また，使用前後の評価軸について尋ねたところ，スマートフォンを購入したある消費者は，使用前，「便利な機能が魅力的に見えてきた」，「検索機能が魅力的」，「情報量も普通の携帯と違う」など，機能性を評価軸の中心に置いていたのに対して，使用後は「便利な機能が多い分，使い方がすごく複雑」，「電池が直ぐになくなる」など，使いやすさに関する側面について言及していたという。

こうした質的なデータからも，消費者自身の評価軸や選択軸は常に一定ではなく，むしろ時間経過という1つの要因によって，複雑に変容していく様子を読み取ることができる。

4-3 変容性の背景

消費者を取り巻く今日の環境を考えた場合，購買意思決定の変容性はますます高まっていくものと予想される。とりわけ，市場環境要因が消費者の意思決定に与える影響は小さくないであろう。

今日，コモディティ化の進展に伴い，市場には類似した膨大な数の製品やブランドがあふれている（恩蔵 2007）。もし，選択肢間の違い（すなわち，知覚差異）が明確であり，それらの優劣が決定的に示されているのであれば，消費者の選択はそれほど複雑にはならないはずである。価格が手ごろで，品質が優れた製品に選択が集中するため，消費者の購買意思決定を予測することも容易であろう。しかしながら，実際に今日の市場環境を見た場合，選択肢間の知覚差異が極めて低く，決定的な選択肢を見つけることは困難である。いわば「決定打がなく，どれを選んでよいのか分からない」という状況により，消費者の選択基準や重視属性がますます移ろいやすくなっている可能性がある。

選択肢間の類似性とともに，そもそも選択肢数が増えているという指摘もある。例えば，Trout and Rivkin（2008）は，1970年初頭から1990年末にかけての約30年間において，米国の主要製品（または製品カテゴリー）の選

表 1-2　選択肢数の変化

	年代	
	1970 年代初頭	1990 年代末
自動車モデル	140	260
朝食用シリアル	160	3,400
マクドナルドの商品	13	43
雑誌	339	790
パソコン・モデル	0	400
ソフトウェア	0	250,000
ソフトドリンクのブランド	20	87
牛乳	4	19
コルゲート歯磨き	2	17
市販の鎮痛剤	17	141
ヒューストンのテレビチャンネル	5	185
女性用ストッキングの種類	5	90
コンタクトレンズ	1	36

出典：Trout and Rivkin（2008），邦訳 16 頁を改変。

択肢数を調べている。その結果，多くの製品において，選択肢数が大幅に拡大している様子が浮かび上がってきた（表 1-2）。消費者は，かつてないほど多数の選択肢を前に，購買意思決定を行っているのである。

さらにコミュニケーション環境の多様化に伴い，消費者が接触する情報量も大きく変化している（青木 2012；安藤 2017；清水 2013）。企業が発信する広告だけでなく，DM やアプリによって，消費者は日頃から毎日膨大なメッセージを受け取る。Spenner and Freeman（2012）が実施した，世界の消費者 7,000 人を対象とする大規模調査では，企業からの膨大な情報やメッセージが，結果的に消費者のネガティブな反応をもたらし，企業から消費者を遠ざけている実態が明らかになった。こうした結果を踏まえ，彼らは，消費者にとっての「選択のしやすさ」を考えるよう企業に警鐘を鳴らしている。

以上の内容をまとめるならば，選択肢数が増えるなかで，各選択肢の品質は一定レベルまで達しており，いずれも「似たり寄ったり」の状況であることがうかがえる。加えて，決定打となる選択肢が見えづらいなかで，膨大なマーケティング・メッセージにさらされる。こうした市場環境およびコミュニケーション環境において，消費者の評価軸や選択軸は今まで以上に変容性を高め，何らかのわずかな要因によって意思決定が大きく変わってくることが予想される。

5 ▸ 議　　論

本章では，これまで展開されてきた消費者行動研究の系譜を概観したうえで，残された課題について議論した。特に，時間経過や他者との関係など外部的な要因によって変容しやすい消費者像を捉えていく必要があること，また探索的調査の結果をもとに，時間的な推移に伴い消費者の評価軸や選択軸が変容していく様相を示してきた。

こうした問題意識のもと，本書では，解釈レベル理論を援用することによって，消費者の変容性に迫っていくことを目指している。続く第2章と第3章において，解釈レベル理論がどのような理論なのか，そして消費者行動研究においてはこれまでどのように扱われてきたのかについて整理し，第4章以降では解釈レベルと消費者情報処理がどのようにかかわってくるのかについて具体的に議論していく。

（1） *Annual Review of Psychology* には，定期または不定期で消費者行動研究に関する論文が掲載されている。各論文では，消費者行動研究全体を鳥瞰したレビューが行われており，これらを読むことにより，論文発表当時の学界における主要な関心事や，いままでの研究展開を容易に把握することが可能である（例えば，Ariely and Norton 2009; Bettman 1986; Cohen and Chakravarti 1990; Guest 1962; Jacoby 1976; Jacoby, Johar, and Morrin 1998; Kassarjian 1982; Loken 2006; Simonson et al. 2001; Twedt 1965; Tybout and Artz 1994）。

（2） 日本では，1992年，消費者行動研究を専門とした学術団体である日本消費者行動研究学会が設立された。

（3） 消費者行動研究における関与概念の詳細については，青木（2004），西原（2013，2015）を参照のこと。

（4） 本調査は，早稲田大学マーケティング・コミュニケーション研究所における研究プロジェクトの一環として行われた。

第 2 章

Overview of the Construal Level Theory

解釈レベル理論の全体像

1▸ 解釈レベル理論への注目

解釈レベル理論は，近年，消費者行動研究において関心を集めている理論の1つとして挙げられる。解釈レベル理論は社会心理学者のYaacov Trope（ニューヨーク大学）やNira Liberman（テルアヴィヴ大学）らを中心として構築が進められた理論であり，すでに多数の研究が行われている。試みに，論文データベースであるWeb of Scienceを用い「construal level theory」をトピックとする論文を検索したところ，510件の論文がヒットした（2017年10月末日時点）。図2-1は，解釈レベル理論に関する研究数を発表年ごとに算出したものである。発表論文数は今日に至るまで，増加傾向にあることがうかがえる。

ここ数年，解釈レベル理論は，社会心理学にとどまらず，消費者行動研究においてもしばしば適用されている。解釈レベル理論を消費者行動研究に適用することの意義は複数指摘できるが，とりわけ重要なのは，消費者の製品選択プロセスについて直接的な説明や予測を提供する点である。具体的には，消費者が想定した購買や消費の時期，用途などの違いによる選好変化に

図2-1　解釈レベル理論に関する論文数の推移

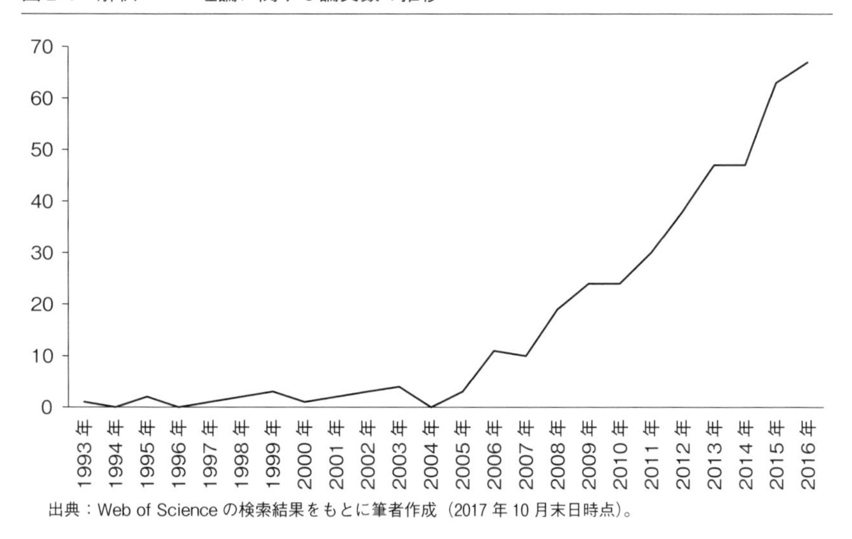

出典：Web of Scienceの検索結果をもとに筆者作成（2017年10月末日時点）。

対して，「心理的距離[1]」の概念を導入することで，従来にないアプローチを図ることが可能となった点といえる（阿部 2009）。

こうした意義が注目され，近年，解釈レベル理論は多くの消費者行動研究において用いられている。特に，*Journal of Consumer Psychology* で特集が組まれた2007年以降，消費者行動研究における解釈レベル理論の適用はますます盛んに行われている（阿部 2009）。

本章では，各論の展開に先立ち，解釈レベル理論の理論的基盤について整理する。具体的には，第2節において解釈レベル理論の概要を示したのち，解釈レベルにより物事の捉え方がどのように変化していくのかについて詳述する。第3節と第4節では，心理学や消費者行動研究において，同理論がどのように開発され，応用されてきたのかについて概観し，第5節では，解釈レベルの定量的な測定方法について，既存研究をもとにまとめていく。本章の結びとなる第6節では，全体的な議論のまとめを行い，同理論の特徴を改めて整理する。

2 ▸ 解釈レベル理論の特徴

2-1 解釈レベル理論の概要

解釈レベル理論は，対象との心理的距離による精神的表象の変化を説明している。解釈レベル理論によると，対象への心理的距離を遠く感じた場合，解釈レベルが高次となり，人は対象を抽象的，本質的，目標関連的に捉える。それに対し，対象への心理的距離を近く感じた場合，解釈レベルは低次となり，人は対象を具体的，副次的，目標非関連的に捉える（Eyal, Liberman, and Trope 2009; Liberman and Trope 1998; Liberman, Trope, and Stephan 2007; Trope and Liberman 2003）。

解釈レベルの高低による対象の捉え方の違いは，表2-1のようにまとめられる。以下では，代表的な5つの次元（「抽象的 ― 具体的」，「脱文脈的 ― 文脈依存的」，「目標関連的 ― 目標非関連的」，「Whyの視点 ― Howの視点」，「望ましさ ― 実現可能性」）について，具体例を交えながら整理を行っていく。

表 2-1　解釈レベルによる対象の捉え方の違い

高次の解釈レベル（心理的距離が遠い対象への捉え方）	低次の解釈レベル（心理的距離が近い対象への捉え方）
・抽象的	・具体的
・単純	・複雑
・構造的，一貫的	・非構造的，非一貫的
・脱文脈的	・文脈依存的
・本質的	・副次的
・上位的	・下位的
・目標関連的	・目標非関連的
・Why の視点	・How の視点
・望ましさ	・実現可能性

出典：Trope and Liberman（2003），p.405 を一部改変。

◆抽象的 — 具体的

例えば，解釈レベルが高次のとき，低次のときに比べて，特定の動物である「犬」ではなく，より広範な概念である「動物」という言葉を用いる。同様に，特定の動作である「押す」ではなく，より広範で多くの動作を包含する「攻撃する」という言葉を用いることも報告されている（Liberman and Trope 1998）。一般的な言葉に置き換えるならば，解釈レベルが高次の人は「森を見る視点」，低次の人は「木を見る視点」で物事を捉える。こうした違いから，物事をカテゴリーごとに分類する際，解釈レベルが高次の人は，低次の人に比べ，カテゴリー数が少なくなるという（Liberman, Sagristano, and Trope 2002）。前者は後者に比べ，対象を抽象的な視点で捉え，個々の物事の微細な差異に気を留めないため，広く大雑把なカテゴリー化が行われるのである。「抽象的 — 具体的」の違いは，知覚にも表れる。Förster, Friedman, and Liberman（2004）によると，解釈レベルが高次の人は低次の人に比べ，抽象的な絵を見た際，そこに何が描かれているのかを正確に特定できるという。

◆脱文脈的 — 文脈依存的

「脱文脈的 — 文脈依存的」の違いは，状況要因をどれくらい考慮するかという違いに表れる。例えば，心理的距離が遠い出来事について説明する際

（すなわち，解釈レベルが高次の場合），人は出来事そのものが有する性質について言及する傾向がある一方，心理的距離が近い出来事について説明する際（すなわち，解釈レベルが低次の場合），人は出来事が発生した状況について言及する傾向があるという（Henderson, Trope, and Carnevale 2006; Nussbaum, Trope, and Liberman 2003）。仮に，エレベーターで誰かに足を踏まれた場合，解釈レベルが高次の人は，その出来事に直接関連した人やモノについて言及するため，「隣の女性が私の足を踏んだ」と説明する。一方，解釈レベルが低次の人は，その出来事が発生した状況に言及するため，「エレベーターが非常に混んでいた」といった発言を行う（Liberman and Trope 1998）。

◆目標関連的 — 目標非関連的

例えば，キッチンで音楽を聴くために時計付きラジオを購入する際，解釈レベルが高次の人はラジオの音質が優れた製品を選び，低次の人は時計が見やすい製品を選ぶ（Liberman and Trope 1998; Trope and Liberman 2003）。さらに，目標関連性の次元は，自己制御（self-control）との結びつきで捉えることができる。Fujita et al.（2006a）によると，心理的距離が遠い出来事を想像した場合（すなわち，解釈レベルが高次の場合），近い出来事を想像した場合に比べて自己制御が行われやすくなるという傾向がある。例えば，「減量したい」という目標を有している人は，解釈レベルが高次のとき，たとえアイスクリームがあったとしても，本来の目標を達成すべく健康的なフルーツ・サラダを選択する（すなわち，目標関連的な意思決定が行われる）。しかしながら，解釈レベルが低次になると，本来の「減量したい」という目標とは一致しない意思決定を行い，フルーツ・サラダではなく，短期的に魅力的なアイスクリームを選択してしまう。

◆Why の視点 — How の視点

「Why の視点 — How の視点」についても触れておきたい。心理的距離が遠く，対象に対して高次の解釈レベルで捉えた場合，その対象を「なぜ（Why）行うのか」と考える。それに対し，心理的距離が近く低次の解釈レベルで捉えた場合，その対象を「どのように（How）行うのか」と考える。

遠い将来の試験勉強は，そもそもなぜその勉強を行うのかという点に注意が向き，「知識や教養を習得するため」（Why 視点）と考えるが，いざその試験が近づくと，「試験でどのようにして高得点を出すか」（How 視点）という点に注意が向くといった現象を例として挙げることができる（Lee, Keller, and Sternthal 2010; Tsai and McGill 2011）。

◆望ましさ — 実現可能性

「望ましさ — 実現可能性」の次元は，実現すれば望ましいが，その可能性は低い選択肢 A と，実現可能性は高いが，実現したとしても大きな効用が得られない選択肢 B というトレードオフの意思決定において違いを見ることができる。例えば，解釈レベルが高次の人は，25％の確率で 10,000 円が当選するクジ（望ましさ：高 — 実現可能性：低）を選択するが，解釈レベルが低次の人は 50％の確率で 5,000 円が当選するクジ（望ましさ：低 — 実現可能性：高）を選択する傾向にある。また，望ましさ — 実現可能性についてプライミングされた場合，解釈レベルが高次の人は，品揃えが多い店舗を好ましく評価するのに対し，解釈レベルが低次の人は，品揃えが少ない店舗を好ましく評価する（Goodman and Malkoc 2012）。品揃えが多い店舗は，少ない店舗に比べ，自身の欲求に合致した製品を入手するという点では望ましいが，実際の製品選択は容易でないため，解釈レベルが高次のときに好まれるのである。

従来の研究では，心理的距離の 1 つとして時間的距離（例えば，明日と 1 年後）がしばしば取り上げられてきたが，そのほかにも，心理的距離には「空間的距離」（例えば，1km 離れた店舗と 10km 離れた店舗），「社会的距離」（例えば，自分から見た自分と他者），「経験的距離」（例えば，実際に触れた製品と PC の画面上で見ただけの製品），「仮説的距離」（例えば，100％の確率で行ける旅行と，50％の確率で行ける旅行）などが含まれる（Trope, Liberman, and Wakslak 2007）。

解釈レベル理論を用いることで説明が可能になる現象は，我々の身近にも数多く存在する。例えば，パーティーの幹事を引き受けたときを考えると分かりやすい。開催までの時間的距離が遠い時点ではパーティーを高次の解釈レベルで捉えるため，その趣旨や目的など抽象的かつWhyの側面に共感し，幹事を喜んで引き受ける。ところが，開催までの時間的距離が近づくにつれ，会場の手配や出欠管理など具体的かつHowの側面に注目し，幹事を引き受けたことに対して後悔を覚える，といったケースである（Liberman, Trope, and Wakslak 2007）。また，幸せな家庭を築くことを想像し結婚に前向きだったものの，結婚式直前になり，結婚やその相手の従来気にならなかった部分が気になりだし，結婚に対してためらいを感じる，いわゆる「マリッジブルー」などの現象も解釈レベル理論によって説明することができる。

2-2 解釈レベル理論の発展

解釈レベル理論の構築において中心的な役割を果たしたのは，社会心理学者のYaacov TropeとNira Libermanである。彼らは，Liberman and Trope（1998）において初めて実証的手法を用い，解釈レベル理論の構築を図った。この研究は，ある行為を遠い将来に行うことを想定した場合，人は当該行為の望ましさ（desirability）に注目する一方，近い将来に行うことを想定した場合，人は当該行為の実現可能性（feasibility）に注目する傾向があることを明らかにした。加えて，解釈レベルによる対象の捉え方の違いとして，具体性（Förster, Friedman, and Liberman 2004; Trope and Liberman 2000），目標関連性（Trope and Liberman 2000），典型性（Liberman, Sagristano, and Trope 2002）なども明らかにされている。

時間的距離以外の心理的距離を扱った研究も行われてきた。Trope and Liberman（2003）は，解釈レベル理論の定式化，他理論との関係の整理などを図ると同時に，社会的距離への拡張可能性について論じた[(2)]。その他，空間的距離に注目した研究（Fujita et al. 2006b）や，社会的距離に注目した研究（Hamilton and Thompson 2007, Study 3），仮説性に注目した研究（Wakslak et al. 2006）により，解釈レベル理論の想定する心理的距離が，時間的距離から他の距離へと拡張されてきた[(3)]。

その後，解釈レベル理論が有する単独の効果の解明を図った上述の研究のほか，解釈レベル理論によって既存理論の知見を補強したり，反対に他の理論によって解釈レベル理論の知見を補強したりした研究も行われている（Fujita et al. 2008）。

また，2つの心理的距離間の関係について論じた研究も行われている。一般的に，2つの心理的距離は互いにリンクしているといわれている。例えば，「それは遠い昔，＿＿＿場所で起きた出来事である」という文章を考えると分かりやすい。空欄部分に入れる言葉として，「遠い」，「近い」のいずれかを入れる場合，多くの人は「遠い」を選択するという（Liberman and Trope 2008）。こうした現象について，興味深い実験も行われている。Bar-Anan et al.（2007）は，手前から奥まで続く道路の画像を用いて実験を行った（図2-2）。道路上には，「We（社会的距離：近）」または「Others（社会的距離：遠）」と書かれた矢印が示されており，矢印の位置も道路の遠く先（画像奥，空間的距離：遠）または目の前（画像手前，空間的距離：近）に操作されている。画像に対する実験参加者の反応時間を測定したところ，「Others」と書かれた矢印は道路上の遠くに配置されているとき（画像D），また「We」と書かれた矢印は道路上の近くに配置されているとき（画像A），その逆と比べて人が素早く反応することが分かった。彼らによると，人は時間的距離や社会的距離を空間的距離へ無意識的に置き換えて考えている。ゆえに，空間的距離の遠近とその他の心理的距離の遠近が一致した条件（画像A，画像D）において，一致していない条件（画像B，画像C）に比べ，画像に対する反応時間が早くなった指摘している。実際，多くの言語圏において，空間的距離は時間的距離のメタファーとして用いられている。例えば，明日より1年後のことを「遠い将来」と表現するように，本来は物理的，空間的な距離を表す「遠い」という言葉が，時間的距離の程度を表す際にも用いられている。また，課題を完了するまでに相当な時間がかかりそうな状況を「まだまだ道のりが長い」と表現するのも同様である。

図 2-2　空間的距離と社会的距離の認知的な結びつき

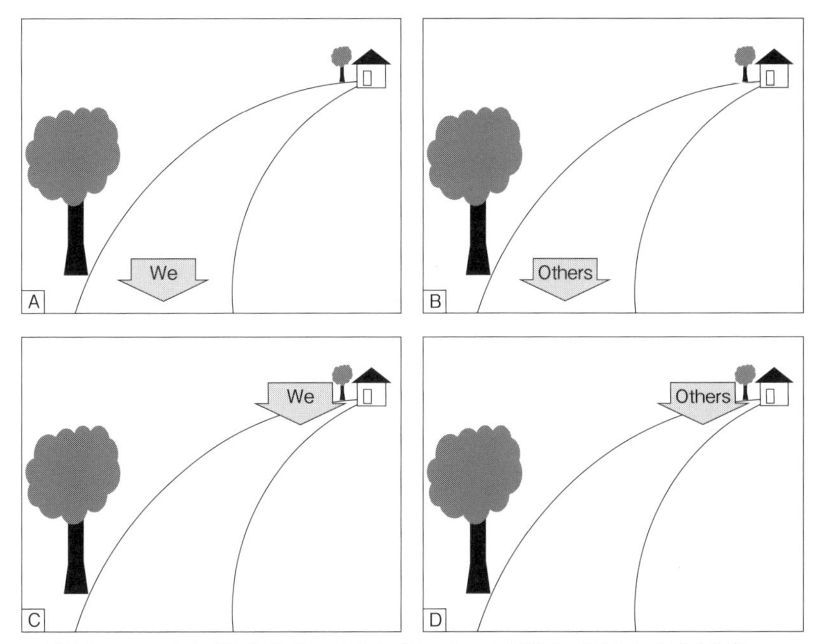

出典：Bar-Anan et al.（2007）の Figure 1 および Experiment 5 に関する記述をもとに筆者作成。

3 ▸　心理学における解釈レベル理論の位置づけ

対象との心理的距離による精神的表象の違いが，対象に関する判断，評価，選択に及ぼす影響について理解することは，心理学，行動科学，そして社会科学全体において大きな意味を持つ。心理的距離の概念は，人類の進化や人間の発達を議論するうえで欠かすことができないためである（Liberman and Trope 2008）。人類の進化において，大きな役割を果たしたのが「道具」と「言語」であることは広く知られている（Flinn, Geary, and Ward 2005）。もし人が「今この場で（here and now)」起きている出来事しか理解できなければ，有用な道具を製作することはできなかったであろう。生活において有用な道具を製作するためには，道具をいつどのような状況で使用するのか，その際にどのような機能が求められるのかなど，道具を使用する将来の場面を想像することが求められる。

また，言語を使用することにより，人は長期間にわたり食糧を栽培したり，社会的集団を形成したりすることが可能になった。その際，いうまでもなく「自分自身」のみを考えていては社会的集団が成立しない。人は，進化の過程において「自己とは離れた他者」を理解する必要があったのである(Flinn, Geary, and Ward 2005)。この過程は，自己中心的な行動をとる生まれたての子供が，成長するにつれ，徐々に他者の立場を理解したり，他者の判断や行動を予測したりするようになることと類似している。したがって，今自分自身が置かれている状況や立場のみならず，そこから時間的，社会的に離れた対象を，人がどのように捉えているのかについて明らかにすることは，人類の進化や人間の発達を理解するうえでの根源的なテーマとなる。こうした課題に対して体系的な解明を試みている点が，解釈レベル理論の大きな特徴と Liberman and Trope (2008) は述べている。

解釈レベル理論は，対象との心理的距離により，その捉え方（解釈レベル）が変化することを仮定している。こうした現象が発生するメカニズムは，人の精神的表象と心理的距離との関係のなかから説明することが可能である。ここでは，Liberman and Trope (2008) にならい，「子供たちがバスケットボールを行っている」という様子を例に挙げながら考察していきたい。この様子を低次の解釈レベルを有した人が見たならば，バスケットボールを行っている場所，ボールの色，子供たちの年齢といった詳細な特性に注目するだろう。一方，この状況を高次の解釈レベルを有した人が見たならば，単に「楽しい時間を過ごしている」と捉えるだろう。仮に，「バスケットボール」を「サッカー」に置き換えた場合，ボールの色やプレイしている場所など具体的で低次の解釈は変化する。一方で，「楽しい時間を過ごしている」という抽象的で高次の解釈自体は変化しづらい。言い換えるならば，解釈レベルが低次から高次に変化した際，「カラフルなボール」，「10 歳の子供」，「町の中心部にある公園」，「気温は摂氏 15 度」といった特定的で具体的と感じられる情報は捨象され，そうしたなかで維持される情報は「楽しい時間を過ごしている」という抽象的な情報のみとなる。

ここで重要なのは，「楽しい時間を過ごしている」といった抽象的な情報は距離の変化による影響を受けにくいという点である（Liberman and Trope 2008; Trope and Liberman 2003）。例えば，バスケットボールが行われているまさにその場に居合わせれば，何というスポーツ競技を行っているのか，何色のボールを使用しているのか，何歳くらいの子供が何人いるのか，気温は何度くらいなのかといった具体的な情報を知ることができる。しかしながら，バスケットボールが行われている場面から物理的に離れると，前述の具体的な情報は獲得できなくなり，「誰かが楽しそうなことをしている」という抽象的な精神的表象のみが残ることになる。つまり，人が詳細を知ることができるのは近い対象物のみであり，遠い対象物は抽象的にしか捉えられないという一般的傾向こそが，解釈レベル理論の基盤を形成しているといえるだろう。

加えて，物理的な距離により生じるこうした傾向を，心理的距離の変化に応用しているところが解釈レベル理論の特徴であり，同理論の中核を成している。人は時間的距離や社会的距離を空間的距離に置き換えて捉えていることは，すでに既存研究（Bar-Anan et al. 2007）を挙げて述べたとおりである。すなわち，時間的，社会的な隔たりのある対象を人はどのように捉えるのかという課題に対して，客観的な空間的距離の感じ方を手掛かりとしながら解明を試みている点に同理論の特徴を見ることができる。

4 ▸ 消費者行動研究における解釈レベル理論の適用

4-1 解釈レベル理論を用いた消費者行動研究の展開

社会心理学における解釈レベル理論の構築と発展を踏まえ，特にここ数年，同理論を消費者行動研究に用いた研究が飛躍的に増加している。表 2-2 は，Trope and Liberman（2003）の引用数をジャーナル別にランキング化したものである[(4)]。当然ながら，1 位と 2 位は社会心理学分野のジャーナルであるが，2 位の *Journal of Consumer Research*，4 位の *Advances in Consumer Research*，6 位の *Journal of Marketing Research*，9 位の *Journal of Consumer Psychology* は，いずれもマーケティング，消費者行

表 2-2　Trope and Liberman（2003）の引用数上位 10 誌

順位	出版物名	引用数
1	*Journal of Experimental Social Psychology*	56
2	*Journal of Consumer Research*	45
2	*Journal of Personality and Social Psychology*	45
4	*Advances in Consumer Research*	31
5	*Personality and Social Psychology Bulletin*	31
6	*Journal of Marketing Research*	28
7	*Journal of Experimental Psychology General*	23
8	*Psychological Science*	22
9	*Journal of Consumer Psychology*	20
10	*European Journal of Social Psychology*	18

注：Web of Science による結果（2017 年 10 月末日時点）。網掛けは消費者行動研究関連のジャーナル。

動研究分野のジャーナルである。このことからも，いかに消費者行動研究において解釈レベル理論が盛んに援用されているかが理解できるだろう。

こうした潮流の端緒となったのは，2007 年の *Journal of Consumer Psychology* における解釈レベル理論研究特集と考えられる。ここでは，解釈レベル理論に関する 9 本の論文が収録され，同理論を消費者行動研究に適用することの意義や可能性が論じられている（Dhar and Kim 2007; Lynch and Zauberman 2007; Trope, Liberman, and Wakslak 2007）。

解釈レベル理論が多くの消費者行動研究に用いられる背景として，この理論が有する応用可能性の高さが挙げられる（阿部 2009；阿部ほか 2010）。具体的に言うならば，解釈レベル理論は「選好の逆転」に対して，従来の意思決定モデルよりも直接的な説明や予測を可能にしている。

我々の購買行動を振り返ってみると，選好の逆転は極めて身近な現象といえる。例えば，デジタルカメラの購入場面を想像すると分かりやすい。当初はブランド・イメージやデザイン性といった抽象的属性を重視し，製品選択を行っていたが，購買直前になりデジタルカメラの操作性や携帯性といった具体的属性が気になり，他製品に目移りするといった現象は多くの人が経験しているだろう[(5)]。

選好の逆転を解釈レベル理論により初めて説明したのはTrope and Liberman（2000）である。彼らは被験者に対し，キッチンで音楽を聴くために時計付きラジオを購買する状況を想定してもらい，選択タスクを課す実験を行った。時計付きラジオには2つの選択肢が用意されており，一方はラジオの音質は優れているが，時計の見やすさは劣っているもの（目標関連的，本質的属性が優位），もう一方は，時計は見やすいが，ラジオの音質は劣っているもの（目標非関連的，副次的属性が優位）である。実験の結果，遠い将来の購買を想定した人は前者，近い将来の購買を想定した人は後者を選択する傾向が確認された。このように解釈レベル理論を用いることで，消費者が感じた心理的距離の変化による選好の逆転を，直接的に説明することが可能になったのである。

4-2　解釈レベル理論に近接する既存理論

解釈レベル理論は選好の逆転について新しい視点を提供している。しかし，時間経過に伴う情報処理タイプの変化や選好の逆転そのものが，従来，社会心理学や消費者行動研究で論じられてこなかったわけではない。これまでも消費者行動研究において，心理的距離，なかでも時間的距離の変化に伴う選好の逆転については，いくつかの視点から論じられてきた。

1つは，二重過程モデルにもとづく検討である（Fujita et al. 2008）。二重過程モデルは，消費者の動機と能力により情報処理タイプが中心的ルートと周辺的ルートのいずれかに変化し，結果的に対象への態度が変容することを想定している（Petty and Cacioppo 1986a, 1986b）。Petty, Cacioppo, and Goldman（1981）によると，人が中心的ルートと周辺的ルートのいずれをとるかは，情報処理の動機や能力だけでなく，情報処理に対する「個人的関連性（personal relevance）」によっても変化するという。個人的関連性とは，特定の問題がもたらす結果に対して個人が感じている重要性の程度を指し，「個人的関与（personal involvement）」とも呼ばれている（Petty, Cacioppo, and Goldman 1981）。個人的関連性は対象に対する時間的距離の影響を受ける。具体的には，遠い将来の購買を想定した場合，個人的関連性が低く感じられるため，消費者は情報処理にあたり認知的努力を要さない周辺的ルートを用いる。一方，近い将来の購買を想定した場合，個人的関連性が高く感じられるため，中心的ルートがとられ，慎重かつ精緻な情報処理が行われる（Petty, Cacioppo, and Goldman 1981）。Petty, Ostrom, and Brock（1981）によると，大学が新たに導入を検討している理解度試験について学生に説明したところ，1年後に導入すると示された学生（個人的関連性：高）は説明の内容，10年後に導入すると示された被験者（個人的関連性：低）は説明した人物をもとに試験導入計画への態度を形成したという。このように，二重過程モデルは個人的関連性を鍵概念として，時間的距離の変化に伴う情報処理の変化，そしてその結果生じる態度変容について説明を提供してきた。

もう1つは，行動経済学における時間割引率の概念にもとづく検討である。ここでは例えば，今日貰えるリンゴ1個と，明日貰えるリンゴ2個のどちらを選択するか，あるいは，美味しい食べ物を食べて得られる短期的な便益（満腹感）と1年後のダイエット成功によって得られる長期的な便益（健康的な生活）のどちらを選択するかといった異時点間選択が想定される。その際，遠い将来にもたらされる利得は，近い将来にもたらされる利得に比べ，どの程度割り引いて捉えられるか，すなわち時間割引率が問題となる。従来，時間割引率の変化については指数割引が想定されていたが，近年では双曲線割引が適用されている。

双曲線割引の想定によると，近い将来の異時点間選択のほうが，遠い将来の異時点間選択に比べ時間割引率が高くなる。例えば，1年後に貰える1万円と1年10日後に貰える1万500円を比較した場合，多くの人は後者を選択するが，今日貰える1万円と10日後に貰える1万500円を比較した場合，多くの人は前者を選択する。つまり，時間割引率の概念は，同じ10日間に設定された異時点間選択の課題であっても，その課題までの時間的距離によって選択傾向が変化することを説明している（Ainslie 2001; 池田 2012）。

以上のように，二重過程モデルと時間割引率は，時間的距離の変化に伴う選好の逆転について説明を提供している点に限っていえば，解釈レベル理論の競合理論として位置づけることができる。一方で，解釈レベル理論は時間的距離のみならず他の心理的距離も想定している点，また選択時における重視属性の変化に注目しているという点で，他の理論とは異なった特徴も有している。これらの既存理論と解釈レベル理論との関係についての詳細な議論は，レビュー内容を踏まえ，次章で改めて行う。

5▸ 解釈レベルの測定

消費者が今現在，どの程度の解釈レベルを有しているのかを計量的に把握することは極めて重要なことである。とりわけ，学術的な観点から考えるならば，ある調査において消費者の解釈レベルと他の変数との関係を捉えたり，実験的手法において解釈レベルの操作が成功しているか否かを判別したりする必要があるからである。

現在のところ，解釈レベルそのものを直接的に測定するための尺度は開発されていない。そのため，実際の社会心理学研究，そして消費者行動研究においては，他の目的で開発された尺度を代用する方法，何らかのタスクを行わせ，その結果から判別する方法などが一般的に多く用いられている。以下では，消費者の解釈レベルの計量的測定方法について既存研究でのケースをもとに整理していく。

5-1 BIF尺度による測定

解釈レベルを測定する際，最も多くの研究で用いられているのはBehavioral Identification Form（BIF）尺度を用いる方法である。BIF尺度とは，行為同定に対する個人差を測定するためにVallacher and Wegner（1989）によって開発された尺度であり，社会心理学研究（例えば，Fujita et al. 2006a）のみならず，消費者行動研究（例えば，Cho, Khan, and Dhar 2013; Hong and Lee 2010; Irmak, Wakslak, and Trope 2013; Lee, Keller, and Sternthal 2010）においても広く一般的に解釈レベルを測定するための尺度として用いられている。

BIF尺度は25項目から構成され，ある行為（例えば，「読書する」）に対してWhy視点の選択肢（例えば，「知識を得る」）とHow視点の選択肢（例えば,「印刷された文字を目で追う」)がそれぞれ設定されている(表2-3)。How視点の選択肢を選択した場合には「0」, Why視点の選択肢を選択した場合には「1」とカウントし, 25項目の合計得点(0~25)が高いほど, 回答者は高次の解釈レベルを有していると判定される。

質問紙調査で容易に解釈レベルが測定できるという長所がある一方で, い

表2-3　BIF尺度の質問項目

行　為	選択肢
(1)　リストを作る	(a)　整理する (b)　書き出す
(2)　読書する	(a)　印刷された文字を目で追う (b)　知識を得る
(3)　入隊する	(a)　国防に協力する (b)　同意のサインをする
(4)　衣服を洗う	(a)　衣服からにおいを取り除く (b)　衣服を洗濯機に入れる
(5)　リンゴを収穫する	(a)　何か食べるものを手に入れる (b)　木の枝からリンゴをもぎ取る
(6)　木を切る	(a)　斧をふるう (b)　薪を手に入れる
(7)　じゅうたんを敷くために部屋の広さを測る	(a)　部屋の改装の準備をする (b)　メジャーを使う
(8)　家を掃除する	(a)　きれい好きであることを示す (b)　床に掃除機をかける
(9)　部屋を塗りなおす	(a)　ブラシを動かす (b)　部屋を新しく見せる
(10)　家賃を払う	(a)　住むところを維持する (b)　振り込みを行う
(11)　観葉植物を育てる	(a)　植物に水をやる (b)　部屋をよく見せる
(12)　ドアに鍵をかける	(a)　鍵穴に鍵を差し込む (b)　家を守る
(13)　選挙に投票する	(a)　選挙結果に影響を及ぼす (b)　投票用紙に候補者の名前を書く
(14)　木に登る	(a)　良い眺めを得る

	(b)	枝につかまる
(15) 性格検査に回答する	(a)	質問に答える
	(b)	自分がどのような人間か明らかにする
(16) 歯を磨く	(a)	虫歯を防ぐ
	(b)	口の中でブラシを動かす
(17) テストを受ける	(a)	設問に回答する
	(b)	持っている知識を示す
(18) 誰かに挨拶する	(a)	「こんにちは」と言う
	(b)	親しみを示す
(19) 誘惑に抵抗する	(a)	「いいえ」と言う
	(b)	精神的勇気を示す
(20) 食べる	(a)	栄養を摂る
	(b)	食べ物を噛んで，飲み込む
(21) 菜園を育てる	(a)	種を植える
	(b)	新鮮な野菜を手に入れる
(22) 車で旅行する	(a)	地図をたどる
	(b)	地方を見に行く
(23) 歯に詰め物をする	(a)	歯を守る
	(b)	歯医者に行く
(24) 子どもと話をする	(a)	子供に何かを教える
	(b)	簡単な言葉を使う
(25) 家の呼び鈴を鳴らす	(a)	指を動かす
	(b)	誰か家にいるか確かめる

出典：Vallacher and Wegner（1989）, p.664.

くつかの課題もある。1つは，尺度の妥当性の問題である。次章でも触れるとおり，BIF 尺度は，基本的には「Why 視点 ― How 視点」の次元を測定している。一方で解釈レベルは，「抽象的 ― 具体的」，「脱文脈的 ― 文脈依存的」など様々な要素を有する多次元的な概念である。したがって，BIF 尺度のみで解釈レベルを測定できているのかについては，さらに議論が求められるところである。

もう1つは，汎用性の問題である。BIF 尺度は米国で開発された尺度であるため，日本では使用しにくい項目が存在する。例えば，日本人大学生を対象に BIF 尺度を使用する場合，「テストを受ける」，「読書する」など行為そのものをイメージしやすい項目がある一方で，「部屋を塗りなおす」，「(軍隊に）入隊する」など自分自身との結びつきが薄く，イメージすることが困難な項目もある。したがって，米国以外の国でBIF尺度を使用する際には，これらの項目は適切な手続きを経て削除する，または別の項目に置き換えるなどの工夫が必要になるであろう。

5-2 カテゴリー化タスク

カテゴリー化タスクを用いて解釈レベルを測定する方法も考案されている。この測定方法を最初に用いたのは，Liberman, Sagristano, and Trope (2002) である。彼らは，時間的距離が人のカテゴリーの捉え方に影響を及ぼすことを明らかにした。具体的には，遠い将来の出来事を想像した場合，物事を抽象的に捉えるため，より大きいカテゴリーに物事を分類するという。彼らの実験においては，まず実験参加者に「今週末，友人とオクトーバーフェストのキャンプ旅行に行くことを想像してください」というシナリオを提示したうえで，キャンプ旅行で使用する可能性があるアイテムのリスト（表2-4）を提示した。そのうえで，同じカテゴリーに属するものを書き出し，○で囲んでもらった。カテゴリーをくくる○の数が少ないほど，参加者はアイテムを抽象的なマインドセットで分類したと見なされ，高次の解釈レベルを有していると判断される。彼らは，キャンプ旅行以外にも，新しいアパートへの引っ越しで持っていくもの，ガレージセールで販売する商品，ニューヨークを訪れるときに持っていくものなどのシナリオで，カテゴリー化タスクを行っている。

この測定方法は，主に解釈レベルの「抽象的 — 具体的」あるいは「上位的 — 下位的」の次元に対応していると考えられ，消費者行動研究においても使用されている（例えば，Lee and Ariely 2006）。一方で，BIF尺度と同様，このタスクを用いる際には文化的差異に注意する必要がある。例えば，日本で実験を行う場合，ライフルやホットドッグといったように，一般的にキャンプと関連性が薄いであろうアイテムについては削除するか，または他のアイテムと差し替える必要があるだろう。

表 2-4　カテゴリー化タスクで使用されたリスト

ブラシ	シュノーケル	毛布	歯ブラシ
テント	シャツ	懐中電灯	下着
マッチ	セーター	ズボン	ビール
カメラ	スニーカー	サングラス	寝袋
石鹸	コート	ライフル	枕
軍手	ボート	くつ	ポテトチップ
水着	犬	タバコ	斧
スコップ	長靴	ロープ	
釣竿	マシュマロ	ホットドッグ	
帽子	靴下	水筒	

出典：Liberman, Sagristano, and Trope（2002）.

5-3　その他

それほど多くはないものの，第三者の判定にもとづく方法も用いられている（例えば，Hamilton and Thompson 2007）。まず，製品選択タスクを課し，選択時に何を重視したかについて書き出してもらう。その回答内容を，仮説を知らない第三者によって高次もしくは低次のいずれかに判定してもらう方法である。

近年では，脳科学的な手法を用いて測定する試みも行われている。Gilead, Liberman, and Maril（2014）は，実験参加者の解釈レベルを高次または低次に操作したときの脳の活性部位を測定した。その結果，解釈レベルを低次に操作された群では，脳の前頭頭頂部（fronto-parietal region）が活性化していることが分かった。前頭頭頂部は，直接的かつ具体的な経験から得られる感覚情報（例えば，物体をつかむ，あるいは触れるなど）を処理する部位であり，解釈レベルが低次の状態においては，こうした部位が活性化することが示唆されている。一方で，解釈レベルを高次に操作された群では，低次に操作された群ほど顕著な活性部位が見出されなかったものの，視覚野がわずかに活性化した。

これにはいくつかの説明が可能であるが，その１つとして感覚と情報処理との関連が挙げられる。一般的に，物理的に近い物体には接触することが可能であり，触覚的な経験が可能である一方，物理的に遠い物体を認識する際には，「遠い感覚（distal senses）」と呼ばれる視覚に強く依存することとなる。このように，対象との距離と感覚との連想があるため，解釈レベルが高次に操作された場合（すなわち，心理的距離が遠い物事を処理するマインドセットに操作された場合），それと関連した視覚野が活性化した可能性があると彼らは説明している。

今日，脳科学分野の進歩に伴い，機能的磁気共鳴断層撮影装置（fMRI）による脳機能の測定は以前に比べて一般的になりつつある。これらの方法を用いることにより，人の解釈レベルを脳機能の観点から測定することが可能になると考えられる。今後は，追試実験の積極的な実施により，Gilead, Liberman, and Maril（2014）の結果の再現可能性について確認していくことが当面の課題となるだろう。

6▸ 議　　論

本章では，解釈レベル理論の概要を踏まえたうえで，その構築過程，人の意思決定に及ぼす影響，理論的な位置づけについて議論してきた。また，より実践的な問題である「解釈レベルをどのように定量化すべきか」という点についても，既存研究をもとに，いくつかの方法を提示した。

本章での議論を踏まえると，解釈レベル理論の特徴は大きく２つにまとめることができる。１つは，同理論が心理的距離を導入しているという点である。解釈レベル理論は，人が文明を発達させ，社会や組織を成立させていくうえで不可欠となる時間的距離や社会的距離の概念について，空間的距離（ないし物理的距離）の認識を応用し，それらの効果に関する理解を図っている。

もう１つは，解釈レベルによる意思決定の変化が多次元的であるという点である。心理的距離によって，情報解釈の抽象性，文脈依存性，目標関連性を変化させたり，行為の望ましさ（または実現可能性）の重視度を変化させたりする。

以上２つの特徴は，いずれも人が将来の出来事や他者の立場に対する認識の仕方が，今現在の出来事や自分自身の立場に対する認識の仕方とどのように異なるのか，そしてその違いが人の意思決定にどのような影響を及ぼすのかを説明することにつながるものである。したがって，解釈レベル理論による意思決定の研究は，社会科学全般において，有意義で豊富な知見をもたらすものと考えられる。次章では，とりわけ消費者行動研究に注目し，解釈レベル理論がどのように扱われてきたのか，どのような研究知見が得られているのかといったことについて，先行研究レビューを行いながら考察していく。

（１） 心理的距離（psychological distance）とは，直接的に経験できない対象に対して人が抱く，主観的な経験を指す（Liberman, Trope, and Stephan 2007）。
（２） 解釈レベル理論の想定を，時間的距離以外の心理的距離に拡張するため，彼らはTrope and Liberman（2003）を境に，理論の名称を「時間的解釈理論（temporal construal theory）」から「解釈レベル理論（construal level theory）」へと変更している。
（３） その他，Fiedler（2007）は「情報的距離」，「情緒的距離」，「展望的距離」などの概念も提示している。
（４） 前出のWeb of Scienceによると，解釈レベル理論関連の論文のなかで被引用件数が最も多いことから，ここではTrope and Liberman（2003）を対象とし，引用数のカウントを行った。
（５） 購買までの時間的距離により消費者の評価軸や選択軸が変化することは，我が国の学生を対象とした調査においても明らかにされている（石井ほか 2010）。詳細な結果は，第１章参照。

第 3 章

Literature Review

先行研究の整理と体系化

1▸ 本章の目的

近年，解釈レベル理論を用いた消費者行動研究が数多く取り組まれている。一方で，現在のところ，既存の諸研究は個別的な関心にもとづき取り組まれ，それらを体系づけた研究や，各研究の知見を包括的に整理した研究などは見当たらない。そこで本章では，解釈レベル理論を適用した消費者行動研究を対象とし既存研究のレビューを行うことで，これまでいかなる潮流で研究が進展し，いかなる知見が得られているか，体系的な整理と考察を試みる。こうした取り組みは，既存の研究知見の把握を容易にするだけでなく，消費者行動研究における解釈レベル理論の位置づけや，今後取り組むべき課題を明確化することにもつながるだろう。

次節以降，以下の順序で議論を進める。第2節では，特に消費者行動研究に注目し，解釈レベル理論研究の動向や貢献を示したうえで，レビューの枠組みを提示する。第3節，第4節では，解釈レベル理論を用いた消費者行動研究のレビューを行い，既存研究の知見を整理する。第5節ではレビューの結果をまとめ，第6節で今後の研究の課題や方向性について議論を行う。

2▸ 体系化の枠組み

本章でのレビューの対象となる研究は，2017年10月末時点でマーケティング，消費者行動関連のジャーナルに掲載された論文であり，なかでも解釈レベル理論を中心的に導入した論文である。ここでは「解釈レベル理論を中心的に導入した論文」を「研究仮説を設定する際の理論的背景として解釈レベル理論を用いた論文」と定義する(1)。レビューを行う際に用いる枠組みは図3-1のとおりである。

図 3-1　本章におけるレビューの枠組み

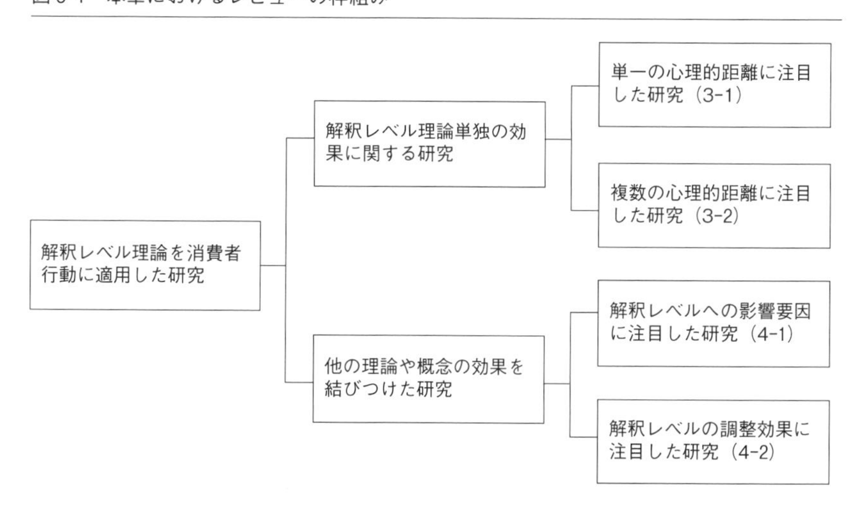

Fujita et al.（2008）にもとづくと，解釈レベル理論を用いた消費者行動研究においては，同理論の適用目的によって２つの潮流を見出すことができる。１つ目は解釈レベル理論単独の効果に注目し，近接する理論と競合するものとして解釈レベル理論を捉えた研究であり，２つ目は解釈レベル理論を調整変数として用いることで既存の他理論の知見を補強した研究である。本書でもこの分類を前提とし，さらに下位の基準を設け，既存研究を４つのグループに分類する。

「解釈レベル理論単独の効果に関する研究」は，消費者反応への影響要因として他の理論や概念の効果を考慮せず，解釈レベル理論の効果のみに注目している。さらに各研究を概観すると，時間的距離や経験といった単一の心理的距離が消費者反応に及ぼす効果を検証した研究と，それらの研究結果を踏まえ，複数の心理的距離における一致や不一致が消費者反応に及ぼす効果を検証した研究という２つのグループを見出すことができる。そこで，本書では「解釈レベル理論単独の効果に関する研究」をさらに「単一の心理的距離に注目した研究」と「複数の心理的距離に注目した研究」に分類し，レビューすることとした。

「他の理論や概念の効果を結びつけた研究」は，「解釈レベル理論単独の効果に関する研究」とは異なり，消費者の解釈レベルの効果を，時間的志向，制御焦点理論といった他の理論や概念の効果と結びつけて検討している。ここでいう「他の理論や概念」とは，消費者反応への影響要因を説明するために用いられた，解釈レベル理論以外の理論や概念と定義する[2]。本書ではこのグループを，他の理論や概念を援用した目的によって「解釈レベルへの影響要因に注目した研究」と「解釈レベルの調整効果に注目した研究」の2つに分類し，レビューを行っていく。前者は，消費者の心理的要因（例えば，時間的志向，焦点状態，マインドセット）や立場（例えば，売り手と買い手）により，解釈レベルの効果がどのように変化するかについて，他の理論を導入し，検討したものである。一方後者は，消費者行動研究の既存理論で想定されている効果が，解釈レベルによってどのように変化するか，すなわち他理論に対する解釈レベルの調整効果について検討したものである。

3▸ 解釈レベル単独の効果に関する研究

3-1 単一の心理的距離に注目した研究

消費者行動研究において，解釈レベル理論を初めて本格的に用いたのはChandran and Menon（2004）である。彼らは時間的距離と対象への知覚リスクとの関係に注目し，実験を行った。実験では，病気のリスクを記述した文（例えばStudy 1では，「〈毎日／毎年〉，多くの人が単核症に感染しています。」）を参加者に読んでもらい，単核症への知覚リスクを100点満点で質問した。時間的距離は「毎日」，「毎年」で操作されている。その結果，時間的距離が近い文を読んだ参加者は，リスクをより高く感じることが明らかになった。彼らによると，時間的距離が近い情報に接し，低次の解釈レベルとなった場合，人は情報をより具体的に捉え，リスクを高く感じるという。

消費者の店頭購買行動をより直接的に捉えた研究も行われている。Lee and Ariely（2006）は購買時における目標の具体性に注目し，実験を行った。Experiment 1では，「$○○以上お買い上げにつき$××値引き」といった条件付きクーポンが，コンビニの店外と店内（通路の途中）でそれぞれ50名ずつに配布された。その結果，条件付きクーポンを店外で配布した場合，店内で配布した場合に比べ，消費者の買上げ金額が上昇することが分かった。

Experiment 3において条件なしクーポン（「お買い上げ金額から$××値引き」）を配布したところ，こうした効果が生じなかったことから，この研究結果は，店外にいる時点で抽象的な買い物目標が，条件付きクーポンを受け取ることにより具体化するために生じたものと結論づけられている。

同様に，時間的距離が目標の具体性に及ぼす影響に注目した研究としてRoehm and Roehm（2011）も挙げられる。彼らの研究では，参加者に銀行開業時のキャッシュバック・キャンペーンを想定してもらう実験を行った。その結果，長期的なキャンペーンの場合は，キャッシュバックの金額の抽象的な表示，短期的なキャンペーンの場合は，キャッシュバックの金額の具体的な表示が効果的であることが分かった。

Wright et al.（2012）においては，消費者の解釈レベルがメッセージの妥当性判断（メッセージをどの程度真実と感じるか）に及ぼす影響について検討されている。企業や製品に関するメッセージを参加者に読んでもらい，妥当性判断を行ってもらった結果，遠い将来に関するメッセージを読んだ参加者よりも，近い将来に関するメッセージを読んだ参加者のほうが，メッセージを妥当と判断する傾向が強いことが明らかになった。この研究は，解釈レベルをメッセージの時間的距離で操作した実験だけでなく，Navonタスク[(3)]によって操作した実験を行ったという点でも特徴的である。

時間的距離だけでなく，他の心理的距離に注目した研究も行われている。Hamilton and Thompson（2007）のStudy 1では，心理的距離として経験の効果に焦点が当てられた。実験では，MP3音楽プレイヤーを実際に使用してもらった直接的経験グループと，PC画面の情報を見てもらった間接的経験グループに参加者が分けられた。次に，MP3音楽プレイヤーの使用について自由回答形式で質問を行い，得られた両グループの回答を，2名のジャッジがWhy視点（「なぜMP3音楽プレイヤーを使用するのか」という視点）のものとHow視点（「どのようにMP3音楽プレイヤーを使用するのか」という視点）のものに分類した。その結果，解釈レベル理論が想定しているとおり，直接的経験グループは心理的距離が近くなるためHow視点の思考，間接的経験グループは心理的距離が遠くなるためWhy視点の思考を行う傾向にあることが分かった。

また，製品評価について質問し結果を分析したところ，直接的経験グループの参加者は操作性（How視点）が優れた製品，間接的経験グループの参加者は保存可能な曲数（Why視点）の多い製品を高く評価する傾向があることが明らかになった。これらの結果は，Thompson, Hamilton, and Rust（2005）が提示した「機能疲労[4]」と呼ばれる現象と一致するものであると同時に，この現象が解釈レベルの変化によって生じていることを示唆するものである。

3-2　複数の心理的距離に注目した研究

当初は個々の心理的距離に注目した研究が行われていたが，研究の進展に伴い，複数の心理的距離の交互作用に注目した研究も行われるようになった。Hamilton and Thompson（2007）のStudy 3では，社会的距離と経験的距離に焦点が当てられ，実験が行われている。参加者は，直接的経験グループと間接的経験グループに分けられ，さらに自分自身の使用を想定してもらうグループ（社会的距離：近）と，他者へのギフトを想定してもらうグループ（社会的距離：遠）に分けられた。参加者にMP3音楽プレイヤーを評価してもらった結果，両距離の交互作用が認められ，特に直接的経験グループが自分自身の使用を想定した場合，参加者は保存可能な曲数が多い製品より操作性が優れた製品を高く評価することが明らかになった。

Kim, Zhang, and Li（2008）は，時間的距離と社会的距離の交互作用について2回の実験を通じて検討している。例えばExperiment 2において，彼らはホテルに関する架空のレビューサイトを用意し，実験を行った。レビューの内容は，ルームサービスが優れていることを記したもの（本質的属性が優位）と，フィットネス設備が優れていることを記したもの（副次的属性が優位）の2パターンが設けられた。社会的距離はレビュワーの氏名（外国人の氏名／自国の人の氏名），時間的距離は利用想定時期（1年後／明日）によって操作されている。利用意向を質問し回答を分析した結果，両距離の交互作用が認められ，時間的距離と社会的距離がいずれも遠いとき，本質的属性が優位なホテル，両距離がいずれも近いとき，副次的属性が優位なホテルに対して参加者が高い利用意向を示した。

同じく時間的距離と社会的距離に注目した研究として，Zhao and Xie (2011) の Study 3 も挙げられる。彼らは，社会的距離が異なる他者からの推奨の効果に注目し，大学生を対象とした実験を行った。実験参加者には，2日後あるいは2か月後の重要なイベントに出席することを想定してもらったうえで，デジタルカメラを評価してもらった。その際，同じ大学の学生（社会的距離：近）からの推奨と，違う大学の学生（社会的距離：遠）からの推奨のいずれかを提示した。実験の結果，近い将来のイベントを想定した場合は社会的距離が近い人，遠い将来のイベントを想定した場合は社会的距離が遠い人からの推奨が有効であることが明らかになった。

心理的距離の組み合わせの効果だけでなく，複数の心理的距離のなかでの影響関係に注目した研究も行われている。Zhang and Wang (2009) は，携帯電話用充電器の購入を想定させるシナリオなどを用い，4回にわたる実験を行った。その結果，最初に何らかの対象への空間的距離について「遠い」（または「近い」）と教示を与えられた消費者は，その後，別の対象に対する時間的距離，社会的距離，仮説性についても「遠い」（または「近い」）と評価する傾向が示された。一方，後者3つの心理的距離が「遠い」（または「近い」）と教示された後であっても，空間的距離の評価には影響を及ぼさないことも確認された。したがって，空間的距離は他の心理的距離に対し，一方向的な影響を有していると結論づけられ，彼らはこの傾向を「心理的距離の非対称性（psychological distance asymmetry）」と呼んだ。

4 ▸ 他の理論や概念の効果を結びつけた研究

4-1 解釈レベルへの影響要因に注目した研究

解釈レベル理論に加えて他の理論や概念を取り入れることで，消費者が有する特定の心理的傾向や立場の違いにより，解釈レベルの効果や消費者の解釈レベル自体がどのように変化するかを明らかにした研究も行われている。例えば，Martin, Gnoth, and Strong（2009）は，消費者の時間的志向を考慮し，実験を行った。実験では参加者を現在志向型と将来志向型にグループ化し，携帯電話の広告を提示した。広告は，製品の発売時期（「来月発売」と「明日発売」）と，訴求内容（本質的属性と副次的属性）が操作されている。その結果，将来志向の消費者は，遠い将来に発売される製品の本質的属性を訴求した広告，現在志向の消費者は，近い将来に発売される製品の副次的属性を訴求した広告に対し，好ましい態度を示すことが明らかになった。

消費者の焦点状態を考慮した研究も行われている。Lee, Keller, and Sternthal（2010）は制御焦点理論にもとづき，快状態への接近傾向を有する促進焦点と，不快状態への回避傾向を有する予防焦点の2タイプに参加者を分割し，4回にわたる実験を行った。エクササイズマシーンの広告を用いた実験（Experiment 3）の結果，促進焦点の消費者は，高次の解釈レベルと適合したWhy視点の訴求内容（例えば，エクササイズの目的），予防焦点の消費者は，低次の解釈レベルと適合したHow視点の訴求内容（例えば，エクササイズの方法）が掲載された広告を高く評価することが明らかになった。

Pyone and Isen（2011）は，解釈レベルが有する効果が消費者の感情状態によってどのように変化するかを解明するため，リベートを使った研究を行った。彼らはその場で受け取れるが金額が小さいリベートと後日郵送で受け取るが金額が大きいリベートを対比し，消費者に選択させる実験を行っている。参加者の感情と，リベートの金額，期間を操作し実験を行ったところ，ポジティブな感情を抱いている場合，消費者の解釈レベルが高次になり，一定の差がある場合において，後日受け取る大きな金額のリベートを選択する傾向にあることが明らかになった。ポジティブな感情状態にある場合，人は高次の解釈レベルとなり，結果に至るまでの実現可能性（feasibility）よりも結果の望ましさ（desirability）を重視するからである。この研究結果は，ポジティブな感情が時間割引率の効果を調整するとともに，そのメカニズムとして解釈レベルが機能していることを示したものである。

消費者のマインドセットに注目した研究も行われている。Yang et

al.（2011）の Study 1 では，創造型と思考型のいずれかに参加者のマインドセットが操作されたうえで，BIF（Behavior Identification Form）尺度[(5)]により参加者の解釈レベルが測定された。ペンキの広告を参加者に提示し，製品の購買意図を分析したところ，消費者のマインドセットが創造型の場合，解釈レベル理論の想定とは異なり，高次解釈レベルの消費者には How 視点，低次解釈レベルの消費者には Why 視点での訴求が効果的であることが明らかになった。マインドセットが創造型の場合，人は既存の枠組みやパターンを打ち破ろうとする傾向にあるため，こうした結果が示されたという。解釈レベル理論における想定が常に成立するとは限らず，むしろ消費者のマインドセットによっては，解釈レベル理論の基本的な前提が逆転し得ることを示した点において，Yang et al.（2011）は大きな理論的意義を有している。

Spassova and Lee（2013）は，自己観による解釈レベルの違いについて焦点を当てた。自己観は，西洋人に多く見られる相互独立的自己観（independent self-view）と，東洋人に多く見られる相互協調的自己観（interdependent self-view）に分けられる。彼女らの研究の Study 3 では，既存の尺度を用い，参加者がいずれの自己観を有しているかを測定したうえで，架空の旅行の広告を示した。広告では旅行までの時間的距離が操作されている。参加者に広告を評価してもらったところ，相互独立的自己観を有した消費者は遠い将来の広告を高く評価した一方，相互協調的自己観を有した消費者は近い将来の広告を高く評価した。

Wan and Rucker（2013）は，消費者がある物事に対して抱いている自信の程度により，消費者の解釈レベルと情報処理がどのように変化するかについて焦点を当てた。フィットネス・クラブの広告を用いた実験を行ったところ，自信を有した消費者は，抽象的（高次解釈レベル）なメッセージに接触した際，情報を慎重に処理する一方，自信の無い消費者は具体的（低次解釈レベル）なメッセージに接触した際，情報を慎重に処理することが明らかになった。

消費者の心理的要因のほか，「売り手と買い手の違い」（seller-buyer discrepancy）に注目した研究も行われている。Irmak, Wakslak, and Trope（2013）では，洗濯機，ブラシ，鍵などの製品を購入する場合と，販売する場合のいずれかを参加者に想像してもらい，BIF尺度で解釈レベルを測定する実験が行われた。その結果，売り手の立場を想像した人は，解釈レベルが高次となり，製品の本質的属性や望ましさに注目する一方，買い手の立場を想像した人は，解釈レベルが低次となり，製品の副次的属性や使いやすさに注目する傾向にあることが明らかとなった。

近年では，感覚的な操作により，解釈レベルが変化することも明らかにされている。Lee et al.（2014）は，提示する画像の色によって，解釈レベルがどのように変化するかに注目した。実験を行ったところ，同じ内容の製品画像であっても，カラーで示したとき，モノクロで示したときに比べ，消費者の解釈レベルが低次になったという。カラー写真のほうがモノクロ写真に比べて最近撮られたものである（すなわち，時間的距離が近い）という連想があるため，またカラーのほうがモノクロに比べて対象の詳細かつ具体的な情報を伝達するためにこうした影響が生じるという。さらに，同じ視覚情報であっても，色彩に関する情報は，形状に関する情報に比べて，解釈レベルを低次に導く効果があることも分かっている（Lee et al. 2017）。

身体的な感覚と解釈レベルとの関係についても検討されている。Thomas and Tsai（2012）は，身体の姿勢が解釈レベルに与える影響について，身体化認知理論を援用し明らかにした。彼らは実験において，画面に表示された単語を読み上げるタスクを実施した。画面に対する参加者の姿勢を操作し，タスクの困難度を測定したところ，対象に対する心理的距離が，身体の姿勢（タスクの表示に接近した座り方 ― 遠ざかった座り方）によっても変化すること，さらに，対象から遠ざかった姿勢で座った場合，接近した姿勢で座った場合に比べて，対象を高次の解釈レベルで捉え，タスクを容易であると知覚することを確認した。また，Aggarwal and Zhao（2015）によると，建物の上層階にいるときなど，物理的な高さを知覚した場合，消費者の解釈レベルが高次になり，物事を抽象的にカテゴリー化していく傾向が見られたという。類似した視点の研究として，Kerckhove, Geuens, and Vermeir（2015）は，見上げる動作を行うと，見下ろす動作を行ったときに比べて解釈レベルが高次になることを明らかにしている。

4-2　解釈レベルの調整効果に注目した研究

研究の進展に伴い，解釈レベルそのものの効果というより，むしろ解釈レベルを調整変数として用いることにより，他の理論や概念についての詳細な知見を導き出す研究が行われるようになった。

例えば，Agrawal and Wan（2009）は，他の概念として制御資源の枯渇効果（depletion effect；以下，Agrawal and Wan（2009）に従い「枯渇効果」と呼ぶ）が自己制御に及ぼす影響について，解釈レベルの効果とあわせて検討している。枯渇効果とは，一度自己制御を行うと制御資源が枯渇し，その後の別の行動において自己制御が困難になる現象を指す。2回の実験の結果，解釈レベルが低次の場合のみ，枯渇効果が発生することが明らかになった。How視点を有した低次解釈レベルの人は，一度減少した制御資源で自己制御をどのように行うかに注目する。事前の行動で自己制御を行った場合，減少した制御資源に限界を覚え，その後の行動において自己制御を行わなくなるため，こうした結果が生じたという。一方，解釈レベルが高次の場合，枯渇効果が発生しないことも確認された。

枯渇効果における解釈レベルの役割については，Wan and Agrawal（2011）が追加的な知見を明らかにしている。学部学生を対象とした6回に及ぶ実験の結果，注意や忍耐などが必要な作業，すなわち自己制御を要する作業を行った消費者は，副次的属性が優れた製品やサービス（例えばStudy 3では，眺望が優れたレストラン），自己制御を行っていない消費者は本質的属性が優れた製品やサービス（例えばStudy 3では，料理の味が優れたレストラン）に対し，高い購買意図を示すことが分かった。

Hong and Lee（2010）は，相反する感情を同時に抱く混合感情が広告態度に及ぼす影響について，解釈レベルを交えて検討した。彼らの実験では，卒業式の嬉しさのみを記述した広告（混合感情非生起）と，嬉しさと同時に寂しさを記述した広告（混合感情生起）のいずれかが参加者に提示された。広告態度と解釈レベルを測定した結果，混合感情を生起させる広告に対し，解釈レベルが高次の参加者はポジティブな態度を示し，低次の参加者はネガティブな態度を示した。彼らによると，解釈レベルが高次の場合，人は対象を全体的かつ包括的に捉え，個々の要素間の矛盾には注意が向かなくなるため，こうした結果が生じたという。なお，Experiment 5 では，アジアと北米を対象とした国際比較研究が行われ，混合感情の記述を含んだ広告に対し，アジア人は北米人に比べ好ましい反応を示すことも確認された。

解釈レベルの効果と文脈効果を結びつけた研究も行われている。Khan, Zhu, and Kalra（2011）は，ノート PC，タイヤなどの製品を用い，5 つの実験を行った。その結果，消費者の解釈レベルが高次の場合，選択肢間のトレードオフにあまり注目しなくなるため，妥協効果と背景対比効果が弱まるのに対し，属性間の詳細な比較を行わないため，魅力効果は強まることが明らかになった。

White, MacDonnell, and Dahl（2011）は行動経済学におけるフレーミングと解釈レベルの両理論が消費者の情報処理に及ぼす影響について検討している。リサイクルを促進する広告を用いた実験の結果，消費者の解釈レベルが高次の時はゲイン型メッセージ（リサイクルにより，多くのものが守られることを訴求），低次の時はロス型メッセージ（リサイクルを行わないことにより多くのものが失われることを訴求）が効果的であることが示された。

消費者の推論と解釈レベルの効果を結びつけた研究も行われている。Yan and Sengupta（2011）は価格にもとづく推論が消費者の品質判断に及ぼす影響について，解釈レベルの効果を考慮しつつ検討している。Experiment 1 と Experiment 2 では社会的距離と価格，Experiment 3 では時間的距離と価格を操作し実験を行った結果，解釈レベルが高次の場合，消費者は「価格に依拠した品質判断」を行う傾向にあることが明らかになった。価格をもとに製品品質を判断することは抽象的なヒューリスティックであるため，解釈レベルが高次のときに行われやすいという。一方，解釈レベルが低次の場合，価格による推論の効果は見られず，消費者は製品属性をもとに品質を判断することも確認された。

類似した視点の研究として，Bornemann and Homburg（2011）も挙げられる。彼らは，価格の機能として「知覚品質の手がかり」と「知覚犠牲の発生要因」の両面に注目し，実験を行った。その結果，遠い将来の購買を想定した場合，そもそも製品をなぜ購入するかに注目するため，価格が高いほど製品に対する知覚品質が高まるのに対し，近い将来の購買を想定した場合，製品をどのように入手するかに注目するため，価格が高いほど製品に対する知覚犠牲が高まることを明らかにした。この傾向は，社会的距離を用いた実験においても生じることが確認されている。

メタ認知の効果を解釈レベル理論と結びつけた研究も行われている。Tsai and McGill（2011）は，メタ認知のなかでも特に選択課題の知覚困難性（課題をどの程度困難と感じるか）に注目し，実験を行った。実験においては，まず参加者の解釈レベルがBIF尺度によって測定された。次に彼女らは，2種類のデジタルカメラから1つを選択する課題を設定し，選択理由を2つ挙げるグループ（知覚困難性：低）と10個挙げるグループ（知覚困難性：高）に参加者を分けた。最後に，選択に対する自信を質問した結果，解釈レベルが高次の参加者は知覚困難性が高いタスク，解釈レベルが低次の参加者は知覚困難性が低いタスクを行ったあと，選択に対して強い自信を示した。解釈レベルが高次の場合，困難性の知覚は望ましい選択結果を得るための「投資」と捉えられるのに対し，解釈レベルが低次の場合，困難性の知覚は正しい選択の実現可能性を阻害する「コスト」として捉えられるために生じた結果であると彼女らは説明している。

最近では，行動経済学における決定回避の法則に対して，解釈レベル理論の視点から示唆を提供した研究も行われている。Goodman and Malkoc（2012）は，品揃えの豊富さが店舗評価に及ぼす効果について，解釈レベルを交えて検討している。レストランのメニューを用いた実験の結果，遠い将来の利用を想定した場合はメニューが少ないレストラン，近い将来の利用を想定した場合はメニューが多いレストランに対して高い評価が示された。選択に対する心理的距離が遠い場合，消費者は選択肢間の類似性を高く知覚し，選択が困難になる一方，選択に対する心理的距離が近い場合，選択肢の違いが明確となり，選択が容易になるためである。この傾向は，結果の望ましさと実現可能性のトレードオフについて考えさせる教示を参加者に与えることにより逆転することも確認されている。

5▸ 先行研究のまとめと考察

5-1 レビューのまとめ

ここまで，解釈レベル理論を用いた消費者行動研究を，冒頭で示した枠組みに沿ってレビューしてきた。**表 3-1** では，既存研究のうち特に主要な実証研究を時系列で取り上げ，それらの概要をまとめた。**表 3-1** を概観すると，Chandran and Menon（2004）を皮切りとし，消費者行動研究において解釈レベル理論が本格的に導入され，とりわけ近年，数多くの研究が試みられていることが見て取れる。

表 3-1　解釈レベル理論を用いた消費者行動研究[6]

研究 [分類][7]	心理的距離	実験用製品	他の概念	主な結論
Chandran and Menon（2004） [3-1]	時間	—	—	病気のリスクを告知する際，長期的なデータにもとづく情報よりも，短期的なデータにもとづく情報のほうが説得効果が強い。
Thompson, Hamilton, and Rust（2005） [3-1]	経験	ビデオプレイヤー	—	製品を使用する前の消費者は製品の機能を重視し，製品を使用した後の消費者は製品の使いやすさを重視する。
Lee and Ariely（2006） [3-1]	時間	—	—	買い物総額の条件が付いたクーポンは，買い物目標が具体化した後（入店後）より，具体化する前（入店前）に配布したほうが効果が高い。
Hamilton and Thompson（2007） [3-1] および [3-2]	経験	音楽プレイヤー	—	製品に直接触れた経験のある消費者は低次の解釈レベルとなり，機能よりも操作性が優れた製品を高く評価する。
	経験と社会	音楽プレイヤー	—	製品に直接触れた経験のある消費者が，自分自身への購買を想定した場合，機能より操作性が優れた製品を高く評価する。
Kim, Zhang, and Li（2008） [3-2]	時間と社会	教育プログラム	—	時間的距離と社会的距離には交互作用が認められた。特に，両距離が近いとき，消費者は製品の副次的属性を重視する。
	時間と社会	化粧品とホテル	—	

Agrawal and Wan (2009) [3-1]	時間	—	自己制御	低次解釈レベルの消費者は，自己制御を行うと，その後の行動では自己制御を行わない。一方，高次解釈レベルの消費者は，自己制御の有無にかかわらず，その後の行動で自己制御を行う。
Zhang and Wang (2009) [3-2]	空間と時間	携帯電話用充電器	—	空間的距離の教示は，他の心理的距離（時間的距離，社会的距離，仮説性）の評価に影響を及ぼす。しかし，時間的距離，社会的距離，仮説性についての教示は，空間的距離の評価に影響を及ぼさない。
	空間と仮説	クジ	—	
	空間と社会	デジタルカメラ	—	
Hong and Lee (2010) [4-2]	—	フォトフレーム	感情	相反する感情を同時に訴求した広告に対し，解釈レベルが高次（低次）の消費者はポジティブ（ネガティブ）な態度を形成する。
Lee, Keller, and Sternthal (2010) [4-1]	—	エクササイズマシーン	制御焦点理論	促進（予防）焦点の消費者は，エクササイズの目的（方法）を訴求した広告を高く評価する。
Tangari et al. (2010) [4-1]	時間	CRM 広告	時間的志向	将来志向の消費者は遠い将来の広告に，現在志向の消費者は近い将来の広告により高い評価を与える。
Bornemann and Homburg (2011) [4-2]	時間	電子書籍用端末	推論	購入に対する心理的距離が遠い（近い）場合，価格に対する知覚品質（知覚犠牲）が高まる。
	社会	デジタルペンなど		
Khan, Zhu, and Kalra (2011) [4-2]	時間	ノートPCなど	妥協効果 文脈効果 魅力効果	高次解釈レベルは，妥協効果，文脈効果の影響を減少させ，魅力効果の影響を高める。
Pyone and Isen (2011) [4-1]	時間	リベート	感情	ポジティブな感情のとき，すぐに受け取れる低額のリベートよりも，後で受け取る高額なリベートが好まれる。
Tsai and McGill (2011) [4-2]	—	デジタルカメラ	メタ認知	解釈レベルが高次（低次）の消費者は，選択が困難（容易）なとき，選択結果の自信を強める。
Wan and Agrawal (2011) [4-1]	—	レストラン	自己制御	多大な労力を費やして自己制御を行った人は，その後の別の行動を低次の解釈レベルで捉える。
White, MacDonnell, and Dahl (2011) [4-2]	—	リサイクル広告	フレーミング	解釈レベルが高次（低次）の場合，ゲイン（ロス）型メッセージが効果的である。
Yan and Sengupta (2011) [4-2]	社会	料理	推論	心理的距離が遠い場合，製品の品質判断は，より価格に依存して行われる。
	時間	PC		

Yang et al.（2011）[4-1]	—	ペンキ，ホテル	マインドセット	消費者が創造型のマインドセットを有している場合，本来の解釈レベル理論の想定と不一致な内容の広告が効果的である。
Zhao and Xie（2011）[3-2]	時間	デジタルカメラ	—	遠い将来に購入予定の場合，近い将来に購入予定の場合に比べ，推薦の効果が大きい。
	時間	ソフトウェア		
	時間	デジタルカメラ		
Goodman and Malkoc（2012）[4-2]	時間	レストランなど	品揃え効果	購買までの心理的距離が遠い（近い）場合，選択肢が少ない（多い）店舗に対して消費者は高い評価を示す。この傾向は，実験参加者に与える教示により逆転する。
	空間	ツアー		
Thomas and Tsai（2012）[4-2]	—	PC，デジカメ	身体化認知理論	身体の姿勢によって解釈レベルが変化する。
Irmak, Wakslak, and Trope（2013）[4-1]	—	洗濯機，ブラシなど	売り手—買い手の相違	人は売り手（買い手）の立場になった場合，高次（低次）の解釈レベルで製品を捉え，製品の本質的属性や望ましさ（副次的属性や使いやすさ）に注目する。
Kim（2013）[4-1]	—	チョコレート，ラグジュアリー・ブランド	物質主義的思考	物質主義的思考を有した消費者は，物事を低次の解釈レベルで捉え，自己制御に失敗する。
Spassova and Lee（2013）[4-1]	—	ツアー	自己観	相互独立的自己観（相互協調的自己観）を有した消費者は，遠い（近い）将来の出来事を抽象的（具体的）に捉える。
Wan and Rucker（2013）[4-1]	—	フィットネス・クラブ	自信	強い（弱い）自信を有した消費者は，高次（低次）の解釈レベルで対象を捉えるため，抽象的（具体的）なメッセージに接触した際，情報を丹念に処理する。
Aggarwal and Zhao（2015）[4-1]	—	PC 用デスクなど	身体化認知理論	物理的な高さを知覚すると，解釈レベルが高次となる。

既存研究においては，解釈レベル理論の想定に対して概ね支持的傾向が示されていることも，本章のレビューを通じて分かった[8]。心理的距離により対象への捉え方が「本質的 — 副次的」（例えば，Kim, Zhang, and Li 2008; Martin, Gnoth, and Strong 2009），「抽象的 — 具体的」（例えば，Chandran and Menon 2004; Lee and Ariely 2006; Roehm and Roehm 2011），「Why 視点 — How 視点」（例えば，Hamilton and Thompson 2007; Lee, Keller, and Starnthal 2010）などと変化することが複数の研究で重ねて確認されている。これらは総じて，第2章で述べた解釈レベル理論の基本的前提が消費者行動研究にも適用可能であることを示したものである。

既存研究では様々な心理的距離の効果が検証され，その結果，時間的距離（例えば，Lee and Ariely 2006），社会的距離（例えば，Yan and Sengupta 2011），経験的距離（例えば，Hamilton and Thompson 2007, Study 1-2）の効果が証明されている。また，焦点が当てられた解釈レベルの効果も，製品選択において重視する属性の違い（例えば，Hamilton and Thompson 2007; Martin, Gnoth, and Strong 2009），自己制御（例えば，Agrawal and Wan 2009），知覚品質（例えば，Bornemann and Homburg 2011），知覚困難性（例えば，Thomas and Tsai 2012）が確認されている。

次に，研究潮流を時系列で追うと，いくつかの変化を見出すことができる。最も明確な変化は，各研究で取り上げられている理論の数である。初期の研究は，解釈レベル理論を単独で用いたうえで，同理論の想定が消費者行動の文脈においても認められるかを主な関心としていた。これらの研究のなかでも，単一の心理的距離の効果から（例えば，Chandran and Menon 2004; Lee and Ariely 2006），複数の心理的距離の交互作用（例えば，Hamilton and Thompson 2007, Study 3; Kim, Zhang, and Li 2008; Zhao and Xie 2011, Study 3）や影響関係（Zhang and Wang 2009）へと，研究視点が発展していく過程が読み取れる。

一方，近年では解釈レベル理論に加え，他の理論や概念の効果を取り入れた研究も行われるようになった（例えば，Khan, Zhu, and Kalra 2011; Lee, Keller, and Sternthal 2010; Spassova and Lee 2013）。その背景として，研究上の関心が当初の基礎的な内容から，「消費者の心理的要因や人が想定する立場により解釈レベルがどのように変化するか」そして「解釈レベルにより，既存理論の効果はどのように変化するか」といった点へとシフトしたことが挙げられるだろう。こうした変化は実験設計の潮流にも反映されている。シナリオを用いた初期の研究のように，心理的距離によって参加者の解釈レベルを操作するのではなく，近年では何らかのタスクを課すことにより参加者の解釈レベルを直接的に操作した研究も多く見られるようになった（例えば，Hong and Lee 2010）。なお，既存の消費者行動研究における解釈レベルの操作方法は表 3-2，操作チェック時における解釈レベルの測定方法は表 3-3 にまとめられている。

表 3-2　解釈レベルの操作方法

方　法	使用した研究例
複数の名詞を提示する（例えば，犬）。 ・高次群：その名詞よりも上位カテゴリーの名詞を挙げてもらう（例えば，ペット）。 ・低次群：その名詞の下位的なエグゼンプラーを挙げてもらう（例えば，ゴールデンレトリバー）。	Hong and Lee（2010），Experiment 2
Fujita et al.（2006a）にもとづく方法。例えば，以下のような文章の穴埋めタスクを課す。 ・高次群：（　　）の一例は炭酸飲料である。 ・低次群：炭酸飲料の一例は（　　）である。	Thomas and Tsai（2012）
重要だと思う授業を挙げてもらう。 ・高次群：期末試験で高得点をとることによって，どのようなベネフィットが得られるかを書いてもらう。 ・低次群：期末試験で高得点をとるための試験勉強計画を書いてもらう。	Tsai and McGill（2011），Study 1
小さいアルファベットで構成された大きい別のアルファベットの模様（例えば下図）を提示する。 H H H H H H H HH H HH H H ・高次群：A に注目してください。 ・低次群：H に注目してください。	Wright et al.（2012），Study 1

表 3-3　消費者行動研究における解釈レベルの測定方法

方　法	使用した研究例
回答時に重視した製品属性を実験参加者に質問し，研究仮説を知らないジャッジが高次ないし低次と判別。	Hamilton and Thompson（2007）
BIF 尺度の全項目の合計点を算出し，高次群と低次群に実験参加者を分割。	Lee, Keller, and Sternthal（2010）, Experiment 2
アイテム群の中から，ある状況下（例えばキャンプ）で必要なものを複数選択してもらう。それらをカテゴリーごとに分類してもらい，カテゴリー数を測定。カテゴリー数が多いほど解釈レベルは低次。	Lee and Ariely（2006）, Experiment 1
実験用の広告を提示し，この製品を購入するとしたら，いつ購入するか質問（1＝明日～13＝半年後）。	Hong and Lee（2010）, Experiment 2

5-2　解釈レベル理論の位置づけと変化

解釈レベル理論単独の効果から，他の理論も取り入れた効果へと研究関心がシフトしたことにより，消費者行動研究における解釈レベル理論の位置づけも少なからず変化したと考えられる。初期の研究は，主に解釈レベル理論単独の効果に注目し，時間的距離を用いた実験を行うことで，解釈レベル理論が消費者行動研究の文脈において適用可能か否かを示してきた。この段階においては，解釈レベル理論はあくまで時間的距離の変化に伴う選好や判断の逆転現象に対して説明を提供する理論として用いられており，いわば二重過程モデルや時間割引率に対する競合理論としての役割を果たしてきた。例えばChandran and Menon（2004）は，リスクに関するメッセージを提示する場合，長期的なデータにもとづくメッセージよりも，短期的なデータにもとづくメッセージのほうが説得効果が高いと結論づけているが（3-1 参照），この傾向は，時間的距離が短くなるにつれ問題に対する個人的関連性が高まることを想定すれば，二重過程モデルでも検討が可能であろう。

やがて，時間的距離による選好の逆転が，解釈レベル理論にもとづき消費者行動の文脈で重ねて確認されると，社会的距離や経験といった他の心理的距離への知見の拡張が図られた。この段階は，従来競合理論に位置づけられてきた二重過程モデルや時間割引率では直接的な説明が困難な現象について，新たな説明を提供する理論として解釈レベル理論が独自性を確立した時期と見なすことができる。

例えば，製品に直接触れた場合とディスプレイ上で見ただけの場合では消費者の製品重視属性が異なるという Hamilton and Thompson（2007）の Study 1の知見は，機能疲労と呼ばれる現象を解釈レベル理論によって説明できることを示唆している（3-1参照）。加えて，この研究の Study 3では，自分向けに製品を購買する場合と，ギフトを想定して製品を購買する場合で消費者の重視属性が変化することを明らかにしている。製品使用後に生じる機能疲労や，自分向けの購買とギフト購買における重視属性の変化を，二重過程モデルや時間割引率といった既存理論のみにより直接的に説明することは困難であろう。したがって，この研究段階は，二重過程モデルや時間割引率の競合理論という初期の構図を脱し，解釈レベル理論が先に述べた様々な現象を包括的に説明する独自の理論として位置づけられるようになった時期といえる。

さらに研究が進展すると，解釈レベル理論と他の理論の効果を同時に検討した研究が盛んに行われるようになった。この段階において，解釈レベル理論は既存の諸理論が想定する影響関係の強さを変化させる役割を果たすようになり，消費者行動研究において解釈レベル理論が他理論の調整変数として位置づけられるようになった。例えば，心理学や行動経済学で発展し，消費者行動研究にも援用されてきた文脈効果が消費者反応にどの程度強く影響を及ぼすか（Khan, Zhu, and Kalra 2011），あるいは自己制御における枯渇効果が発生するか否か（Agrawal and Wan 2009）は消費者の解釈レベルによって異なることが確認されている（4-2参照）。

このように，二重過程モデルや時間割引率の競合理論として位置づけられていた解釈レベル理論は独自性の確立を経て，やがて他の理論に対する調整変数としての役割が期待されるようになり，消費者行動研究における解釈レベル理論の役割や位置づけが，研究の進展とともに変化してきた様相を読み取ることができる。理論そのものが有する単独の効果を検証した研究から，複数の影響要因を考慮した研究へと潮流がシフトすること自体は，理論の発展過程としてさほど大きな特徴といえない。しかしながら，その過程において研究領域内の相対的位置づけが上述のようにシフトした点は，解釈レベル理論の研究展開において見られた１つの特徴として捉えられるだろう。

6 ▸ 意義と課題

6-1 理論的意義

消費者行動研究に解釈レベル理論を導入することは，理論面において多くの意義を有している。比較的に短期間で膨大な研究が取り組まれるようになったのも，解釈レベル理論が高い新奇性や応用性を有しており，消費者行動研究に対する従来にない新たな視点の提供を期待されていることが一因と考えられる。整理すると，解釈レベル理論を消費者行動研究に適用することの理論的意義として，以下の３点を指摘できる。

１つ目は，多様な製品属性に注目することで，時間経過に伴う選好の逆転について新たな説明を提示した点である。時間的距離と消費者の選好変化に焦点を当てた研究は，以前より取り組まれていたものの（例えば，Meyers-Levy and Maheswaran 1992），このような研究は極めて限定的であった。阿部（2009）も述べているとおり，従来の研究ではむしろ，消費者の情報処理により複数の選択肢から特定の選択肢が段階的に絞り込まれていくプロセスに関心が寄せられており，時間経過に伴い消費者が望ましいと考える属性や選択肢が変化していくプロセスについては有効な説明が示されてこなかった。

確かに，時間割引率の変化に注目することにより，消費者の選好が時間経過に伴って変化する現象を部分的に説明することは可能である。双曲線の時間割引率によると，時間的距離が近い選択においては時間割引率が高まるため，人は自己の利益に反する選択を行う傾向がある。しかし，本章のレビューで取り上げたKim, Zhang, and Li（2008）やMartin, Gnoth, and Strong（2009）などの研究結果からも分かるとおり，消費者の製品選択においては，自己利益に対してプラスかマイナスかという次元のみならず，機能（Why関連属性）と使いやすさ（How関連属性），レストランの食事（本質的属性）と眺望（副次的属性）といった異なる様々な次元の属性間で重視度が変化している。解釈レベル理論を消費者行動研究に導入することで，時間経過に伴う選好の逆転について多様な製品属性を考慮し包括的に説明することが可能になるのである。

時間的距離が対象への態度形成に及ぼす影響は，二重過程モデルでも説明可能である。しかし，二重過程モデルにおいて説明されるのは，あくまで時間的距離による情報処理ルートの違い（例えば精緻化見込みモデルでは，認知的努力を要する中心的ルートをとるか，認知的努力を要さない周辺的ルートをとるか）であり，解釈レベルの高低とは異なる。新しい住居を選択する際，「部屋の広さ」は高次の属性（desirabilityに関連），「職場までの距離」は低次の属性（feasibilityに関連）に位置づけた場合，いずれかの属性を重視することが周辺的ルート，または中心的ルートに対応しているとは考えにくい（Fujita et al. 2008）。

このように解釈レベル理論は，態度形成の基準として用いられる属性に対し，二重過程モデルとは異なった視点から切り取ることを可能にしている。本章のレビューにおいても，「機能」と「操作性」（Hamilton and Thompson 2007），「目標関連的属性」と「目標非関連的属性」（Kim, Zhang, and Li 2008）といった多様な視点で属性が取り上げられていることを確認した。

2つ目は，心理的距離の概念を導入することで，消費者行動の様々な状況に焦点を当てることが可能になった点である。例えば，社会的距離の概念に注目することで，他者へのギフトを想定した購買行動に関する有益な示唆が得られる。ギフト行動に焦点を当てた南（1998）など一部を除き，従来の消費者行動研究では一般的に，自分自身での消費を目的とした購買決定を前提とすることが多かった。ところが，実際の購買行動においては，何らかのギフトを想定し，「他の誰かのために」製品を選択することも少なくない。そして，製品購買時に想定する人物との社会的距離によって，消費者の重視属性や選好が異なることは当然予想される現象であろう。実際，Hamilton and Thompson（2007）のStudy 3は，消費者が購買時に想定した社会的距離により，Why視点とHow視点のどちらで製品評価を行うかが異なることを示している。こうした現象を時間割引率や二重過程モデルなど，他の理論によって説明することは困難と考えられる。以上の点を踏まえると，これまで研究対象とされる機会が少なかったギフト購買における重視属性の変化について，解釈レベル理論は新たな説明や予測を与えるものといえる。

3つ目は，解釈レベル理論が既存の理論に対する調整変数としての役割を有している点である。本章のレビュー枠組みのうち「解釈レベルの調整効果に注目した研究」は，既存の概念や理論によって得られる帰結が，消費者の解釈レベルによって変化することを示している。5-2で述べたとおり，Agrawal and Wan（2009）は制御資源の枯渇効果，Khan, Zhu, and Kalra（2011）は文脈効果が消費者の解釈レベルによって異なった結果をもたらすことを示した。以上の知見を踏まえると，解釈レベル理論はすでに確立された効果や理論を補強し，消費者行動研究自体の水準を高めるものとして重要な役割を担うものと考えられる。

時間的距離が消費者の選好や判断に及ぼす影響について説明を提供している点に限ってみれば，解釈レベル理論は時間割引率や二重過程モデルと競合的関係にある。しかしながら，以上の議論を踏まえると，解釈レベル理論は他の2つの理論では説明が困難な現象をも包括的に説明する理論として捉えることもでき，これらの理論を単に競合理論という視点のみで捉えることは必ずしも適切ではないと考えられる。

6-2 実務的意義

時間的距離の変化に伴う選好の逆転を説明する理論として解釈レベル理論を捉えた場合，マーケターをはじめとした実務家に対しても複数の示唆が提供される。例えば，4-1でレビューしたMartin, Gnoth, and Strong（2009）の結果を考えるならば，製品の発売時期に応じて広告での訴求内容を変更することが効果的だろう[9]。実際，彼らによると，シンガポール航空では，利用者がチケットを購入するまでに遠い時点で接するビルボード広告と，近い時点で接するWeb広告では訴求内容（Why視点 — How視点）を変化させているという。

同時に，調査設計に対する示唆ももたらされる。実際のマーケティング活動においては，製品の市場導入前に消費者を対象とした調査を行ったり，自社の顧客に対して満足度調査を行ったりすることが少なくないだろう。その際，既存研究の結果を踏まえると，回答者が感じている心理的距離によって結果が異なってくるはずである。

例えば，「この製品が発売された際，あなたは購入したいと思いますか。」といった質問の場合，その製品がいつ発売されるものか明示されていない限り，回答者の心理的距離が統制されず，データの信頼性も確保されない。同様に，「あなたはこの店のサービスにどの程度満足しましたか。」といった質問の場合も，ある特定の利用経験を想起した場合と，今までの利用経験全体を想起した場合とでは，回答が異なる可能性もある（守口・八島・阿部 2012）。したがって，消費者から信頼性の高いデータを得るには，調査を行う際に回答者の心理的距離を適切に統制することが，極めて重要といえるだろう。

一方，解釈レベルを調整変数として捉えた場合，別の実務的示唆も提供される。本章のレビューでは，研究の進展に伴い，解釈レベル理論を既存理論に対する調整変数として捉えた研究が盛んに行われていることに触れた。こうした研究は，今日一般的に実施されているマーケティング戦略の有効性について，より深い理解をもたらすだろう。例えば，4-2で取り上げたBornemann and Homburg（2011）によれば，高価格を設定することで消費者に高品質な製品イメージを与えたい場合，製品発売までの時間的距離が遠い時点で早めに価格情報をアナウンスすることで，製品品質が高いというイメージを形成することが可能になる。また，最も重点的に販売したい製品を中間クラスに位置づけるといった妥協効果を用いた戦略は，Khan, Zhu, and Kalra（2011）の結果を踏まえると，消費者の解釈レベルが低次のときのみ有効と考えられる。このように，解釈レベルを他の理論の調整変数として扱った研究が展開されることにより，実務において採用されているマーケティング施策がどのような条件において有効かについて，詳細に検討できるようになる。

6-3　今後の課題

解釈レベル理論は，消費者行動研究において多くの示唆や説明を提供する一方，課題も少なからず残されている。ここでは，「理論間の課題」と「理論内の課題」に分け，解釈レベル理論を用いた消費者行動研究で今後取り組むべき課題を論じる。

◆理論間の課題

解釈レベル理論と他の理論との関係性について，引き続き検討が求められるだろう。近年の研究潮流の1つとして，解釈レベルを既存理論の調整変数として扱った研究が活発に行われている。確かに，消費者の解釈レベルを1つの調整変数として扱い，既存理論の効果を再検証していくことは，当該理論の知見に対する深い洞察をもたらし，ひいては消費者行動研究の水準を高めていくことにもつながるだろう。

一方で，さらなる理論的体系化を目指した場合，様々な理論から導き出される予測や説明が，解釈レベル理論と整合するか（または対立するか），常に注意深く検討していかなければならない。そのための手段の1つとして，理論間の比較研究が有効という指摘がある（Sternthal, Tybout, and Calder 1987）。比較研究とは，複数の競合理論のうち，どれが現象に対する強い説明力を有するかを検証できるようにリサーチ・デザインが組まれた研究である。これを実施することにより，解釈レベル理論と他理論が競合的関係にあるのか，あるいは併存的関係や相互補完的関係にあるのかといった両理論の関係性を明確に示すことが可能と考えられる（阿部 2013）。

◆理論内の課題

解釈レベル理論自体の課題についても考察する。課題の1つ目は，「心理的距離が遠い（近い）とき，解釈レベルが高次（低次）となり，製品の評価や選択が変化する」という基本的前提の妥当性に関する継続的な検証である。第5節でも述べたとおり，既存研究の結果を概観すると，解釈レベル理論の想定に対して概ね支持的傾向が示されている。ところが，解釈レベル理論自体の精緻化を図っていくためには，反証事例にも積極的に目を向け，これをも包括的に説明しうる形へと理論を修正していく必要があるだろう。その意味で，消費者のマインドセットにより解釈レベル理論の基本的前提が逆転しうることを示したYang et al.（2011）の理論的貢献は大きく，同様の視点の研究を今後も引き続き行っていくことが求められる。

2つ目は，消費者行動研究への適用方法に関する再検討である。解釈レベル理論で想定されている「本質的 — 副次的」，「Why視点 — How視点」，「目標関連的 — 目標非関連的」といった概念を製品属性に適用した場合，現在のところ曖昧さや論理的不整合が避けられていない。例えば，時計付きラジオの高次属性を「ラジオの音質」，低次属性を「時計の見やすさ」とした場合，その区分は消費者によって異なるものか，あるいは消費者の考えとは無関係に個々の製品カテゴリーが本来的に有したものか，現在のところ不明瞭なままである。仮に前者の場合，ある属性が個々の消費者にとって本質的か否かを定量的または定性的に確認する必要があるが，現在のところその手法が確立されているとは言い難い（須永・石井 2012）。

同様に，Hamilton and Thompson（2007）では，MP3音楽プレイヤーにおけるWhy視点の重視属性として「保存可能曲数」，How視点の重視属性として「操作性」が挙げられている（3-1および3-2参照）。しかし，仮に消費者が「手軽に音楽を聴くこと」を目標としていた場合，むしろHow視点の重視属性である操作性こそが目標関連的であり，解釈レベルが高次のときに重視される属性となる。今後の研究においては，これらの問題点に対する概念的な整理を進め，理論的な精緻化を図ることが求められる。こうした取り組みは，「時間的距離に応じて実際にどのような属性を訴求すべきか」といった実務的な問題に対し，具体的な指針を示すことにもつながり得る。

3つ目は，解釈レベルの測定方法の開発である。表3-3で示しているとおり，既存研究においては，解釈レベルの測定に様々な方法が用いられており，なかでも最もよく利用されているのはVallacher and Wegner（1989）によって開発されたBIF尺度である。ところが，BIF尺度は本来，行為同定の個人差を測定するための尺度であり，解釈レベルがもたらす効果のうち，直接的には「Why視点 — How視点」あるいは「上位的 — 下位的」のみを測定していることになる。解釈レベルが有する多面的な効果を考慮するならば，消費者の解釈レベルを総合的に測定できる尺度の開発が求められるだろう。

4つ目は，心理的距離の遠近に関する議論である。表3-1が示しているとおり，既存研究においては，シナリオの時間的距離を「1年後」と「明日」で操作しているものもあれば（例えば，Agrawal and Wan 2009），「来月」と「明日」で操作しているものも存在する（例えば，Martin, Gnoth, and Strong 2009）。特に実務的な意義を考えるならば，いつの時点を境に消費者が「遠い」と感じ，製品やサービスの重視属性が変化するのか，またそれは線形的な変化か非線形的な変化かといった議論が今後必要になるだろう。

5つ目は，消費者の文化的差異を考慮した研究である。既存研究では，多くの場合，欧米の大学生を対象とした実験が行われている。しかし，Hong and Lee（2010）の Experiment 5が示しているとおり，欧米とアジアなど，消費者が属している文化によって解釈レベルの傾向が異なる可能性が考えられる。解釈レベル理論の想定は，あらゆる文化において支持されるのか，または文化によって異なる傾向が見られるのかなどについて，国際比較研究を通じて明らかにしていく必要があるだろう。これは，国際的なマーケティング活動への示唆を提供するだけでなく，より普遍的な理論を構築するうえでも有意義なことと考えられる（阿部 1984b）。

7 ▸ 議　　論

ここまで，解釈レベル理論を用いた消費者行動研究を対象とし，「解釈レベル理論単独の効果に関する研究」と「他の理論や概念の効果を結びつけた研究」に分類し，既存研究の体系的なレビューを試みた。その結果，研究関心の推移やそれに伴う実験設計の変化などを見出した。

本章では，レビューの結果を踏まえ，解釈レベル理論を消費者行動研究に適用することの理論的意義，実務的意義，および課題についても論じてきた。そのなかで，解釈レベル理論は，選好の逆転に対して従来にない説明や予測を提供するとともに，消費者行動研究への幅広い応用性を有した理論であることを示した。また，研究の発展とともに消費者行動研究における解釈レベル理論の位置づけが変化してきたことも確認できた。

一方，消費者行動研究における固有の問題ではないものの，解釈レベル理論には概念的に曖昧な点やその他の課題が残されていることなどが明らかになった。解釈レベル理論が有する理論的，実務的意義を考えるならば，今後は，これらの課題への対応を通じ，同理論の精緻化を図っていくことが不可欠といえる。

消費者行動研究における解釈レベル理論の導入が盛んに進むなか，これまで各研究は個々の関心にもとづき散発的に行われていた。こうしたなか，研究知見の整理や潮流の体系づけを行った点に，本レビューの意義が認められるだろう。一方，本章では既存研究を網羅的かつ俯瞰的にレビューすることに主眼を置くあまり，各研究の理論的な位置づけや背景について詳細に踏み込んだ議論はできていない。今後は各研究の理論的な位置づけを踏まえながら，研究動向を捉え続ける必要がある。こうした取り組みにより，解釈レベルは関与や認知欲求といった概念と同様，学術的リサーチ，実務的リサーチの発展に貢献する重要な概念となる可能性もある。

（1） 仮説設定時に解釈レベル理論を用いず，単に冒頭の研究背景や末尾の考察で同理論に触れただけの研究はレビュー対象から除外することとする。
（2） たとえ従属変数として多様な概念を導入した研究や，仮説構築において他の理論や概念に触れて議論を進めた研究であっても，消費者反応に効果を及ぼす要因として用いた理論が解釈レベル理論のみの研究は，このグループに含めない。
（3） Navon タスクとは，Navon（1977）によって開発された方法であり，実験参加者の情報処理タイプを全体的処理と部分的処理に操作することができる。詳細は本章の表 3-2 を参照のこと。
（4） 購買時点においては機能の多さを重視し多機能製品を選択したものの，使用時点においては使いやすさが重要となり，消費者にとって多機能であることが好ましい特性でなくなることを，Thompson, Hamilton, and Rust（2005）は「機能疲労（feature fatigue）」と呼んでいる。
（5） BIF は行為同定に対する個人差を測定するための尺度である。詳細は第 2

章参照。

(6) 既存研究のうち特に主要な実証研究のみを時系列で取り上げている。

(7) [ ] 内の数字は，当該研究が属する分類（本章の節と項）に対応している。

(8) 無論，本章ではジャーナルに掲載された論文のみをレビュー対象としているため，パブリケーション・バイアスの影響を考慮する必要はある。

(9) ただし，当然ながら実際の購買行動には，POP をはじめとしたマーケティング刺激，他者からのクチコミ，前回の購買経験など，様々な要因が影響するため，時間的距離と訴求内容に関するインプリケーションは限定的に捉える必要がある。

第 II 部

CONSUMERS' CONSTRUAL LEVEL AND INFORMATION ACQUISITION

解釈レベルと情報取得プロセス

第 4 章

Effects of Temporal Distance to Purchase on Visual Search Behavior

購買までの時間的距離と視覚探索行動[1]

1▸ 消費者情報処理の行動的測定

消費者の意思決定過程そのものを探っていこうとする取り組みは，長年にわたり消費者行動研究の中心的なテーマとして位置づけられてきた。この取り組みにおいては，質問紙調査による構成概念の解明と同時に，消費者の行動面を直接的に観測するプロセス跡付け法が重要な役割を果たす（阿部 2013）。プロセス跡付け法として，これまでも，情報モニタリング法，反応時間法，プロトコル法などが提唱されてきたが（Bettman 1979），近年では消費者の店舗内行動の様子をビデオに収録し解析するビデオトラッキング（Hui et al. 2013），ウェブサイト上におけるマウスの動きを解析するマウストラッキング（Goldstein et al. 2014）などの方法も実用化され始めている。こうしたなかで，今日最も活用が進んでいるデータ収集法の1つに視線追跡法（アイトラッキング法）が挙げられる。アイトラッキング法は消費者の視線の経路や停留点，停留時間などを専用の機器により記録していく手法であり，1980年頃からその有用性が指摘され始めている（Russo 1978）。

アイトラッキング法が普及した背景として，視覚探索行動と認知プロセスとの関連性を挙げることができる。Wedel and Pieters（2008）によると，我々の視覚探索行動は認知プロセスと密接に結びついているという。そのため，ある人物がどこをどのような順番でどれくらい見続けたかという情報は，すなわち，その人物がどの情報をどのような方法で取得し，どれくらい丹念に処理したのかを表す有力な代理指標であるといわれている（Pieters and Wedel 2007; Wedel and Pieters 2008）。加えて，2000年代以降の技術的な進展に伴い，機器類の低価格化や操作の簡易化が進んだことも，アイトラッキング研究の普及を後押しすることとなった（Wedel and Pieters 2000, 2008）。

アイトラッキング法を用いた消費者行動研究は様々な視点から展開されてきた。例えば，時間圧力や動機（Pieters and Warlop 1999），消費者の目標（Pieters and Wedel 2007）など，様々な要因が視覚的探索行動に影響を与えることが分かっている。しかしながら，消費者が有する目標や動機といった要因は常に一定であるとは限らない。同じ購買であってもその捉え方が心理的距離によって変化することは，珍しいことではないであろう。

本章では，心理的距離のなかでも特に時間的距離に注目し，購買までの時間的距離が視覚探索行動にどのような影響を及ぼすのかについて，知覚困難性（すなわち，選択をどれくらい難しいと感じるかという主観的な評価），および認知欲求の概念を考慮しながら検討していく。こうした取り組みは，視覚探索行動に焦点を当てたアイトラッキング研究を進展させるだけでなく，解釈レベル理論そのものや，同理論と隣接する他の理論との関連などを議論する際にも有用な示唆をもたらすと考えられる。

2 ▸ 視覚探索行動に関する先行研究

2-1 アイトラッキング法を用いた消費者行動研究

アイトラッキング手法自体の歴史は長く，1920 年代には，広告に対する視線の動きを測定した研究が報告されている（Nixon 1924）。その後，*Saturday Evening Post* を読む際の視線を測定した Karslake（1940），飛行機を操縦するパイロットの視線を測定した Fitts, Jones, and Milton（1950）などの先駆的な取り組みが行われるようになった。マーケティングや消費者行動研究において，アイトラッキング法の有用性が指摘されるようになったのは，1980 年頃である。Russo（1978）は，消費者の認知プロセスを把握するうえで，他の様々な測定手法と比較しても，アイトラッキング法は高い有用性や妥当性を有していると主張している。1990 年代以降，とりわけ視線測定機器（アイトラッカー）の精度向上，小型化，低価格化などを背景に，アイトラッキング研究は活発に取り組まれるようになった（詳細なレビューは Wedel and Pieters 2008 を参照のこと）。とりわけ消費者行動研究においては，もっぱら広告や店舗内環境といったマーケティング刺激に対する視覚的注意（visual attention）や視覚的探索（visual search）などの行動を測定するために用いられてきた。ここでは，アイトラッキング法を用いた主要な既存研究を「外部要因に注目した研究」，「内部要因に注目した研究」，「外部と内部の両要因に注目した研究」の 3 つに分類し，知見を整理していきたい。

◆外部要因に注目した研究

アイトラッキング法を用いた研究のうち，多くの割合を占めるのが外部要因に注目した研究である。広告の文字や画像といったデザインの特性が消費者の視覚的注意や視覚探索行動にどのような影響を及ぼすかが，これらの研究の焦点である。

例えば初期の研究としてLohse（1997）が挙げられる。この研究では，電話帳に掲載された自動車修理業者，銀行，生花店などのカテゴリーから1つの業者を選択してもらう課題を与え，その間の視線を記録する実験が行われた。その結果，電話帳には消費者に見られていない広告が複数存在すること，モノクロ広告よりもカラー広告のほうが早く，そして長時間視線が向けられること，多くの消費者が選択後にも電話帳を見続けていることなどが明らかになった。Pieters, Rosbergen, and Wedel（1999）は，広告の反復接触効果について検討している。アイトラッカーを用いた実験の結果，同一の広告に繰り返し接触することにより，当該広告への注視時間は減少していくものの，視線が流れる経路には変化が生じないことなどが明らかになった。

文字や画像といった広告要素のサイズの影響に注目した研究も行われている。Wedel and Pieters（2000）は，消費者の注意を引きつける要因として，写真，コピー，ブランド・ネームそれぞれのサイズに注目し，アイトラッキング調査を行った。結果，これらの広告要素のうち，ブランド・ネームのサイズが広告への注視時間に最も強い影響を与えていることが明らかになった。Pieters and Wedel（2004）は1,363種類の雑誌広告を用い，アイトラッキング調査を行った。広告要素のサイズと視線滞留時間との関係を分析した結果，ある要素のサイズが大きくなるにつれ，他の要素の注視時間は減少すること，そして注意の獲得において，写真の掲載はサイズに関係なくポジティブな効果をもたらすことが明らかになった。写真とは対照的に，活字はサイズを大きくするほど消費者の注意獲得に強い効果を及ぼすことも示されている。この知見はPieters, Wedel, and Zhang（2007）においても確認された。彼らは，1,500種類の新聞広告を用いてアイトラッキング調査を行った結果，サイズにかかわらず効果を有する写真はあえて縮小し，コピーや価格など，写真以外の要素を拡大することで，消費者の注意を引きつけることが可能であると結論づけている。

サイズ以外の特性として，動的なデザインの効果に注目した研究も行われている。Cian, Krishna, and Elder（2014）は道路標識等のアイコンのデザインに注目し，アイトラッキング法を含む5つの実験を行った。その結果，動的なイメージのデザインは，静的なイメージのデザインに比べて視覚的な注意を引きつけやすいことを明らかにしている。こうした傾向は，アイトラッキング法だけでなく，自動車のドライブ・シミュレーションや反応時間測定などのデータ収集法を用いた実験でも確認されている。

特定の要素ではなく，広告の全体的なデザインに注目した研究も行われている。Pieters, Wedel, and Batra（2010）は，広告デザインの複雑性を捉えるための枠組みとして「視覚的複雑性」と「デザインの複雑性」を提示した。視覚的複雑性とは，広告要素の密度や変化の度合いを指す。視覚的複雑性が高まるほど画素数が増えることから，JPEG 形式化した際のファイル容量でその度合いを測定することができる。一方，デザインの複雑性とは，広告レイアウトの対称性，規則性，緻密さなどのことを指す。249 の雑誌広告を用い，調査を行ったところ，視覚的複雑性は消費者注意にネガティブな影響を及ぼす一方，デザインの複雑性は消費者注意にポジティブな影響を及ぼすことが明らかになった。このことから，消費者の注意を引きつけるためには，詳細で込み入ったデザインは避けつつ，レイアウトに変化をつけた広告が効果的であると彼らは結論づけている。関連したものとして，レイアウトに関する研究も行われている。Girisken and Bulut（2014）は広告におけるロゴの配置に注目し，実際の広告を用いて消費者の視線を測定した。その結果，広告の左側に配置されたロゴは視覚的な注意が向けられにくい一方，広告の上側に配置されたロゴには視覚的な注意が向けられやすいなどの傾向が明らかになった。

ソーシャル・マーケティング研究においてもアイトラッキング法が活用されている。例えば，Pennings, Striano, and Oliverio（2014）は，パッケージ上の栄養成分情報ラベルに対する視覚探索行動に注目した。アイトラッキング法を用いて実験を行った結果，事前に栄養に関する教育を受けた消費者は，何も教育を受けていない消費者に比べて，その後の選択において，製品の栄養成分情報を長時間注視することが明らかになった。このことから，彼らは栄養教育の重要性を主張している。

◆内部要因に注目した研究

アイトラッキング法を用いた消費者行動研究のなかには，外的な刺激の特性ではなく，消費者特性などの内的要因に焦点を当てたものも存在する。Rosbergen, Pieters, and Wedel（1997）は，広告の見出し，写真，活字，ブランド・ネームに対する視線の動きをもとに消費者を3つのセグメントに分けた。「見出しと写真に注意を向ける消費者」，「見出し，写真，ブランド・ネームに注意を向ける消費者」，「4つの要素すべてに注意を向ける消費者」である。

消費者の心理的要因に注目した研究も存在する。例えば，Pieters and Warlop（1999）は，ブランド選択時における視覚的注意について，時間圧力と動機の影響を考慮しながら検討している。シャンプーを用いて実験を行った結果，選択課題に対する動機が高い消費者は，低い消費者に比べて画像情報ではなく文字情報を長時間注視することが明らかになった。また，時間圧力がある状況において，消費者は成分情報に対する注視時間を減らし，画像情報に注意を向ける傾向があることも示されている。

Pieters and Wedel（2007）は，消費者の目標に注目した。具体的には，広告に対する情報処理目標を4つに分類し，視覚的注意に及ぼす影響を検討している。アイトラッカーを用いて広告に対する視線停留時間を測定した結果，広告記憶目標は文字情報，画像情報，ブランドのデザインに対する注意を高めること，ブランド学習目標は文字情報に対する注意を高める一方で，画像情報に対する注意を低下させることなどが明らかになった。

◆外部と内部の両要因に注目した研究

数こそ少ないものの，外部と内部の両要因を同時に扱った研究も行われている。Chandon et al.（2009）は，店舗関連要因（例えば，フェイス数，陳列位置，価格など）と店舗非関連要因（例えば，消費者特性，ブランドの市場シェア，消費者のブランド使用経験など）がブランドに対する注意や評価にどのような影響を及ぼすかを明らかにした。アイトラッキング実験を行った結果，フェイス数は視覚的注意を介して評価に強い影響を及ぼすこと，こうした影響は当該ブランドの購入頻度が高い消費者，市場シェアが低いブランド，若年で高学歴の消費者において特に強く生じることが分かった。また，陳列位置による注意の獲得が必ずしも当該ブランドの売上げに影響するとは限らないことも明らかにされている。

2-2 先行研究のまとめと課題

ここまで見てきたとおり，消費者行動研究にアイトラッキング法が本格的に導入されて以降，様々な観点から消費者の視覚的注意や視覚的探索を扱った研究が行われてきたことが分かる。とりわけ，外部要因に注目した研究は数多く，広告要素のサイズの効果（例えば，Pieters and Wedel 2004; Wedel and Pieters 2000），広告の複雑性やレイアウトなどの全体的なデザインの効果（例えば，Girisken and Bulut 2014; Pieters, Wedel, and Batra 2010）などに焦点が当てられてきた。

これに対し，内部要因に注目した研究については，時間圧力や動機（Pieters and Warlop 1999），目標（Pieters and Wedel 2007）など複数の視点から取り組まれているものの，相対的にみると研究数は限られている。消費者の認知プロセスを包括的に理解するためには，外部刺激からの反応のみならず，消費者の内的な要因に注目した研究を進めていく必要がある。例えば，Pieters and Wedel（2007）は消費者の目標が視覚探索行動に与える影響を検討しているが，ここで扱われているのは「広告記憶目標」，「ブランド学習目標」など，ある一時点で消費者が有する特定の目標である。しかし，その目標に対する心理的な距離感や解釈の仕方は常に一定であるとは限らないであろう。

以下では解釈レベル理論を手掛かりに，購買目標に対する時間的距離が視覚探索行動にどのような影響を及ぼすのかについて議論を進めていく。

3▸ 時間的距離と視覚探索行動に関する仮説

3-1 心理的距離と知覚困難性

解釈レベル理論によると，人は心理的距離が遠い対象に対して高次の解釈，近い対象に対して低次の解釈で捉えようとする。解釈レベルが低次のとき，人は対象を具体的に捉えるのに対し，解釈レベルが高次のとき，人は対象を抽象的に捉える（Trope and Liberman 2000）。Förster, Liberman, and Kuschel（2008）によると，複数の選択肢が提示され，それらを抽象的な視点で捉えた場合，具体的な視点で捉えた場合に比べ，人は選択肢間での相違点ではなく共通点を探索する傾向にあるという。また，抽象的なマインドセットを有している場合，人は複数の選択肢をより広いカテゴリーとしてまとめて捉える傾向にあることも指摘されており（Liberman, Sagristano, and Trope 2002），同じカテゴリーに入れられた選択肢群は類似性が高いと判断される傾向にあるという（Rosch and Mervis 1975）。

こうした知見を前提とし，Goodman and Malkoc（2012）は，解釈レベルと選択肢数の関係について明らかにしている。彼らによると，高次の解釈レベルで製品選択を行う場合，人は選択肢間における類似性を高く感じ，すべての選択肢が代替可能な関係にあると捉えるため，豊富な選択肢に対する選好が低下するという[(2)]。

以上の指摘を踏まえると，例えば，時間的に遠い時点での製品選択を想像した場合，近い時点での製品選択を想像した場合に比べて，高次の解釈レベルで選択肢を捉えるため，選択に対して困難であると感じる（すなわち，知覚困難性が高まる）ことが予想される。以上の議論から，仮説1を設定した。

仮説1：製品選択までの時間的距離が遠いとき，近いときに比べ，選択に対する知覚困難性が高い。

3-2　認知欲求による調整効果

選択が困難であると感じられた場合，人はどのような情報探索を行うのだろうか。困難な課題に取り組むことに対する傾向は，認知欲求の概念から捉えることができる。認知欲求とは，「努力を要する認知活動に従事し，それを楽しんで行う傾向」（Cacioppo and Petty 1982, p.116）を指し，認知欲求が高い人は，認知欲求が低い人に比べ，複雑な課題に楽しんで取り組むこと（Cacioppo and Petty 1982; Cacioppo et al. 1986; Nair and Ramnarayan 2000; Petty and Cacioppo 1986a, 1986b），メッセージの情報源ではなく内容そのものにもとづいて態度形成を行うこと（Cacioppo, Petty, and Morris 1983），詳細な属性を詳しく吟味して製品評価を行うこと（Haugtvedt, Petty, and Cacioppo 1992），複雑性の高い広告に対して好ましい態度を示すこと（Putrevu, Tan, and Lord 2004），曖昧なメッセージが掲載された広告を好むこと（Bradley and Meeds 2004）などが指摘されている。さらに，認知欲求と情報探索との関係について明らかにした研究によると，認知欲求の高い消費者は，認知欲求の低い消費者に比べ，丹念に情報探索を行う傾向があるという（Verplanken 1993; Verplanken, Hazenberg, and Palenéwen 1992）。

本研究では，仮説1として示したとおり，選択目標に対する時間的距離が遠いとき，選択に対する知覚困難性が高まるという状況を想定している。前述した認知欲求の特性を踏まえるならば，困難性が高いと感じられる選択課題において，認知欲求が高い消費者のほうが低い消費者に比べて，より丹念な視覚探索を行うと考えられる。以上の議論から，次の仮説を設定した。

仮説2：製品選択までの時間的距離が遠いとき，認知欲求の高い消費者は低い消費者に比べて，より丹念に視覚探索を行う。

以上の仮説をテストするため，本研究ではアイトラッキング法を用いた実験を行うこととした。

4▸ アイトラッキング実験[3]

4-1 参加者および実験計画

2013年1月下旬～2月上旬にかけて，早稲田大学の教室において実験を実施した。実験には，同大学に在籍する学部生80名が，500円分クオカードをインセンティブとして参加した。実験は，2（時間的距離：遠／近）×2（認知欲求：高／低）の被験者間計画を採用し，参加者らはいずれかの条件へランダムに割り当てられた。

4-2 手続き

◆ 時間的距離の操作

参加者には，教室に1人ずつ入室し，座席に座ってもらったのち，紙に印刷された以下のシナリオを読んでもらった[4]。

> あなたは現在，自分自身で使用するためのパソコンを持っていますが，ゼミや授業の課題で使用しているうちに，新しいノートパソコンを購入したくなったとします。
> 〈新学期に使用したいため，3か月後に／来週締切の課題があるため，明日，〉新しいノートパソコンを購入する予定です。インターネットで検索した結果，このあと画面に表示される3つのノートパソコンが目に留まったとします。

「新学期に使用したいため，3か月後に新しいノートパソコンを購入する予定です。」（遠い群：$n=40$）または「来週締め切りの課題があるため，明日，新しいノートパソコンを購入する予定です。」（近い群：$n=40$）と提示することによって，購買までの時間的距離を操作している。

◆アイトラッカーによる測定

シナリオを読み終えた後，参加者にはTobii製モニター一体型アイトラッカーT60-XLの前，約50cmの距離に座ってもらった。アイトラッカーのモニター（サイズ：24インチ，解像度：1,920 × 1,200ピクセル）にはノートパソコン3製品（選択肢A：「東芝　dynabook T552 T552/47G PT55247GBH」，選択肢B：「富士通　FMV LIFEBOOK AH56/J FMVA56J」，選択肢C：「ソニー VAIO Eシリーズ SVE15127CJ」）のスペック表[5]が提示されている。このアイトラッカーは特殊なゴーグルなどを装着することなく，モニターを見てもらうだけで付属のセンサーが瞳孔の動きを捕捉し，参加者の視線の動きを測定することができる。

参加者には，刺激を見ながら，「1番欲しい製品」，「2番目に欲しい製品」，「3番目に欲しい製品」を選択してもらった。なお，より自然な選択状況とするため，選択終了までの制限時間は設けず，選択が完了した時点で，その旨を実験者に口頭で伝えるよう指示した。

本研究（特に仮説2）では，どれくらい丹念に視覚探索を行ったかに関心がある。視覚探索の程度については，様々な観点から測定が可能であるが，本研究では既存のアイトラッキング研究などをもとに，視線停留時間を測定した[6]。停留時間は，視線がいずれかの箇所に留まっている時間の総量であり，視線停留時間が長いほど，その場所を継続的に注視していたことを意味する[7]。アイトラッキング法を用いた消費者行動研究の多くも，視覚探索量の指標として視線停留時間を測定している（例えば，Janiszewski 1998; Pieters and Warlop 1999; Pieters and Wedel 2004, 2007; Wedel and Pieters 2000）。

◆質問紙による測定

選択完了後，「選択結果」，「知覚困難性」，「属性の目標関連性」，「認知欲求」について質問紙を用いて測定した。具体的な測定方法は以下のとおりである。

選択結果　「先ほど示された3つの製品について，購入したいと思った順に順位をつけ，数字でご回答ください」と尋ね，選択肢A，選択肢B，選択肢Cそれぞれに1～3位まで順位をつけてもらった。

知覚困難性　製品を選択することをどれくらい困難と感じたかについて，リッカート式7点尺度1項目で回答してもらった（1:「非常に容易だった」～7:「非常に困難だった」）（Thomas and Tsai 2012）。

属性の目標関連性　「主にゼミや授業の課題で使用する」という目的と照らし合わせて，関連性が強いと思う製品属性を「メモリー容量」，「HDD」，「本体カラー」，「付属ゲームソフト」，「統合ソフト（Office）」，「ケース」のなかから3つ挙げてもらった。

認知欲求　神山・藤原（1989）のなかから，とりわけ因子負荷量の高い8項目を選出し，7段階で回答してもらった（1:「まったく当てはまらない」～7:「非常によく当てはまる」）。用いた8項目は以下のとおりである（α =.859）。「あまり考えなくてもよい課題よりも，頭を使う困難な課題のほうが好きだ」，「課題について必要以上に考えてしまう」，「一生懸命考え，多くの知的な努力を必要とする重要な課題を成し遂げることに特に満足を感じる」，「長時間一生懸命考えるのは苦手なほうである（R）」，「深く考えなければならないような状況は避けようとする（R）」，「簡単な問題より複雑な問題のほうが好きだ」，「一度覚えてしまえばあまり考えなくてもよい課題が好きだ（R）」，「問題の答えがなぜそうなるのかを理解するよりも，単純に答えだけを知っているほうが良い（R）」。なお，分析においては，これらの項目の合計点（8～56）を算出し，中央値（$Mdn = 37$）以下の回答者（$n = 40$）を認知欲求低群，中央値より高い回答者（$n = 40$）を認知欲求高群に分類した。

4-3　分析結果

◆ 製品選択結果

参加者80名のうち，1番欲しい製品として選択肢Aを選んだのは16名（20.0％），選択肢Bを選んだのは26名（32.5％），選択肢Cを選んだのは38名（47.5％）であった。なお，時間的距離が遠い群と近い群における製品選択比率の違いは確認されなかった（χ^2（2）=.259，p =.878）。同様に，認知欲求が高い群と低い群においても，製品選択比率の違いは生じていなかった（χ^2（2）= 1.615，p =.446）。

◆知覚困難性に関する分析

時間的に遠い時点での選択を想像したとき，近い時点での選択を想像したときに比べて，その選択を困難に感じるという仮説1をテストするため，t 検定により時間的距離が遠い群と近い群における知覚困難性を比較した。その結果，時間的距離が遠い群は近い群に比べて知覚困難性が高く，その差は有意であった（$M_{遠}=3.225$, $SD_{遠}=.974$ vs. $M_{近}=2.800$, $SD_{近}=.516$；$t\,(78)=2.439$, $p=.017$；$d=.550$；図4-1）。以上の結果から，仮説1は支持されたと判断できる。

図4-1　知覚困難性の結果

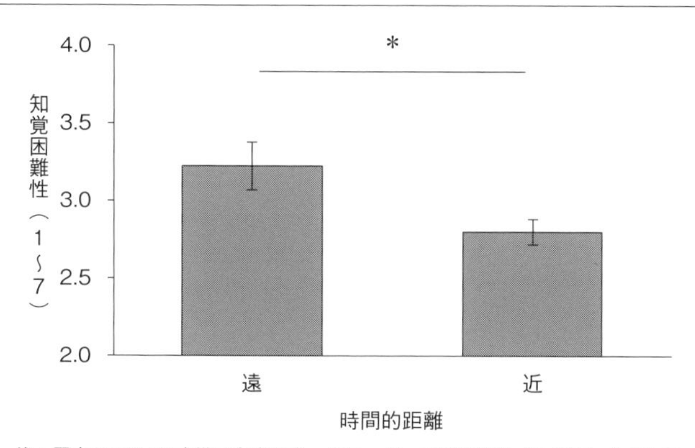

注：図中の＊は5%水準で有意の意。エラーバーは標準誤差（±1SE）を表している。

◆視覚探索行動に関する分析

基礎統計　参加者80名分のアイトラッキング・データを集計したところ，選択に要した時間は平均約47秒（$M=46.797$, $SD=22.833$）であり，そのうち視線停留時間は平均約29秒（$M=29.249$, $SD=15.424$）であった（表4-1）。時間的距離が遠い群と近い群において視点停留時間を比較したものの，両群において有意差は見られなかった（$t\,(78)=.875$, $p=.384$）。

表 4-1　選択時間および視線停留時間の平均値（秒）

	全体	時間的距離		認知欲求	
		遠	近	高	低
選択時間	46.80	49.03	44.56	48.63	44.96
視線停留時間	29.25	30.67	27.82	30.74	27.75
価格	6.87	7.29	6.46	7.35	6.39
メモリー容量 [a]	4.37	4.60	4.15	4.41	4.34
HDD [a]	4.32	4.54	4.10	4.33	4.32
本体カラー [b]	4.15	4.38	3.92	4.69	3.61
付属ゲームソフト [b]	2.89	2.87	2.91	3.02	2.76
統合ソフト（Office） [a]	4.86	5.17	4.55	5.07	4.65
ケース [b]	1.78	1.82	1.74	1.88	1.68

注：[a] は目標関連的属性，[b] は目標非関連的属性を意味する。

続いて，価格を除く6つの製品属性を目標関連的属性（「統合ソフト(Office)」，「メモリー容量」，「HDD」）と目標非関連的属性（「ケース」，「本体カラー」，「付属ゲームソフト」）に分け[8]，両者の視点停留時間を比較したところ，目標関連的属性のほうが目標非関連的属性に比べて視点停留時間が長かった（$M_{目標関連}=13.558$，$SD_{目標関連}=8.238$ vs. $M_{目標非関連}=8.820$，$SD_{目標非関連}=5.015$，$t\,(79)=7.429$，$p<.001; r=.642$）。

時間的距離が遠い群と近い群において，両属性の視線停留時間を比較したものの，目標関連的属性（$t\,(78)=.875$，$p=.384$），目標非関連的属性（$t\,(78)=.521$，$p=.604$）のいずれにおいても，時間的距離による視点停留時間の差は見られなかった。この結果については，第5節で詳しく考察する。

仮説のテスト　仮説2をテストするため，視線停留時間を従属変数とする2（時間的距離：遠／近）×2（認知欲求：高／低）の2元配置分散分析を実施した。その結果，時間的距離の主効果は有意とはならず（$F\,(1, 76)=.530$，$p=.469; \eta^2_p=.007$），認知欲求の主効果も有意とならなかった（$F\,(1, 76)=.605$，$p=.439$；$\eta^2_p=.008$）。一方で，時間的距離と認知欲求の交互作用は有意となった（$F\,(1, 76)=7.185$，$p=.009$；$\eta^2_p=.086$；図 4-2）。

図 4-2　視線停留時間の結果

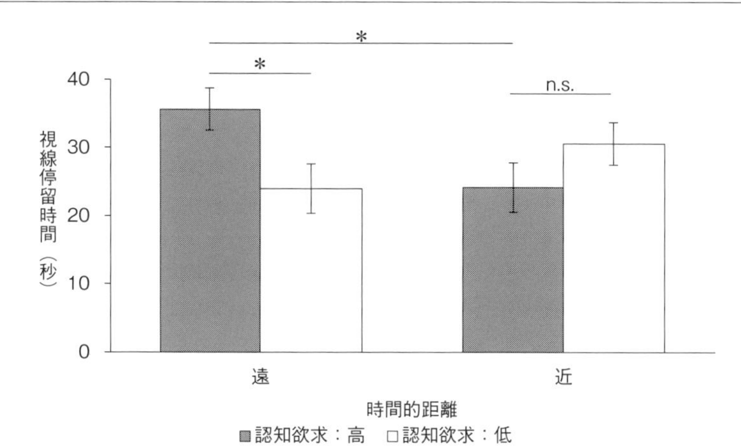

注：図中の＊は 5%水準で有意の意。エラーバーは標準誤差（± 1SE）を表している。

下位検定を行ったところ，時間的距離が遠い条件において，認知欲求が高い群は低い群に比べて長く，その差は有意であった（$M_{高}=35.630$，$SD_{高}=22.943$ vs. $M_{低}=23.968$，$SD_{低}=8.386$；$F(1, 76)=5.980$，$p=.017$；$\eta^2_p=.073$）。一方で，時間的距離が近い条件においては，認知欲求が高い群と低い群において，視線停留時間に有意な差は見られなかった（$M_{高}=24.135$，$SD_{高}=10.387$ vs. $M_{低}=30.551$，$SD_{低}=10.589$；$F(1, 76)=1.810$，$p=.183$；$\eta^2_p=.023$）。

また，認知欲求が高い群に注目してみると，時間的距離が遠い条件のほうが近い条件に比べて，視線停留時間が有意に長かった（$M_{遠}=35.630$，$SD_{遠}=22.943$ vs. $M_{近}=24.135$，$\mathrm{SD}_{近}=10.387$；$F(1, 76)=5.810$，$p=.018$；$\eta^2_p=.071$）。以上の結果から，仮説 2 は支持されたと判断できる。

5 ▸ 議　　論

5-1　結果のまとめと考察

時間的距離が遠い選択を想像した場合，近い選択を想像した場合に比べ，選択に対する困難性の知覚が高まることが明らかになった。この結果は，仮説1を支持するものであると同時に，Goodman and Malkoc（2012）の見解とも一致するものである。同じ選択課題であっても，人は遠い将来を想像すると，対象を抽象的であいまいな高次の解釈レベルで捉え，選択肢間の違いや特徴などについて判断しづらくなる。その結果，質と量ともに同じ情報が提示された場合であっても，遠い将来の購買を想定したときのほうが，近い将来の購買を想定したときに比べて選択が困難と感じられるようになる可能性を示唆している。

困難な選択課題に対して，どれくらいの視覚探索を行うかは，消費者の認知欲求によって異なることも示された。具体的には，認知欲求の高い消費者は，遠い将来の選択に対して困難であると感じていても，それに対して丹念な視覚探索を行う。一方で，認知欲求の低い消費者は，困難と感じられる遠い将来の選択に対しては，それほど視覚探索を行わない傾向が示されている。また，認知欲求の高い消費者は，時間的距離が近いときよりも遠いときのほうが丹念な視覚探索を行う傾向も見られた。以上の結果から，本研究の仮説2も支持されたと結論づけられる。

本研究で設定した仮説群は支持される結果となった一方で，分析結果を全体的に見渡すと，理論的な想定とは異なる結果も示されている。例えば，解釈レベル理論の前提にもとづくならば，時間的距離が遠い群は近い群に比べ，目標関連的属性を重視するため，それらの属性を長く注視しているはずである。同様に，時間的距離が近い群は遠い群に比べ，目標非関連的属性を長く注視しているはずである。ところが，今回の実験では目標関連的属性と目標非関連的属性のいずれにおいても，時間的距離が遠い群と近い群との間で視線停留時間に有意差は見られなかった。

これには，様々な角度からの説明ができるかもしれないが，1つは目標そのものの具体性が影響している可能性がある。今回の実験で用いたシナリオには，「ゼミや授業の課題で使用」，「新学期に使用したい」，「来週締切の課題がある」など，極めて特定的な情報を含めた。フィールド調査ではなく，実験室実験という特性上，参加者になるべく購買場面を容易に想像してもらうためである。解釈レベル理論の基礎的研究である Trope and Liberman（2000）においても，時計付きラジオの選択課題を与える際に，「キッチンでラジオを聴くため」という特定の目標を提示している。

しかしながら，ゼミの勉強以外にも，学生にとってのパソコンは，「音楽を聴く」，「動画を見る」，「就職活動の情報収集をする」，「暇つぶしにネットサーフィンをする」など多くの用途が考えられうる製品である。こうしたなかで，「ゼミや授業の課題で使用」という単一の具体的な目的がシナリオで明示されたため，時間的距離の遠近にかかわらず，特定された目標に直接的な関連がある属性を重点的に見ようという動機が高まった可能性がある。今後，同様の研究を行う際には，シナリオでどのような購買目標を提示するかについて，慎重に吟味しておく必要があるだろう。

5-2　本研究の意義

◆理論的意義

本研究は複数の理論的意義を有している。1つ目は視覚探索行動研究に関する意義である。アイトラッキング法を用いた消費者行動研究においては，外的ならびに内的な各種要因が消費者の視覚探索行動に影響を与えることが示されている。しかしながら，購買目標に対する時間的距離の影響については考慮されてこなかった。実際の購買場面に目を向けてみると，遠い将来の購買や使用を想定することもあれば，直近で入手することを想定することもあり，それによりどれくらい丹念な探索活動が行われるかも異なることが考えられる。こうしたなかで，時間的距離が視覚探索行動に与える影響について，認知欲求を考慮しながら解明した本研究は，視覚探索行動研究に新たな示唆を与えるものである。

2つ目は，解釈レベル理論研究における意義である。これまで，既存研究においては時間的距離や社会的距離などが消費者の認知的反応や感情的反応にどのような影響を及ぼすのかについて様々な検討が行われてきた（例えば，Hamilton and Thompson 2007; Hong and Lee 2010; Lee, Keller, and Sternthal 2010; Martin, Gnoth, and Strong 2009）。しかしながら，解釈レベルが消費者反応に及ぼす影響について，行動的な側面から直接的に解明した研究は多くない。そのなかで，アイトラッキング法を使用した本研究は，時間的距離の違いが情報探索に及ぼす影響を行動面から把握するものであり，解釈レベル理論研究を少なからず前進させるものと思われる。

3つ目は，精緻化見込みモデルと解釈レベル理論との関係についての意義である。精緻化見込みモデルは，消費者の態度形成に関する理論の1つとして，広く知れわたっている。このモデルは情報処理プロセスを中心的ルート（分析的，意識的で情報処理負荷が大きい。二重過程モデルにおけるシステム2に対応）と周辺的ルート（直観的，自動的で情報処理負荷が小さい。二重過程モデルにおけるシステム1に対応）に分類している（Petty and Cacioppo 1986a）。どちらのルートをとるかは，複数の要因によって異なってくるが，過去の研究によると認知欲求が高い人ほど中心的ルートで丹念な情報処理を行う傾向がある（Cacioppo and Petty 1982; Petty and Cacioppo 1986a; Verplanken, Hazenberg, and Palenéwen 1992）。

しかしながら，今回の実験結果を見ると，認知欲求単独では視覚探索量に有意な影響を与えていない（認知欲求の主効果が非有意であった）。むしろ，本研究の結果からは，認知欲求が視覚探索量に及ぼす影響を，時間的距離が調整している関係を見出すことができる。この結果は，類似する理論間での関連を整理する際に有用と言えるであろう。これまで，精緻化見込みモデルを含め，二重過程モデルはしばしば解釈レベル理論の競合理論として位置づけられることが多かった（Fujita et al. 2008）。しかしながら，本研究では解釈レベルへの影響要因である時間的距離と認知欲求の交互作用が確認されている。このことから，両理論は競合関係にあるというよりは，むしろ，互いに調整要因としての役割を果たしうる関係として捉える方が適切であることが示唆される。解釈レベル理論と二重過程モデルが競合理論ではないという見解は，Fujita et al.（2008）の指摘とも一貫するものである。

◆実務的意義

本研究は，理論的意義だけではなく実務的意義も有している。実験結果を踏まえると，広告やその他のコミュニケーション媒体において，どれくらいの製品情報を提示するかは，時間的距離と認知欲求の2点を考慮して決定する必要がある。製品が遠い将来に発売（あるいは消費）される場合，購買や消費に対する時間的距離が遠いため，消費者は選択が困難な状態に陥る。その際，もし当該製品が認知欲求の高い消費者をターゲットとしているならば，豊富な情報を提示したとしても，それらの情報を積極的に取得し処理する可能性が高い。しかしながら，認知欲求の低い消費者をターゲットとしている場合，たとえ多くの情報を提示したとしても，それらをほとんど取得しない。そのため，丹念な探索を行わなくても内容が理解できるよう，より少数の簡潔なメッセージを示すほうが好ましい可能性がある。

5-3 今後の課題

以上の理論的，実務的意義がある一方で，本研究は限界と課題も有している。1つ目は，視覚探索行動に関する詳細な分析である。今回は，あくまで視覚探索量（どれくらい丹念に情報探索を行ったか）に関心があったため，各参加者の視線停留時間のみを対象として議論を進めてきた。したがって，停留の順番については，本研究では扱っていない。しかしながら，停留順序はアイトラッキング法で把握することができる主要な行動変数であり，何をどの順番で見たかは重要な意味を持つ。例えば，時間的距離が遠い群と近い群で，注視する属性の順序がどのように異なるかなど，今後さらに分析していく必要がある。

2つ目は，認知欲求以外の要因も含めた考察である。本研究で扱った認知欲求だけでなく，消費者の視覚探索行動に影響を及ぼす要因は，消費者の事前知識量，購買経験，製品関与など複数挙げられる。時間的距離が遠い購買，あるいは近い購買においてどのような視覚探索が行われるのかを考える際，今後はこれらの様々な要因を考慮していかなければならないだろう。

3つ目は，時間的距離以外の心理的距離に注目した研究である。本研究では，解釈レベルに影響を及ぼす要因として既存研究でも多く扱われている時間的距離に注目した。しかしながら，心理的距離には社会的距離や空間的距離なども含まれる。また，近年では，解釈レベルを心理的距離によって操作するのではなく，何らかのタスクを課すことによって操作する方法も用いられている。本研究の結果をより頑健なものにしていくためには，社会的距離

（例えば，他者のための購買を想像する条件と自分のための購買を想像する条件）をシナリオで操作した実験や，空間的距離（例えば，モニターから2m離れて見る条件と50cm離れて見る条件）などを操作した実験を行い，研究結果の妥当性を吟味していく必要があるだろう。

（1） 本研究は，科学研究費基盤研究B（研究課題番号：22330134，研究代表者：阿部周造）による成果の一部である。
（2） 彼らは，実現可能性の概念をプライミングにより活性化することにより，この結果が逆転することも報告している。
（3） 本実験は，DNPメディアクリエイト買い場研究所（現株式会社DNPコミュニケーションデザイン）が保有するアイトラッカーを使用し，機器類の操作に熟達した同社スタッフの協力を得ながら実施した。
（4） 流し読みや読み飛ばしなどを防ぐため，参加者にはシナリオを最初から最後まで朗読するように指示した。
（5） これらの3製品は，実験実施当時の価格比較サイトにおける売れ行きランキングなどをもとに選定した。なお，実験の目的上，スペック表には一部架空の情報を含めた。
（6） なお，本研究は製品属性そのものに対する視覚探索に関心があるため，刺激のスペック表における表頭と表側部分については測定対象範囲から除外した。
（7） 本研究では，視線が35ピクセル以内で移動した場合，視線が停留したと定義することとした。
（8） 実験参加者には，質問紙調査において「主にゼミや授業の課題で使用する」という目的と関連が強いと思う属性を3つ選択してもらっている。得られた結果は以下の表のとおりである。この結果をもとに，上位3属性である「統合ソフト（Office）」，「メモリー容量」，「HDD」を目標関連的属性，下位3属性である「ケース」，「本体カラー」，「付属ゲームソフト」を目標非関連的属性と分類した。

属　　性	選択数（%）
統合ソフト（Office）	79（ 32.9%）
メモリー容量	78（ 32.5%）
HDD	64（ 26.7%）
ケース	13（　5.4%）
本体カラー	6（　2.5%）
付属ゲームソフト	0（　0.0%）
合　　計*	240（100.0%）

※参加者 80 名に属性を 3 つ選択してもらったため，合計選択数は 240 となっている。

第 5 章

Effects of Pre-purchase Information Search on Post-purchase Satisfaction

情報探索量が満足度に及ぼす影響[1]

1▸ 情報環境の変化と満足度

現在，多くの消費者は日常的にインターネットにアクセスし，必要な情報を入手したり，閲覧したりしている。総務省の調べによると，インターネットの人口普及率は上昇の一途をたどっており，2013年末時点で82.8％に達しているという（総務省 2014）。この傾向を後押ししている背景の1つに，近年のスマートフォンの普及が挙げられる。2013年末時点でスマートフォンの普及率は62.6％（前年比13.1ポイント増）に及び，屋外はもちろん，家庭内にいるときでさえスマートフォンでインターネットにアクセスする消費者が増えている（総務省 2014）。消費者は時間や場所を選ばずに，インターネット上に存在する無数の情報にアクセスすることが可能となったと言える。

こうした変化は，いうまでもなく消費者の購買意思決定プロセスにも影響を及ぼしている（清水 2013）。例えば，店頭で実際の製品に触れたり，店員の説明を受けたりしながら，同時に当該店より安い店舗が無いかをスマートフォンで検索する「ショールーミング」といった行動も，その1つと考えられる（中村 2012）。今日では店舗に行く途中や店舗にいるときなど，購買を行うまさに直前に，製品に関連する膨大な情報を入手することが可能な環境になっていると言えるだろう。

製品に関する情報探索については，これまでも消費者行動研究において繰り返し検討が行われてきた（Guo 2001）。先行研究では，情報探索が活発に行われるほど購買後の満足度が高まることが明らかにされている（例えば，Jacoby, Chestnut, and Fisher 1978; Punj and Staelin 1983）。「購買前の情報探索を熱心に行うほど，購買後の満足度が高まる」という知見は，理論的にも実感的にも理解しやすいものであろう。ところが，コミュニケーション環境が劇的に変化している今日，熱心な情報探索が必ず高い満足度をもたらすと言い切れるだろうか。インターネットや情報端末が普及した今日では，購入店舗への移動途中や店舗内などでスマートフォンやタブレット端末を通じて膨大な情報を探索することも容易になっている。これにより，購買検討時に比べ，購買直前に活発な情報探索を行う消費者も少なくない（池田 2010）。

このような，いわば「俄かな情報探索」を行った場合，製品選択を行う間際に多量の情報を獲得し，それらを処理するため，購買意思決定プロセスやその結果も少なからず変化すると考えられる。

したがって，「購買前の情報探索が活発に行われるほど購買後満足も高まる」という先行研究の知見についても，今日的な環境で再考する必要があるだろう。そこで本章では，「俄かな情報探索」が購買後の消費者満足にどのような影響を及ぼすかについて，解釈レベルの影響を考慮しながら検討を行っていく。

2 ▸ 情報探索研究の概観

2-1 情報探索量に関する研究

情報処理パラダイムにもとづく消費者の購買意思決定モデルによれば，製品に対する何らかの欲求を認識した消費者は，自身の欲求を充足させるための最適な手段について情報探索を行う（新倉 2005）。情報探索は通常，消費者自身がすでに有している記憶から行われるが，これが不十分であったり曖昧であったりした場合，マスメディア，店員，知人などの外部から情報探索を行う（Hoyer, MacInnis, and Pieters 2008; 新倉 2005）。前者は内部情報探索，後者は外部情報探索と呼ばれる。外部情報探索は，日頃から関心のある製品カテゴリーに関してニュースや広告などを見聞きするといった継続的探索（ongoing search）と，特定の買い物のために必要な情報を収集する購買前探索（prepurchase search）に分類される（Bloch, Sherrell, and Ridgway 1986）。継続的探索と購買前探索における，それぞれの影響要因，動機，結果は表 5-1 のようにまとめることができる。

表 5-1　消費者の情報探索行動

	事前購買探索	永続的探索
規定要因	・購買関与 ・市場環境 ・状況要因	・製品関与 ・市場環境 ・状況要因
目　　的	・より優れた購買意思決定	・将来の使用に備えた情報貯蔵庫の構築 ・喜びや快感の経験
結　　果	・製品や市場に関する知識の増加 ・より良い購買意思決定 ・購買に対する満足度の高まり	・以下を導く製品と市場に関する知識の増大 －将来の購買効率性 －人的影響 ・衝動購買の増大 ・探索や他の成果から得られる満足度の増大

出典：Bloch, Sherrell, and Ridgway（1986）, p.120. 邦訳は新倉（2005），10 頁にもとづいた。

購買前探索に関する既存研究を概観すると，消費者がどの程度熱心に情報探索を行うか，すなわち情報探索量に注目した研究が多く行われている。特に既存研究では，情報探索量に影響を与える先行要因や，情報探索量が購買後満足に及ぼす影響について，解明が図られてきた。先行要因に注目した研究は，購買経験の有無との関係を探った Bennet and Mandell（1969）や，女性の役割意識との関係を明らかにした Bucklin（1969）まで遡ることができるが，本格的にその構造やメカニズムに焦点を当てられるようになったのは，1970 年代以降である。例えば，Jacoby, Chestnut, and Fisher（1978）はシリアルの購買における外部情報探索の傾向について解明するため，60 名の学生を対象とした調査を行った。その結果，消費者にとっての購買関与が高まるほど，また当該製品カテゴリーの購買経験が多いほど，情報探索量が増加することが明らかになった。一方，ブランド・ロイヤルティが高まるほど，情報探索量が減少する傾向も確認された。Moore and Lehmann（1980）はパンを購入した 60 名の学生を対象に調査を行い，情報探索量への影響要因を探った。その結果，購買に費やせる時間や予算に制限がある消費者ほど情報探索量は増加すること，購買経験が豊富な消費者ほど外部情報探索量が減少することなどが明らかになった。また，学力が高い消費者ほど情報探索量が減少する傾向も確認されている。

購買経験のほかに，消費者の知識量に注目した研究も行われている。Brucks（1985）は，消費者の主観的知識量と客観的知識量が情報探索量へ及ぼす影響について明らかにした。主観的知識量は，消費者自身が特定の製品カテゴリーについてどの程度詳しく知っていると思うかという自己評価であり，客観的知識量とは，消費者が実際に特定の製品カテゴリーに関して有している知識の量を意味する。彼らの研究では，消費者パネルから選ばれた32人の被験者を対象とし，ミシンの購買を想定した実験が行われた。その結果，客観的知識量が多い消費者ほど情報探索量が多くなる傾向が示された。どのような情報を探索することで自分自身に欠如した知識を補えるか詳細に知っている消費者ほど，より活発に情報探索を行う傾向があることを，実験結果は示唆している。

数は少ないものの，情報探索量の先行要因と成果変数を包括的にモデル化した研究も行われている。Punj and Staelin（1983）は，自動車を購入した1,056人の消費者に郵送調査を実施し，情報探索量とその影響要因の関係，および情報探索量と購買後満足度の関係について解明を試みた。情報探索量にかかわるコスト — ベネフィットの観点からモデルを構築し，検証した結果，特定の自動車に関する先有知識が多いほど情報探索量は減少する一方，自動車全般に関する先有知識が多いほど情報探索量は増加することが明らかになった。加えて，情報探索量が増加するほど，消費者の支払コストの節約につながり，結果的に購買後満足度にプラスの影響を及ぼすことも示された。

類似した研究として，Srinivasan and Ratchford（1991）も挙げられる。彼らは，Punj and Staelin（1983）と同様，情報探索量にかかわるコスト — ベネフィットの視点からモデルを構築し，情報探索量への影響要因について注目した。自動車購入者1,401名からの回答を分析した結果，購買経験が豊富なほど情報探索量が減少すること，探索ベネフィットが高まるほど，情報探索量が増加することなど，概ね想定どおりの結果が得られている。ただし，想定に反し，探索コストが高まるほど，情報探索量が増加することも明らかになった。

その他にも，情報探索量の規定要因については多くの研究が取り組まれている。Beatty and Smith（1987）は，情報探索量に影響を及ぼす要因として，製品知識や購買関与に注目した。テレビやパソコンといった5つの製品カテゴリーの購入者351人を対象とし，郵送調査を実施したところ，製品知識が少ない消費者ほど，情報探索量が増加すること，また購買にかけられる時間や購買関与が増加するほど，情報探索量も増加することが明らかになった。

Schmidt and Spreng（1996）は，消費者の情報探索量に対する15の影響要因を取り上げ，それらと情報探索量との関係を命題として提示している。彼らは，精緻化見込みモデルにもとづき，情報探索量が消費者の情報処理動機と情報処理能力によって決定づけられるとしている。そのうえで，永続的関与が高い消費者ほど外部探索努力に対する動機が高まり，結果的に情報探索量が増加するという命題を提示した。

Moorthy, Ratchford, and Talukdar（1997）は，購買経験と情報探索量の関係に注目し，自動車を購入した消費者を対象とした調査を行った。この調査では，消費者が外部探索を行っている段階と，購入を終えた段階の2時点で質問を行う設計が組まれている。データを分析したところ，自動車の購買経験と情報探索量との間には逆U字の関係が見られた。購買経験が乏しい消費者は，ブランド間の相違をほとんど認識していないため，そもそも各ブランドの特徴について詳しく情報を収集しようというインセンティブが起きず，情報探索量は相対的に少ない。ところが，中程度に購買経験を有している消費者は，ブランド間の違いについてある程度の知識を有しているため，その違いについてさらに見極めるために，情報探索量は増加する。一方，豊富な購買経験を有している消費者は，ブランド間での違いを明確に認識しており，違いを見極める知識も豊富であるため，情報探索量は減少するという。

消費者の認知的な特性や状態による情報探索量の違いに注目した研究も行われている。Schaninger and Sciglimpaglia（1981）は，消費者の個人特性と外部探索傾向との関連について注目した。インスタント・コーヒー，コーヒー用クリーム，インスタント・レモネード，衣類乾燥機を対象製品とし，情報提示ボードを用いて実験を行った結果，探索された情報の量は，被験者の自尊心とポジティブな関係にある一方，特性不安とネガティブな関係にあることが分かった。

Pham and Chang（2010）は，制御焦点理論にもとづき，目標に対する焦点状態（促進焦点または予防焦点）が情報探索量に及ぼす影響について注目した。Experiment 1では，シナリオを用いて焦点状態が操作された。促進焦点条件においては理想の就職先，予防焦点条件においては嫌ではないと思う就職先への内定が決まり，両親とのお祝いのためのパーティーのためにレストランを選んでいるという内容である。その後，レストランのウェブサイトを提示し，被験者の閲覧行動を記録した。その結果，焦点状態によるウェブサイトのクリック数や閲覧時間に有意な差は認められなかった。しかしながら，予防焦点の被験者は，促進焦点の被験者に比べ，より詳細な情報（レストランのカテゴリーではなく，メニューの各品についての情報）が掲載されたウェブサイトを閲覧する傾向にあることが明らかになった。

2000年代に入り，インターネットを通じた情報探索に注目した研究が行われるようになっている。Ratchford, Lee, and Talukdar（2003）は，インターネットを用いた情報探索行動に注目し，1990年と2000年に，自動車購入者を対象として調査を行った。その結果，インターネットは他の情報源と同程度の注意を引きつけていること，またより若く教育水準の高い消費者が，情報探索においてインターネットを用いる傾向にあることが明らかになった。

Ratchford, Talukdar, and Lee（2007）は，インターネット検索の普及を受け，従来の情報探索源とオンライン検索とのかかわりについて，自動車購入者を対象とした調査を行った。調査は1990年，2000年，2002年に，それぞれ別々の消費者を対象に行われている。その結果，インターネットによる情報探索量の増加に伴い，特に第三者機関の印刷媒体（例えば，*Consumer Reports*）やディーラーにおける情報探索量が減少していることが明らかになった。特にディーラーにおいて情報探索に費やす時間は，1990～2000年，2002年にかけて平均1時間減少していることが明らかになった。多くの消費者が，インターネットで自動車の価格情報を入手し，その情報をディーラーでの値引き交渉に用いている可能性を彼らは指摘している。

Punj and Moore (2009) は，オンライン上での外部探索行動について注目している。オンラインにおいて消費者は，一旦クチコミ・サイトなどを用いて情報をスクリーニングし，そのあと再度，候補となった商品についての外部探索を行うという。こうした選択肢の絞り込みを行う活動は，時間制約が少ないときに活発に行われることが，同研究の実験により明らかにされた。

2-2　先行研究のまとめと課題

①外部情報探索量には，消費者の先有知識，経験，購買関与といった先行要因が影響を及ぼすこと，②外部情報探索量は購買後の消費者満足に影響を及ぼすこと，③近年ではインターネットの普及により情報探索行動の手段や量が変化していることなどが既存研究で明らかにされている。これらの研究は，1980～1990 年代前半に多く取り組まれ，その後，若干の研究は行われているものの，近年目立った知見は得られていない。しかしながら，ここ数年で消費者を取り巻く情報環境は劇的に変化した。今日の消費者は手元のスマートフォンやタブレット端末を操作するだけで，マスメディアの情報や企業広告のみならず，他者のクチコミやレビューに至るまで，膨大な情報を瞬時に収集できる環境に置かれている。こうした環境においては，購買検討段階では「なんとなく欲しい」あるいは「あとで詳しく製品について調べよう」といった程度に考えていた消費者が，急に購買を思い立ち，購買店舗に向かう最中や購買店舗内で慌てて情報探索を行い，購買直前に膨大な情報を入手することも有り得る。

こうした環境変化は情報探索行動の方法や影響に対しても少なからず影響を及ぼしていると考えられる（清水 2013）。にもかかわらず，既存研究においてこうした状況は十分に考慮されてこなかった。したがって，従来研究が進められてきた消費者の情報探索量についても，今日の環境変化を加味したうえで再考する必要があるだろう。

2-3 俄かな情報探索量と情報過負荷

1980年代とは異なり，現在の消費者はパソコン，タブレット端末，スマートフォンを通じてインターネットにアクセスし，瞬時に膨大な情報を収集することが可能になっている。こうした環境においては，いわば「俄か勉強」のように，購買検討時よりも購買直前に活発な情報探索を行い，専門家に匹敵するほどの情報を入手することも珍しくなくなっている。本章では，購買検討時点に比べて，購買直前にどれくらい活発な情報探索を行ったかという程度を，購買意思決定プロセスにおける「俄かな情報探索量」と呼ぶこととする。購買検討時に比べ，購買直前に活発な情報探索を行うほど，俄かな情報探索量が多いことを意味する。購買意思決定が連続的なプロセスであることに鑑みれば（恩藏ほか 2009；須永 2010），俄かな情報探索量はその後の製品選択，ひいては購買後満足にも影響する可能性が考えられる。

購買直前に俄かな情報探索を行うと，購買間際のわずかな時間に膨大な情報が獲得されるであろう。とりわけ，インターネットが普及した今日，かつてとは比較にならないほど多量の情報が収集可能であるだけでなく，それらの情報源が誰であり，どの程度信憑性があるものかといった点についても判断しなくてはならない（池田 2010）。

しかし，当然ながら人の情報処理能力には限界がある。そのため，消費者は自身が収集した膨大な情報を購買間際に処理しきれず，円滑な意思決定が困難な状態，すなわち情報過負荷の状態になることが予想される。情報過負荷とは，「代替製品を比較，理解するうえで，消費者が処理可能な量を超えた製品情報や選択肢へ対処することにより直面する困難」を指す（Walsh, Henning-Thurau, and Mitchell 2007）。池田（2010）や青木（2012）も，インターネットを通じ膨大な情報を収集できる今日のメディア環境において，消費者は以前にもまして情報過負荷に陥りやすくなっていることを指摘している。

情報過負荷状態で購買意思決定を行った場合，消費者の判断の正確性にも影響が生じることが予想される。既存研究では，選択肢を増加させることにより情報過負荷が発生した場合，判断の正確性に負の影響を与えることが明らかにされている（Jacoby, Speller, and Kohn 1974; Malhotra 1984）。また，複雑な情報処理を行い，情報過負荷状態となったとき，人はヒューリスティックス型の判断を行うことも明らかにされている（Tversky and Kahneman 1974）。とするならば，本研究が関心を寄せる「俄かな情報探索」を行った場合も同様に，意思決定の正確さやその後の満足に負の影響が生じることも十分に考えられる。しかしながら，こうした現象が本当に生じるのか，またどのような条件で生じるかなどの詳細な点について既存研究では十分に議論されているとは言えない。

そこで本章では，探索的なサーベイを実施することにより，俄かな情報探索を行い情報過負荷状態が発生した場合，購買後の満足度にどのような影響を及ぼすかについて，解釈レベルを考慮しながら明らかにしていく。

3 ▸ 俄かな情報探索に関する2時点調査

上述の点を明らかにするため，アウターの購入を検討している一般消費者を対象としたインターネット調査を実施した。本章は購買の検討段階から直前にかけての「俄かな情報探索」に関心があるため，両時点の情報探索量を調査で測定する必要がある。情報探索量に関する多くの既存研究では，製品を購買した数か月後に，購買検討時を思い出しながら質問票に回答してもらう方法が用いられてきた。したがって，1つには，アウター購入後に両時点での情報探索量をまとめて測定する方法が考えられる。しかしながら，数か月前の購買検討時点において，自分自身がどのような情報探索行動をとっていたかを必ずしも正確に想起し，回答できるとは限らない。既存研究においても，消費者の記憶が忘却している可能性があることから，なるべく情報探索時点から時間をおかずに調査を実施する必要性が指摘されている（Kiel and Layton 1981）。

こうした観点から，Moorthy, Ratchford, and Talukdar（1997）では，購買の検討段階と購買後の2時点において調査を実施している。そこで本研究においても，アウターの購入を検討している時点と，アウターを購入した直後の時点の2時点にわたる調査を実施した（図5-1）。

図 5-1　調査の流れ

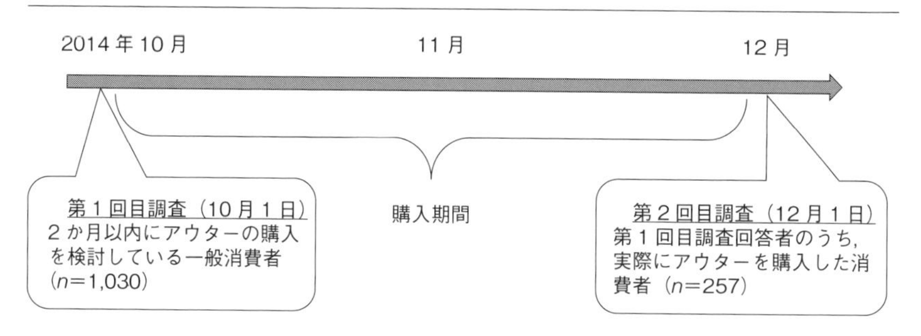

3-1　第 1 回目調査

2014 年 10 月 1 日に，「2 か月以内にアウター（コート・ジャケット・ブルゾンなど）の購入を検討している」と回答した一般消費者（20〜69 歳の男女）1,030 名を対象に調査を実施した。

調査では，まず「購入検討段階での情報探索活動量」を測定した。具体的には，Ratchford, Lee, and Talukdar（2003）および Ratchford, Talukdar, and Lee（2007）をもとに以下のとおり質問を作成した。「アウターの購入を検討し始めてから現在まで，どれくらい情報収集を行いましたか。情報収集に費やしたおおよその時間を，以下の情報源別にお答えください」。この質問に対し，「マス・メディア（テレビ，新聞，ラジオ，雑誌）の広告や記事を見聞きする」，「アウターについてインターネットで検索し，閲覧する」，「ショップを見て回る」，「他者（知人，友人，身内）から話を聞く」，「その他」の各情報源別の探索時間（単位：分）を回答してもらった。

また，調査では個人特性としての解釈レベル（以下，「解釈レベル特性」と呼ぶ）も測定することとした。解釈レベル理論は，基本的には心理的距離が解釈レベルに影響を与えることを前提としているが，近年では心理的距離の影響を受ける要因としての解釈レベルではなく，個々の消費者が有している個人特性としての解釈レベル（すなわち「解釈レベル特性」）に注目した研究も取り組まれている（例えば，Agrawal and Wan 2009; Hong and Lee 2010; Lee, Keller, and Sternthal 2010; Yang et al. 2011）。これらの研究にならい，本調査においても，BIF（Behavior Identification Form）尺度を用いて「解釈レベル特性」を測定した（井上・阿久津 2015；外川・八島 2014）。なお，本章では，Vallacher and Wegner（1989）が開発した25項目のうち，日本人には回答しづらい項目（例えば，「軍隊に入隊する」）を除いた10項目[(2)]を使用した。回答者が高次の選択肢を選んだ場合は1，低次の選択肢を選んだ場合は0と置き換え，全行為の回答を足し上げることにより，個人の解釈レベル得点を測定することができる。したがって，「解釈レベル特性」は0〜10の値をとり，この値が10に近づくほど高次の解釈レベルを有した消費者であると判断された。

収集した情報をどれだけ正確かつ円滑に処理できるかは，消費者個々人が有する情報処理能力に依存する部分もあると考えられる。そのため，回答者の「認知欲求」（need for cognition）についても測定した。測定においては，神山・藤原（1991）のなかから，因子負荷量が高い項目を選出した。実際に用いたのは以下の8項目である（α =.974）。「あまり考えなくてもよい課題よりも，頭を使う困難な課題のほうが好きだ」，「課題について必要以上に考えてしまう」，「一生懸命考え，多くの知的な努力を必要とする重要な課題を成し遂げることに特に満足を感じる」，「長時間一生懸命考えるのは苦手なほうである（R）」，「深く考えなければならないような状況は避けようとする（R）」，「簡単な問題より複雑な問題のほうが好きだ」，「一度覚えてしまえばあまり考えなくてもよい課題が好きだ（R）」，「問題の答えがなぜそうなるのかを理解するよりも，単純に答えだけを知っているほうが良い（R）」。これら8項目についてリッカート式7点尺度で回答してもらい（「1：まったくそう思わない」〜「7：非常にそう思う」），全項目の合計値を認知欲求の指標として用いることとした。

3-2　第2回目調査

2014年12月1日，第2回目調査を実施した。ここでは，第1回目調査の回答者1,030名のうち第1回目調査以降（同年10月1日〜11月30日までの2か月間），実際にアウターを購入したと回答した257名に再び質問を行った。

質問内容は,「購入直前の情報探索量」,「情報過負荷」,「選択に対する満足度」などである。

「購入直前の情報探索量」については,「アウター購入の直前(購入前日から購入時点まで),どれくらい情報収集を行いましたか。情報収集に費やしたおおよその時間を,以下の情報源別にお答えください。」という質問を行ったうえで,第1回目調査と同様,5つの情報源別に探索時間を回答してもらった。

「情報過負荷」については,Walsh, Henning-Thurau, and Mitchell(2007)により開発された尺度を参考に,「どのアウターにするか決めることは,難しかった」,「どのアウターを選ぶべきか悩ましかった」,「自分にとって最も良いアウターを選び出すことは簡単であった(R)」の3項目をリッカート式7点尺度(「1:まったくそう思わない」〜「7:非常にそう思う」)で質問し,各回答者における3項目の平均値を算出することにより測定した(α =.770)。「選択に対する満足度」は「自分が行った選択に対して満足している」という項目を設け,「情報過負荷」と同様のリッカート式7点尺度で測定した。

4▸ 分析結果

以下では,257名のうち,不適切と判断した回答[(3)]を除いた252名を対象として分析を行うこととした。

4-1 「俄かな情報探索量」および「解釈レベル特性」の算出

「購買検討段階での情報探索活動量」と「購買直前での情報探索活動量」において,情報探索を行った時間を5つの情報源別に回答してもらっている。まず,それら5つの情報源別探索時間を合計し,購買検討段階と購買直前における各回答者の情報探索時間を算出した($M_{検討段階}=150.52$, $SD_{検討段階}=204.65$;$M_{直前}=92.21$, $SD_{直前}=140.72$)。これらのデータをもとに,各回答者がアウターの購入に際してどれくらい「俄かな情報探索」を行ったかを把握したい。最も単純なのは，「購買直前での情報探索活動量」が多いほど，俄かな情報探索を行ったと判断する方法である。しかしながら，「俄かな情報探索」とは，「購買検討段階に比べて，購買直前で活発な情報探索を行う行動」であることを踏まえると，購買前という単一時点での情報探索活動量ではなく，購買の検討段階と直前の2時点における情報探索活動量の差分を用いることが適切であろう。

そこで，各回答者の「購買直前での情報探索活動量」から「購買検討段階での情報探索活動量」を減ずることにより，両時点における「俄かな情報探索量」を算出した（$M=-58.44$，$SD=216.364$）。この値が大きいほど「購買検討段階に比べ，購買直前に活発な情報探索を行ったこと」を意味する。最後に，中央値（$Mdn=-40$）以下の回答者を「俄かな情報探索量」が少ない群（$n=129$），中央値を超えた回答者を「俄かな情報探索量」が多い群（$n=123$）に分割した。

「解釈レベル特性」は，BIF 尺度10項目分の合計値を前述の方法で回答者ごとに算出し，その中央値（$Mdn=6$）未満を低次群（$n=104$），中央値以上を高次群（$n=148$）として回答者を分割した。

4-2 「情報過負荷」の分析

俄かな情報探索量が情報過負荷に及ぼす影響を明らかにするため，t 検定により「俄かな情報探索量」が多い群と少ない群における情報過負荷の違いを比較した。その結果，俄かな情報探索量が多い群は，少ない群に比べて，情報過負荷の値が有意に高かった（$M_{多}=3.84$，$SD_{多}=1.207$ vs. $M_{少}=3.22$，$SD_{少}=1.264$；$t(250)=3.966$，$p<.001$；$d=.500$；図5-2）。すなわち，購買直前に相対的に多くの情報を獲得した消費者は，そうでない消費者に比べ，より強い情報過負荷状態に陥っていることが明らかになった。

図 5-2　俄かな情報探索による情報過負荷の違い

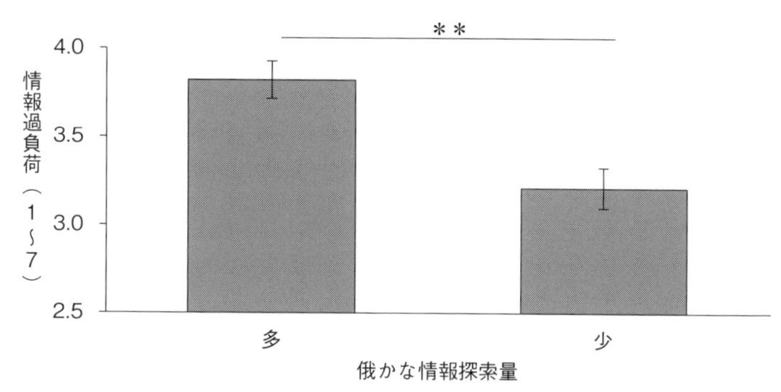

注：図中の＊＊は 1%水準で有意の意。エラーバーは標準誤差（± 1SE）を表している。

一方，解釈レベル特性による情報過負荷の違いについても確認してみたが，高次群と低次群において情報過負荷に有意な違いは見られなかった（$M_{高次}=3.84$，$SD_{高次}=1.247$ vs. $M_{低次}=3.58$，$SD_{低次}=1.311$；t（250）＝.592，$p=.555$；$d=.080$）。

4-3 「選択に対する満足度」の分析

◆ 情報探索量と満足度の関係

Punj and Staelin（1983）をはじめとする先行研究で指摘されているように，熱心な購買前情報探索が高い購買後満足をもたらすのかについて，本調査のデータでも確認するため，独立変数を「購買検討段階での情報探索活動量」と「購買直前での情報探索活動量」，従属変数を「選択に対する満足度」とする重回帰分析を実施した。その結果，先行研究の知見と反し，いずれの独立変数も有意とはならなかった（$p<.200$；表 5-2）。この結果については，第 5 節で詳しく考察する。

表 5-2　重回帰分析の結果

	非標準化係数		標準化係数		
	B	標準誤差	β	t 値	p 値
定数	5.172	0.101		51.083	0.000
購買検討段階での情報探索活動量	0.000	0.000	0.075	1.140	0.255
購買直前での情報探索活動量	0.000	0.001	0.023	0.346	0.730

◆「俄かな情報探索量」に注目した分析

「選択に対する満足度」を従属変数,「認知欲求」を共変量とする，2（俄かな情報探索量：多い群／少ない群）× 2（解釈レベル特性：高次／低次）の2元配置共分散分析を実施した。いずれの要因も被験者間計画である。「俄かな情報探索量」,「解釈レベル特性」はいずれも中央値を境に被験者を2分割した。

分析の結果,「俄かな情報探索量」の主効果（F（1, 244）$=.033$, $p=.857$；$\eta^2_p < .001$),「解釈レベル特性」の主効果（F（1, 244）$=.539$, $p=.464$；$\eta^2_p = .002$）は有意とはならず，共変量の認知欲求は10%水準で有意となった（F（1, 244）$=3.043$, $p=.082$；$\eta^2_p=.012$)。加えて,「俄かな情報探索量」と「解釈レベル特性」の交互作用が有意となった（F（1, 244）$=5.169$, $p=.024$；$\eta^2_p = .021$；図 5-3)。

図 5-3　購買満足度の結果

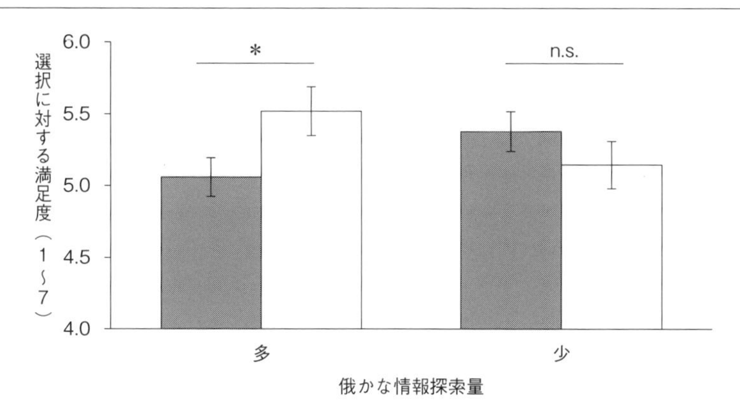

注：図中の＊は 5%水準で有意の意。エラーバーは標準誤差（± 1SE）を表している。

Bonferroni 法による下位検定を実施した結果，「俄かな情報探索量」が多い群において，解釈レベル特性が低次の群は，高次の群に比べて「選択に対する満足度」が有意に高かった（$M_{高次}=5.06$，$SD_{高次}=1.030$ vs. $M_{低次}=5.50$，$SD_{低次}=1.238$；$F(1, 244)=4.449$，$p=.035$；$\eta^2_p=.018$）。

一方，「俄かな情報探索量」が少ない群に注目してみると，解釈レベル特性高次群と低次群における「選択に対する満足度」の差は有意でなかった（$M_{高次}=5.40$，$SD_{高次}=1.318$ vs. $M_{低次}=5.12$，$SD_{低次}=1.149$；$F(1, 244)=1.166$，$p=.281$；$\eta^2_p=.005$）。

5 ▸ 議　論

5-1　結果のまとめと考察

本章では，アウターの購入を検討している消費者を対象とし，2 時点にわたる探索的な調査を行った結果，情報探索量と購買後の満足度について複数の知見を得ることができた。以下では，得られた知見を改めて整理するとともに，それらの結果がどのように解釈可能かについて議論を進めていきたい。

◆情報探索量と満足度の関係

購買検討段階，購買直前段階のいずれにおいても，情報探索量と購買後の満足度に有意な関係は見いだせなかった（表5-2）。これらは，購買前情報探索が購買後満足にポジティブな影響をもたらすというPunj and Staelin (1983) の結果と異なるものである。この結果については，いくつかの視点から考察することができるだろう。

例えば，情報の信頼性を挙げることができる。かつての消費者は，製品の購買に際し，マスメディアや店頭，友人や知人など，ある程度信頼のおける情報源から探索を行っていた。しかしながら，今日，インターネットにアクセスすることにより，不特定多数の人々からの情報を入手することができる。それらの情報のなかには，自分自身には参考にならない情報や誤った情報なども存在している可能性があり，こうした情報に多く接触した場合，満足いく購買意思決定を行うことは困難になるだろう。

また，製品特性による影響も考えられる。Punj and Staelin (1983) が注目したのは自動車購入者であり，今回の調査で対象としたのはアウターの購入検討者である。自動車とアウターでは，収集すべき情報の質や量が異なり，こうした点が，両研究結果の相違をもたらした可能性も指摘できる。

◆俄かな情報探索量による影響

俄かな情報探索量が多いとき，少ないときに比べ，より強い情報過負荷の状態が生じていることが確認できた（図5-2）。コミュニケーション環境が大きく変化するなか，膨大な情報に容易にアクセスできるようになった一方で，購買直前にそれらに接触することによって，消費者自身では情報処理が困難な状態に陥っている様相を伺うことができる。

これを踏まえ，購買直前の俄かな情報探索が購買後の満足度にどのような影響を及ぼすのかについて検討を行った。その結果，購買直前に熱心な情報探索を行った場合，解釈レベルが低次の消費者は，高次の消費者に比べ，購買後に高い満足度を示す傾向が明らかになった（図5-3）。この結果について，解釈レベル理論にもとづく考察を行ってみたい。

購買直前に俄かな情報探索を行うと，製品選択を行う間際に膨大な情報が獲得されるため，情報過負荷の状態になる。俄かに得られた膨大な情報のなかで，How 思考を有した低次解釈レベルの消費者は，誰のアドバイスを求めたらよいか，どの店舗にいけば良い商品が見つけられそうかなど，膨大な情報を簡便に処理する方法を考えるであろう。既存研究によると，複雑なタスクを行う場合，タスクを低次（具体的，How の思考）で捉えたとき，高次（抽象的，Why の思考）で捉えたときに比べてミスが少なくなることが明らかになっている（Vallacher, Wegner, and Somoza 1989）。また，解釈レベルが低次の場合，多量の情報を１つ１つ分析的に処理することも明らかにされている（Yan and Sengupta 2011）。その結果，解釈レベルが低次の消費者のほうが，高次の消費者より，情報過負荷な状態であっても自身にとって最適かつ合理的な選択を行い，自身の選択に対する高い満足が生じたと解釈することができる（Oliver 2010; Westbrook and Oliver 1991）。

一方，ヒューリスティックの観点から説明することも可能かもしれない。既存研究によると，解釈レベルが高次の人は，低次の人に比べヒューリスティックス型の情報処理を行う傾向にあるという（Yan and Sengupta 2011）。ヒューリスティックス型の判断を行った場合，限られた手掛かりをもとに，直観的かつ迅速に物事を判断することが容易になる（Swait and Adamowicz 2001; Tversky and Kahneman 1974）。一方で，ヒューリスティックス型の情報処理においては，事象自体を単純化あるいはパターン化して捉えようとするあまり，合理的な判断に必要な情報まで捨象し，結果的に非合理的な判断を下してしまう傾向にあることも指摘されている（大垣・田中 2014；真壁 2010）。そのため，俄かな情報探索を高次の解釈レベル特性を有した消費者が行った場合，膨大な情報に対して精緻な処理が行われず，結果的に購買後の満足度が低下したという説明も可能であろう。

5-2　本研究の意義

本研究は主に２つの理論的意義を有している。１つ目は，情報探索研究における意義である。過去の情報探索研究は，消費者が収集した情報をストックとして捉え，その総量が購買後満足に及ぼす影響などについて明らかにしてきた（例えば，Punj and Staelin 1983）。一方で，ウェブサイトやSNS等を通じて購買直前に膨大な情報を入手できる今日，消費者がどのタイミングでどれくらいの情報を探索したかを考慮した研究を行うことが求められていた。こうしたなかで，購買検討時と購買直前という購買意思決定プロセスにおける2時点に注目し，両時点における情報探索量の変化と購買後の消費者満足との関係を解明した本研究は，情報探索研究に新たな知見を提供するものだろう。

2つ目は，解釈レベル理論研究における意義である。近年，解釈レベルを個人特性として捉えた研究が行われている（例えば，Yang et al. 2011）。これらの既存研究においては，消費者の解釈レベルとマインドセットや混合感情との関係が明らかにされてきたが，情報探索量と解釈レベルを結びつけた研究はほとんど行われてこなかった。こうしたなかで，情報過負荷概念を用い，両者の結びつきを検討した本研究は，解釈レベル理論研究を前進させるものだろう。

本研究の実務的意義についても検討したい。本研究の知見によれば，購買直前の情報探索量が多い，いわば「俄かな情報探索」を行った場合，消費者の解釈レベルを低次にすることによって，購買後の消費者満足が高まる可能性がある。とするならば，例えば店舗スタッフが購入見込み客に製品説明を行う際，その顧客が事前にどれくらい情報探索を行ったうえで来店し，その後店舗でどれくらい情報探索を行っているかといった点を聞き取り，俄かな情報探索量を接客中に把握することが有効かもしれない。その際，もし当該顧客の俄かな情報探索量が多い場合，How視点のメッセージを伝え（例えば，製品の使用方法を説明したり，使いやすさを訴求したりするなど），顧客の解釈レベルをなるべく低次に誘導することにより，合理的な購買意思決定を促し，購買後満足を高めることが可能であろう。

5-3　今後の課題

本研究は複数の理論的意義，実務的意義を有している一方で，課題も残されている。1つ目は，情報探索量の測定方法に関する再検討である。本研究では，Ratchford, Lee, and Talukdar（2003）およびRatchford, Talukdar, and Lee（2007）に従い，情報探索量を「情報源別の情報探索時間」という側面から測定した。しかしながら，情報探索量は時間だけでなく，何種類のメディアと接触したか，いくつのブランドを検討したか，販売店へ何回足を運んだかなど，様々な側面から測定することができる。消費者の情報探索量をより正確に捉えるため，今後は情報探索量を多面的，包括的に測定していく必要がある。

2つ目は情報探索の経路や内容に関する検討である。同じ情報探索時間であっても，新聞や雑誌などの活字媒体に1時間接触した場合と，友人からのアドバイスを1時間聞いた場合では，情報過負荷の発生やその後の判断が異なるだろう。また，同じインターネットであっても，企業やブランドのウェブサイトなどを通じ，企業側から発信された情報を探索するのか，Twitterや価格.comのクチコミなど他の消費者から発信された情報を探索するのかによって，情報過負荷の程度や消費者のその後の購買意思決定が変化するだろう。

同様に，情報探索を同じ1時間行ったとしても，製品の詳細な機能，構造などについて探索した場合と，製品の外観やイメージについて探索した場合では，情報過負荷の程度が異なると考えられる。今後は，どのメディアにどのような順序で接触したか，どのような情報を取得したかなどを考慮して議論を進めていく必要があるだろう。

3つ目は本研究の知見の一般化である。本研究は，老若男女問わず多くの消費者が一般的に購入する製品としてアウターを対象製品に取り上げた。今後は，情報探索に関する既存研究で用いられている自動車をはじめ，他の製品を購入した消費者を対象とした調査を行うことにより，本研究で得られた知見を一般化していく必要があるだろう。

（1） 本研究は科学研究費若手研究（B）（研究課題番号：25780275，研究代表者：外川拓）による成果の一部である。

（2） 本研究で用いたのは，「家賃を払う」，「食べる」，「歯を磨く」，「じゅうたんを敷くために部屋の広さを測る」,「観葉植物を育てる」,「テストを受ける」,「誰かに挨拶する」,「衣服を洗う」,「子供と話す」,「車で旅行する」である。

（3） これら5名の回答は，すべての質問に同一の数値を回答しており，データとしての信頼性が疑われるため，分析対象から排除した。

第 III 部

CONSUMERS' CONSTRUAL LEVEL AND INFORMATION INTEGRATION

解釈レベルと情報統合プロセス

第 6 章

Packaging Imagery and Product Evaluation:
The Moderating Role of Psychological Distance

消費に対する心理的距離と画像の効果[(1)]

1▸ 画像情報と製品評価

本書が依拠している解釈レベル理論において，心理的距離はその中核をなす重要な概念である。とりわけ，社会的距離や時間的距離は，消費者行動研究における同理論の応用可能性を高める大きな要素といえるだろう。例えば，実際の消費者行動を考えてみると，自分のために製品を購入することも多いが，一方で他者への贈与を前提とした製品購入を行う場合も少なくない。実際，特に若い世代を中心として，儀礼的な贈答とは異なり，日頃のちょっとしたお礼として比較的安価な製品を気軽に贈るという行動が多くみられるという（日本経済新聞 2010）。また，贈与製品を今すぐ購入することもあれば，しばらく先の購入を見越して予約することもある。こうした状況においては，消費に対する社会的距離や時間的距離が変化するため，消費者の意思決定にも何らかの変化が生じることが予想される。

贈与製品の購入においては，とりわけパッケージ・デザインの果たす役割が大きいといわれている。受け手にどれくらいの感動や喜びを与えられるかは，パッケージから得られる印象によって左右されるためである（太田 2006）。マーケティングや消費者行動の領域においては，パッケージ・デザインに関する多くの研究が取り組まれてきた。なかでも，既存研究において論じられてきたテーマの１つに，パッケージへの画像掲載が消費者反応に及ぼす効果が挙げられる。画像が掲載されたパッケージは当該製品への注意を促すことや，製品評価を高めることが既存研究によって示されている（Hagtvedt and Patrick 2008; Underwood, Klein, and Burke 2001）。

しかしながら，パッケージへの画像掲載が常に好ましい消費者反応をもたらすとは限らない。例えば，ライオン，花王，P&Gの各社から発売されている香り付き柔軟剤に関する調査では，パッケージ上に掲載された画像に対し，男女で異なる選好が示された。特に，一部のブランドでは，パッケージ上に掲載された画像に対し，男性からネガティブな評価も聞かれている（杉江 2014）。また，2013年6月，アサヒビールはギフト専用の「スーパードライ・ドライプレミアム」を発売した。パッケージ・デザインを策定する際，同社は「スーパードライ」のデザインをベースに用いながらも，カラーを変更するとともに，もともと掲載されていた麦のイラストをあえて取り除くことにした。製品品質の高さを消費者へ明確に表現するためである。結果的に，「スーパードライ・ドライプレミアム」は，発売後，計画の3倍以上もの売上を示したという（篠田 2014）。こうした例を踏まえると，どのような状況において，パッケージへの画像掲載がより好ましい製品評価をもたらすかについて検討することが課題となる。

そこで本章では，上述の課題について，解釈レベル理論をもとに検討していく。具体的には，パッケージへの画像掲載が有する効果が，製品消費に対する社会的距離や製品消費までの時間的距離によって変化することを仮説として示し，2つの実験を通してそれらの仮説をテストしていく。こうした取り組みは，パッケージ・デザイン研究や贈与行動研究などに多くの示唆をもたらすと考えている。

2 ▸ パッケージ・デザインに関する先行研究

2-1 パッケージ・デザイン研究の概観

今日，消費者の購買意思決定の多くは店舗内で行われており（大槻 1982；渡辺 2000；恩藏ほか 2009），特に日用品の購買意思決定は1アイテムあたり平均12秒程度という短時間で行われている（Dickson and Sawyer 1990）。こうしたなかで，パッケージ[(2)]は店頭においてわずかな時間で消費者の注意を獲得し，製品の情報や価値を伝達する手段として重要な役割を担っている（Garber 1995; 竹内 2007）。また，優れたパッケージ・デザインにより，製品評価を高めたり，消費者に好ましい消費経験を提供したりすることも可能である（Hoegg and Alba 2007; Krishna and Morrin 2008）。こうしたことから，パッケージは「物言わぬセールスマン（the silent salesman）」（Pilditch 1961）としての役割を担っていると言われている。特に，新製品を次々と開発し，市場に導入する消費財メーカーにとって，チラシやPOPツールと異なり，パッケージは自社がコントロールしやすい数少ないコミュニケーション・ツールの1つといえるだろう。加えて，パッケージは広告に比べてコストが安価であるというメリットも挙げることができる（恩蔵 2002）。

パッケージ・デザインについては，これまで多くの研究が取り組まれてきた。既存研究の視点を概観すると，次の3つに大別できる。1つ目は「あるパッケージ・デザインによってどのような消費者反応が生じるか」という視点，2つ目は「パッケージを組織の内外でいかにデザインしていくか」という視点，3つ目は「環境問題や幼児の製品誤飲といった社会的問題に対して，パッケージ・デザインでいかに対応するか」という視点である（外川 2010）。なかでも，1つ目に述べたパッケージ・デザインと消費者反応の結びつきについては，両者の関係を概念モデルとして提示したGarber（1995）を端緒に多くの研究が行われており，パッケージ・デザイン研究の主要な潮流を形成している。

通常，パッケージは，ロゴ，カラー，画像，形状，素材，説明文といった様々な要素の組み合わせによって構成されている。Underwood（2003）はこれらを視覚的要素と構造的要素に分類し，前者にはカラー，画像，ロゴ，活字，後者には素材，サイズなどが含まれると述べている。ここでは，Underwood（2003）による分類にもとづき，視覚的要素と構造的要素のどちらに焦点が当てられたものかを基準として設け，パッケージ・デザインに関する既存研究を概観していく。

◆視覚的要素（カラーおよび形状）の効果

視覚的要素に注目した研究例として，パッケージ・カラーに関する研究が挙げられる。Garber, Burke, and Jones（2000）は，バーチャル・シミュレーションを用い，参加者1人につき5回の模擬購買実験を行った。3回目の実験時に特定ブランドのパッケージを変更し，参加者の選択行動における変化を調査した。その結果，特定ブランドに高いロイヤルティを持つ参加者は，パッケージ・カラーの変更程度が高まるにつれ当該ブランドを選択する確率が減少する一方，ロイヤルティの低い参加者は，パッケージ・カラーの変更程度が高まるにつれ当該ブランドを選択する確率が高まることが明らかになった。

購買時点におけるパッケージ・カラーの効果については，パッケージのカラーと形状に注目したSchoormans and Robben（1997）も有益な知見を提供している。これによると，パッケージのカラーと形状の変更程度が高まるにつれ，消費者の注意を引きつける効果は増加するが，パッケージに対する評価は逆U字の関係を示したという。カラーに関しては，製品評価への効果も明らかにされている。カラーを変化させた医薬品パッケージを用いて実験を行ったRoullet and Droulers（2005）では，寒色系のパッケージより暖色系のパッケージのほうが，また，色相が明るいパッケージより色相が暗いパッケージのほうが，消費者はより強い効能を持つ医薬品であると期待することが明らかにされた。

パッケージの形状についても様々な視点から研究が進められている。例えばRaghubir and Greenleaf（2006）は，パッケージ形状のなかでも，とりわけ長方形の縦横比に注目した。まず，正方形と長方形（縦横比1：1.38と，黄金比である1：1.62の2種類）のCDケースを用いて，それらに対する購買意図と選好について調査が行われた。その結果，正方形よりも長方形のほうが，そして縦横比1：1.38より1：1.62の長方形のほうが購買意図，選好ともに高めることが示されている。

Raghubir and Krishna（1999）は，参加者に飲み物を飲んでもらう実験を行い，パッケージの縦横比と内容量の知覚，そして消費量の関係を探った。その結果，内容量が同じパッケージであっても，縦長のパッケージのほうが，そうでない（ずんぐりとした）パッケージに比べて，内容量が多く知覚され，消費量も増加する傾向が明らかになった。これは，心理学におけるエロンゲーション効果によって生じたものと説明されている。エロンゲーション効果とは，Holmberg and Holmberg（1969），Anderson and Cuneo（1978），Verge and Bogartz（1978）によって提唱された効果であり，実際には同じ面積でも，縦長の図形は横長の図形よりも大きく知覚される現象のことをいう。これは，図形の形状が異なり，一見しただけでは面積の比較が困難な場合，各辺の突出性（salience）に従い複雑な情報を単純化しようとするために生じるヒューリスティクスの一種である（Krider, Raghubir, and Krishna 2001）。つまり，長方形や二等辺三角形のように長辺がある図形の場合，最も注意を喚起する長辺の長さが面積の判断に強く影響を与えるのである[3]。

すでに飲み物が容器に入った状態で実験が行われたRaghubir and Krishna（1999）の知見を一般化するため，Wansink and van Ittersum（2003）は，消費者が自ら飲み物を注いだ場合の内容量判断に注目している。被験者に，細長いグラスとずんぐりとしたグラスへ飲み物を注いでもらったところ，細長いグラスのほうがずんぐりとしたグラスに比べ多くの飲み物が注がれた。内容量判断に熟達したバーテンダーにおいても同様の傾向が見られたことは興味深い。

形状に関しては，縦横比のみならず，複雑さについても議論されている。Folkes and Matta（2004）は，パッケージ・サイズの判断に影響を与える要因の１つとして，消費者のパッケージに対する注意を挙げた。特に，消費者の注意を喚起する形状がサイズ判断に与える影響について，４つの実験を通じて明らかにしている。その結果，パッケージが消費者の注意を喚起するような複雑な形状であるほど，内容量が多いと知覚される傾向にあることが分かった。

◆構造的要素（サイズおよび素材）の効果

パッケージ・サイズに関する研究も展開されている。Wansink（1996）によると，内容が同一であっても，大きなパッケージに入った製品のほうが小さなパッケージに入った製品に比べ，より多くの量が使用されるという。消費者は日常の買い物から「パッケージが大きいほど，単位あたりコストは安い」という経験を学習しており，こうした知識により製品消費量が変化したと考えられている。とはいえ，パッケージ・サイズを大きくすればするほど消費量が際限なく加速していくわけではない。同研究は，パッケージが一定のサイズに達すると使用量の変化が横ばいになること，そしてパッケージ・サイズが使用量に及ぼす効果の程度は製品によって異なることも明らかにしている。

数こそ少ないものの，パッケージの材質が知覚品質に与える影響についても，研究が行われている。McDaniel and Baker（1977）は，実験参加者自らの手でポテトチップスの袋を開封してもらい味覚評価を行ってもらった。

その結果，多くの参加者が「紙袋のほうが開けやすい」と回答した一方で，味や食感についてはビニール袋に入ったポテトチップスのほうを高く評価した。きつく封がされたビニールのパッケージを，消費者が製品品質保持のメカニズムと知覚したためであるという。

近年になって，パッケージへの接触に関する個人特性に注目した研究も行われている。Krishna and Morrin（2008）は，消費者の接触欲求（need for touch）に注目しつつ，パッケージの触感が製品評価に与える影響について明らかにした。硬いコップと軟らかいコップのいずれかで同じ水を飲んでもらい，その品質を評価してもらったところ，硬いコップで飲んだグループのほうが，軟らかいコップで飲んだグループに比べ，水の品質を高く評価した。さらに，こうした傾向は，自己目的性接触欲求（autotelic need for touch：日頃から店頭で何の目的もなく思わずパッケージに触れてみたくなる傾向）が低い消費者においてのみ生じるという。自己目的性接触欲求が高い消費者は，多くの経験から触覚情報の処理に熟達しており，パッケージの材質が内容物に影響を与えるか否かを判断できる。一方，自己目的性接触欲求が低い消費者は，触覚情報に対する経験に乏しいため，パッケージが内容物の客観的品質に影響を与えるものか否かにかかわらず，パッケージから得られた触覚情報を内容物の評価に反映してしまうという。

◆複数の要素による効果

パッケージ・デザイン研究においては，いくつかの要素をまとめて捉え，その効果を探った研究も行われている。例えばHomer and Gauntt（1992）は，消費者の情報処理タイプごとに望ましいパッケージ・デザインを明らかにしている。これによると，被験者が非イメージ処理を行ったときは文字主体のパッケージ・デザイン，被験者がイメージ処理を行ったときはブランドの属性ではなく消費経験を訴求した画像主体のパッケージ・デザインが高く評価されるという。Bone and France（2001）は，カラーと画像を操作し，コーラのカフェイン含有量に対する信念を調査した。結果，言語情報のラベルと比較し，カラーや画像といったグラフィックスは製品信念に強い影響を与えること，そしてその効果は消費者の情報処理動機の強弱にかかわらず生じることが分かった。Ampuero and Vila（2006）の調査によると，高価格製品には，寒色で濃いカラー，太く大きいローマン体の文字，垂直的な直線と正方形の対称的な模様，製品を描写した画像が好まれる一方，中流層向けの廉価な製品には，明るいカラー，セリフ体の文字，平行的で斜めの直線，円，曲線，波線などが描かれた非対称的な模様，製品と人々を描写した画像が好まれる。

パッケージ・デザイン要素における「組み合わせ」の効果ではなく，「配置」の効果に着目した研究も行われている。Rettie and Brewer（2000）は，実際に店頭で見られるパッケージ・デザインと，それらの文字と画像を左右反対にしたもののどちらか一方を0.5秒間提示し，被験者に文字や画像に関する質問を行った。結果，文字は右側，画像は左側に配置されたとき，その逆よりも文字や画像に関して正しく再生されることが分かった。これは，視交叉により，右眼からの情報が言語情報を処理する左脳へ伝達され，左眼からの情報が視覚情報を処理する右脳へ伝達されることで生じる「脳の半球優位性」によるものである。

今のところ大きな潮流の形成には至っていないが，ゲシュタルト心理学に依拠し，パッケージを要素ごとでなく全体として捉えようとする動きも見ることができる。「ホリスティック・パッケージ・デザイン」の概念を提示したOrth and Malkewitz（2008）は，パッケージ・デザインを全体的に捉え，適切なパッケージ・デザインを採用することで，特定のブランド・イメージを伝達できることを調査によって明らかにしている。

2-2　パッケージへの画像掲載と消費者反応

パッケージ・デザイン研究においては，カラー，形状，サイズといった各要素が消費者反応に及ぼす影響について繰り返し議論されてきた。こうしたなかで，とりわけ高い関心が寄せられてきた要素の1つに，パッケージ上の画像が挙げられる。パッケージ・デザインに関する既存研究では，画像の掲載が消費者反応に影響を及ぼすことが指摘されている。パッケージ・デザイン研究においてはパッケージ上の画像の有無による消費者反応の違いを検証した研究がいくつか行われている。代表的な研究はUnderwood, Klein, and Burke（2001）だろう。パッケージ上の画像の有無とブランド・ファミリアリティの高低を操作したキャンディ，ベーコン，マーガリンを用い，模擬購買実験を行ったところ，画像が掲載されたパッケージは，画像が掲載されていないパッケージに比べ，消費者の注意を引きつける効果を有していることが確認された。

Underwood and Klein（2002）は，画像には製品やブランドと関連するポジティブな記憶を連想させる効果があるというKisielius and Sternthal（1986）の知見をもとに，パッケージへの画像掲載が消費者反応に及ぼす効果を検討した。食品ブランドを用い，Underwood, Klein, and Burke（2001）と類似した実験を行ったところ，パッケージへの製品画像掲載により，消費者のブランド信念が好ましくなることが示された。

製品画像ではなく，芸術作品の絵画を掲載することの効果も確認されている。Hagtvedt and Patrick（2008）によると，パッケージに古典的な絵画を掲載した場合，古典作品ではない類似した絵画を掲載した場合や，絵画をまったく掲載しない場合に比べ，製品に対する評価が高まる。

画像の内容に関する研究も行われている。例えば，クッキーなどのスナック菓子を用いて実験を行ったMadzharov and Block（2010）によると，製品画像の個数（例えば，クッキー4枚の写真を掲載するか，クッキー10枚の写真を掲載するか）が内容量や消費量の知覚にプラスの影響を及ぼすという。

最近では，画像を掲載する位置に注目した研究も行われている。Deng and Kahn（2009）は，主に食品のパッケージに掲載される製品画像（例えば，クッキーやビスケットなど，パッケージの中身を描写した画像）に注目し，実験を行った。その結果，製品画像をパッケージの下側に配置したとき，上側に配置したときに比べて，より重量感があると知覚される傾向が明らかになった。彼女らによると，こうした効果は重力の概念により生じているという。我々は日常生活において，重いもの（例えば，建物など）は地面に接しており，軽いもの（例えば，風船など）は上に行くという重力の法則を無意識的に学習している。そのため，製品画像がパッケージ全体のなかで下側に配置されていると重みを知覚し，上側に配置されていると軽さを知覚するのである。

Sundar and Noseworthy（2014）は，パッケージにおけるブランド・ロゴの配置とブランド評価との関係に注目した。実験の結果，パワフルと認識されているブランド（認知率が高く，市場シェアが上位のブランド）の場合，ロゴをパッケージの上に配置したとき，下に配置したときに比べ，消費者は当該ブランドに対して好ましく評価することが明らかになった。

以上のように，パッケージ上の画像が有する効果については多くの研究で論じられてきた。とりわけ，消費者の注意を引きつけ（Underwood, Klein, and Burke 2001），ブランド信念を好ましくし（Underwood and Klein 2002），製品評価を高めるなど（Hagtvedt and Patrick 2008），既存研究は主にパッケージへの画像掲載が好ましい消費者反応をもたらすことを示している。

しかしながら，パッケージへの画像掲載が常に好ましい消費者反応をもたらすとは限らない。実際の市場においては，画像を掲載していないパッケージを採用することにより，消費者から支持を集めている製品も存在する。そこで本研究では，パッケージへの画像掲載がどのような状況で製品評価を高めるのかについて，解釈レベル理論をもとに検討していく。

2-3　解釈レベル理論における時間的距離と社会的距離

解釈レベル理論によると，人が対象との心理的距離を遠く感じた場合，解釈レベルは高次となり，抽象的，本質的，目標関連的に対象を捉える。一方，対象との心理的距離を近く感じた場合，解釈レベルは低次となり，具体的，副次的，目標非関連的に対象を捉える。

これらのなかで，本研究と特に関連が強いのは，具体性（抽象的 ― 具体的）である。解釈レベル理論研究における具体性は，ある行為を行っている状況を想定するにあたり，人が利用可能な情報の詳細さや豊富さとして扱われている（Trope and Liberman 2003; Trope, Liberman, and Wakslak 2007）。例えば，MP3 プレイヤーの使用に対して，解釈レベルが低次となり具体的な視点で捉えた場合，MP3 プレイヤーを使用している状況や使用方法といった詳細な情報に焦点が向けられる（Hamilton and Thompson 2007）。

心理的距離には「時間的距離」（例えば，3か月後と明日），「空間的距離」（例えば，30km離れた店舗と1km離れた店舗），「社会的距離」（例えば，見知らぬ他者と友人），「経験的距離」（例えば，PCの画面上で見ただけの製品と実際に触れた製品）などが含まれる（Liberman, Trope, and Wakslak 2007）。

これらのなかでも，既存研究が特に中心的に取り上げているのは時間的距離と社会的距離である（外川・八島 2014）。時間的距離に関する研究としては，例えば，Trope and Liberman（2000）が挙げられる。彼らは，時計付きラジオを用いた実験を行い，消費者が遠い将来の購買を想定した場合は本質的属性が優れた製品，近い将来の購買を想定した場合は副次的属性が優れた製品を選択する傾向があることを示した。そのほかにも，購買までの時間的距離により，消費者の価格推論（Bornemann and Homburg 2011）や文脈効果（Khan, Zhu, and Kalra 2011）に変化が生じることが明らかにされている（詳細は，第3章を参照のこと）。

一方，社会的距離についても近年では多くの研究が行われている。社会的距離とは，一般的な言葉に置き換えると，特定の人物や集団に対する「親近感」や「身近さ」などと近い。他者やその集団との類似性が低いほど，当該人物に対して社会的距離が遠いと感じられる（Trope and Liberman 2003）。また，内集団（自らが良く知っており，自分自身も属していると感じるグループ）の他者よりも，外集団（自分にとって馴染みがなく，自分が属していないグループ）の他者のほうが，社会的距離が遠いと感じられる（Trope and Liberman 2003; Trope, Liberman, and Wakslak 2007）。既存研究においては，オンライン上のレビュワーに対して感じる社会的距離や（Kim, Zhang, and Li 2008），製品購買主体に対する社会的距離により，その製品，サービスに対する選好や選択が異なることが明らかにされている。また，Zhao and Xie（2011）によると，遠い将来の製品購入を想定した場合，社会的距離が遠い他者からの推奨が製品への選好を高め，近い将来の製品購入を想定した場合，社会的距離が近い他者からの推奨が製品への選好を高めるという（詳細は，第3章を参照のこと）。

社会的距離の概念は，これまでギフト・ギビング研究（例えば，Belk and Coon 1993; 南 1998）のなかで扱われてきたギフト用の製品購入状況に結びつけることもできる。Hamilton and Thompson（2007）のStudy 3は，社会的距離（遠：他者へのギフト用／近：自分用）と経験的距離（遠：画面上で製品情報を閲覧／近：直接製品に触れる）に焦点を当てている。実験を行ったところ，直接製品に触れた被験者が自分自身の使用を想定した場合，被験者は保存可能な曲数が多い（「製品をなぜ使うのか」に対応するWhy関連属性が優れた）製品より，操作性が高い（「製品をどのように使うのか」に対応するHow関連属性が優れた）製品を高く評価するという結果が得られた。

2-4　画像と解釈レベルの適合性

本章の問題意識である「どのような状況において，パッケージへの画像掲載が好ましい消費者反応をもたらすのか」について，画像が有する特性と解釈レベルとの適合性という観点から考察を進めていく。

既存研究によると，画像を提示した場合，人は非言語的処理を用いて対象を捉えるという（Paivio 1986; Glaser 1992）。非言語的処理を行ったとき，言語的処理を行ったときに比べ，人はアイディア，印象，記憶に関する具体的な表象を生起する（MacInnis and Price 1987; Yuille and Catchpole 1977）。こうしたプロセスの結果，パッケージ上に掲載された画像は，消費者に製品内容物の外観，味，香り，音などの具体的なイメージを伝達するといわれている（Underwood, Klein, and Burke 2001）。

情報を具体的に伝達するという画像の役割は，上記のような情報処理方略の違いだけでなく，人間の概念構造との関連からも説明できる。例えば，「哺乳類 ― 犬 ― ブルドッグ」といった階層の概念を示す際，画像によって示すことができるのは，ブルドッグのような具体的な対象であり，哺乳類そのものを描き出すことはできない（Amit, Algom, and Trope 2009; Amit, Wakslak, and Trope 2013）。概念の階層構造において，画像は哺乳類のような抽象的な上位階層の概念をそのまま表すことができず，より詳細で具体的な姿を描き出すことになる。

以上の知見を踏まえると，画像が掲載されたパッケージは画像が掲載されていないパッケージに比べ，製品内容物に関する具体的なイメージを消費者に伝達すると考えられる。ただし，一口にパッケージ上に掲載された画像と言っても，そこでの描写は様々であろう。パッケージの内容物やその属性を描き出したものもあれば，Hagtvedt and Patrick（2008）が注目した芸術作品の絵画のように，内容物とは直接的に関連性のない描写も存在する。パッケージ上に掲載された画像が製品内容物に関する具体的なイメージを伝達するという効果は，特に前者のように製品の内容物やその属性を描写した画像を用いた場合に生じると考えられる。したがって，本章ではこれ以降，画像のなかでも特にパッケージの内容物に関連した画像に注目して議論を進める。

解釈レベル理論の前提にもとづくならば，製品の購買や消費に対する心理的距離が遠い場合は解釈レベルが高次になるため，画像が掲載されていないパッケージが適合している一方，製品の購買や消費に対する心理的距離が近い場合は解釈レベルが低次になるため，画像が掲載されたパッケージが適合していることになる。

具体的な情報を伝達するという画像の特性と解釈レベルとの適合性は，結果的に情報に対する好ましさや評価にも影響を及ぼすと考えられる。解釈レベル理論を用いた既存研究においても，広告などの刺激の特性と解釈レベルが一致した場合，不一致の場合に比べ，消費者は製品やブランドに対して好ましく評価する傾向が示されている（Hong and Lee 2010; Martin, Gnoth, and Strong 2009）。こうした傾向は，円滑な情報処理により対象が好ましく評価されることを示したプロセシング・フルーエンシー（processing fluency）の概念とも一致する（Alter and Oppenheimer 2009; Labroo, Dhar, and Schwarz 2008; Lee and Labroo 2004）。

3▸　社会的距離と時間的距離を考慮した仮説

解釈レベル理論における「具体性」とは，ある行為を行っている状況を想定するにあたり，人が利用可能な情報の詳細さや豊富さとして扱われており（Trope and Liberman 2003; Trope, Liberman, and Wakslak 2007），画像は対象の特徴や性質を具体的に伝達する機能を有している（Amit, Algom, and Trope 2009; Paivio 1986; Yuille and Catchpole 1977）。とするならば，パッケージに画像を掲載することは，製品内容物の特徴や製品から得られる便益について，消費者へ具体的なイメージをもたらす役割を果たすであろう（Underwood, Klein, and Burke 2001）。

まずはこの傾向について，心理的距離の1つである社会的距離と関連づけながら，議論を進めていく。Bornemann and Homburg（2011）は「社会的距離に注目することにより，ギフトの購買，他者へのアドバイス，他者のための意思決定など多様な消費状況が考慮可能である」（p. 495）と述べている。この指摘にもとづき，本研究ではギフトの購買状況に注目することにより，社会的距離とパッケージへの画像掲載効果を検討する。

Zhao and Xie（2011）によると，社会的距離が遠い他者から推奨を想像した場合，消費者の解釈レベルが高次となる。一方，近い他者からの推奨を想像した場合，解釈レベルは低次となる。第2節での議論を踏まえると，前者では，製品内容物に関する具体的なイメージをもたらす画像が掲載されたパッケージが製品評価を高め，後者では画像が掲載されていないパッケージが製品評価を高めるであろう。したがって，以下の仮説を設定した。

仮説1：社会的距離が遠い相手に贈与する場合，画像が掲載されていないパッケージのほうが，画像が掲載されたパッケージに比べ，ギフトとしての製品評価は高くなる。

仮説2：社会的距離が近い相手に贈与する場合，画像が掲載されているパッケージのほうが，画像が掲載されていないパッケージに比べ，ギフトとしての製品評価は高くなる。

解釈レベル理論の鍵概念である心理的距離には，仮説1，仮説2で想定した社会的距離以外にも時間的距離，空間的距離などが含まれる（Trope, Liberman, and Wakslak 2007）。そのため，社会的距離だけでなく，その他の心理的距離に関する仮説を構築し，テストすることで，本研究が想定する解釈レベルと画像掲載効果の関係について，より一般性を高めることが可能となる。Bornemann and Homburg（2011）や Yan and Sengupta（2011）も，特定の心理的距離に注目した実験を行うだけでなく，多様な心理的距離を用いた実験を行うことにより，研究知見の一般化を図っている。

これまでの議論によると，解釈レベルが低次の（心理的距離が近い）状況下で，画像が掲載されたパッケージが刺激として提示された場合，刺激と解釈レベルが一致するため，円滑な情報処理が可能となり，対象は好ましく評価される。この傾向について時間的距離を適用して考えた場合，消費者が近い将来の製品消費を想定しているとき，パッケージに掲載された画像は製品内容物に関する具体的なイメージを与え，製品評価を高めると考えられる。一方，消費者が遠い将来の製品消費を想定しているとき，パッケージに掲載された画像は，刺激と解釈レベルとの不一致を生じさせ，製品評価を低下させてしまうであろう。以上より，次の仮説を設定した。

仮説 3：消費者が遠い将来の製品消費を想定している場合，画像が掲載されていないパッケージのほうが，画像が掲載されたパッケージに比べ製品評価は高まる。

仮説 4：消費者が近い将来の製品消費を想定している場合，画像が掲載されたパッケージのほうが，画像が掲載されていないパッケージに比べ製品評価は高まる。

仮説 1～仮説 4 はいずれも，消費の主体や時期に対する心理的距離によって，パッケージ上の画像が製品評価に及ぼす影響が調整されることを想定している（図 6-1）。これらの仮説をテストするため，本研究では予備調査を踏まえ，2 つの実験を実施した。

図 6-1　仮説の概念図

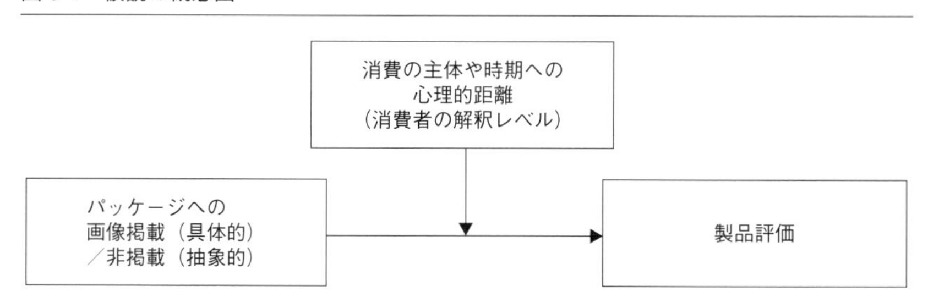

4▸ 刺激と尺度に関する予備調査

4-1 刺激の制作

本研究ではパッケージを刺激として用いた実験を実施するが，それに先立ち，実験用刺激の製品カテゴリーを検討した。実験において，少数のブランドしか存在しない製品カテゴリーを用いると，特定のブランドの特徴やそれにもとづく消費者の経験が結果に影響してしまう恐れがある。また，特定の消費者層のみが購買経験を有する製品カテゴリーを用いると，一部の消費者の特性がバイアスとして結果に影響する懸念もある。そこで本研究においては，様々なブランドや製品が市場に導入されており，年齢や性別を問わず多くの消費者が購買経験を有しているチョコレートを実験用製品カテゴリーとした。

いくつかの調査報告によると，チョコレートは自分自身で食すために購入されるだけでなく，誕生日や気軽なお礼のためのギフトとして購入されることも多く（アサヒグループホールディングス 2008；ネスレ日本 2013），近年ではそれらのギフトを予約して購入する現象も見られるという（日本経済新聞 2012）。本研究で行われる実験では，製品を誕生日プレゼントとして購入（予約）する状況を被験者に想定してもらうシナリオを用いる予定であるため，この点でもチョコレートが適切な製品カテゴリーであると判断した。

なお，言うまでもなく，チョコレートにも板チョコレート，チョコレート・バー，箱入りチョコレートなど様々な形態の製品が存在し，製法や味つけなども多様である。しかし，このあとの実験で用いる際には，自分自身用，誕生日プレゼント用を問わず不自然ではないタイプの製品でなければならないため，本研究では，クランベリー風味の箱入りチョコレートを実験用製品として用いることに決定した。

次に，刺激の制作方法について検討を行う。刺激の制作においては２つの方法が一般的である。１つ目は，市場に実在するパッケージをパソコン等にデータとして取り込み，レタッチ・ソフトを用いて画像の有無を変更する方法である。しかし，既存のパッケージを用いてしまうと，被験者の事前知識が製品評価に影響を及ぼし，正確な知見を得られない恐れがある。パッケージ上の画像には消費者のポジティブな記憶を連想させる効果がある（Kisielius and Sternthal 1986; Underwood and Klein 2002）。とするならば，仮に本研究の実験において市場に実在するブランドのパッケージを用いると，消費者のなかで当該ブランドを消費した際のポジティブな記憶が引き起こされ，刺激と解釈レベルの適合性以外の要因が交絡することになる。したがって，本研究において既存のパッケージを加工し，実験用刺激として用いる方法は適切とは言えないだろう。

2つ目の方法として，被験者の事前知識による影響を回避するために，研究者が架空のパッケージを制作するという方法も挙げられる。しかしこの方法では，一般に市場で流通しているパッケージと，デザイン面において同等のクオリティを確保することが困難である。

そこで本研究では，豊富な経験を有するパッケージ・デザイン会社に2つのパッケージのイラストを制作してもらった。刺激の制作においては，サイズ，形状，カラー，言語情報の内容といった画像の有無以外の要素については極力統一すること，およびデザインの専門家から見て市販製品のパッケージと同等のクオリティを維持することを，パッケージ・デザイン会社に依頼した。

完成した刺激は図6-2に示されている。いずれもクランベリー風味の箱入りチョコレートであり，茶色のベースにクランベリーを意味するフランス語「de canneberge」が掲載されている。本研究はパッケージ上に掲載された画像の中でも，特に製品内容物の属性を描き出した画像に注目し，その効果について実験で明らかにすることを目的としている。したがって，クランベリーのイラストが掲載されたパッケージ（画像掲載刺激）と，掲載されていないパッケージ（画像非掲載刺激）の2種類を用意した。なお，予備調査，実験1，実験2においては，すべての被験者に対し，クランベリー風味のチョコレートであることを文章で示したため，被験者はパッケージの中身に関する基本的な情報を知らされたうえで，実験に参加している。

図 6-2　実験 1 と実験 2 で用いた刺激

画像掲載刺激

画像非掲載刺激

4-2　予備調査の目的と手続き

制作されたパッケージ・デザインを実験用刺激として用いることが適切であることを確認するため，2011 年 3 月，全国の 20～69 歳の男女 208 名を対象として，インターネットによる予備調査を行った。調査の目的は第 1 に，本研究が想定しているとおり，画像非掲載刺激より画像掲載刺激のほうが製品内容物に対する具体的なイメージをもたらすことを確認するため，第 2 に，画像の有無以外，両刺激の好ましさや高級感に大きな違いが存在しないことを確認するためである。

まず，被験者には「下の画像は，ある企業が発売を検討しているチョコレートのパッケージです。クランベリー風味が特徴で，一口サイズのチョコレートが 6 個入っています」というリード文を示したのち，画像掲載刺激と画像非掲載刺激のいずれかを提示した。続いて，刺激についての「具体性」，「パッケージ評価」，「高級感」を被験者に質問した。

これら 3 つの質問は，前述した予備調査の目的と対応している。「具体性」は，本研究の仮説設定時に前提としたとおり，画像掲載刺激が画像非掲載刺激に比べ，製品内容物に関する具体的なイメージを消費者にもたらすことを確認するための尺度である。「パッケージ評価」と「高級感」は，画像掲載刺激と画像非掲載刺激との間で，パッケージに対する好ましさや高級感といった画像の有無以外の要因に大きな違いが存在しないかを確認するための尺度である。

これら3つの構成概念に対する測定項目は表6-1のとおりである。「具体性」については，2-3で述べた解釈レベル理論における具体性の捉え方をもとに，製品を消費する場面を想定する際，製品内容物の特徴についてどれくらい豊富な情報をもたらしているかという観点で測定項目を設定した。すなわち，チョコレートが有する特徴についてどれくらい具体的なイメージをもたらすかという点から具体性を捉え，「チョコレートの風味や品質を想像しやすいパッケージである」，「チョコレートを食べたときの風味が伝わってくるパッケージである」の2項目を「具体性」の測定項目として設定した。その他，「パッケージ評価」については，パッケージへの評価を測定したSchoormans and Robben（1997）およびUnderwood and Klein（2002）の尺度を用い，「高級感」については，パッケージに対する高級感知覚を測定したHagtvedt and Patrick（2008）を参考としている。いずれの項目も，リッカート式7点尺度（「1：まったくそうは思わない」～「7：非常にそう思う」）を用いて測定した。

表6-1　構成概念と測定尺度

構成概念	測定尺度	α	CR	AVE
具体性	チョコレートの風味や品質を想像しやすいパッケージである チョコレートを食べたときの風味が伝わってくるパッケージである	.81	.75	.60
パッケージ評価	美しいパッケージである 洗練されたパッケージである 品質の良さを感じさせるパッケージである 好ましいパッケージである 魅力的なパッケージである	.89	.89	.62
高級感	豪華さを感じるパッケージである 高級感を感じるパッケージである 安っぽさを感じるパッケージである（R）	.78	.80	.58

分析に先立ち，「具体性」，「パッケージ評価」，「高級感」について，各構成概念の測定尺度の信頼性と妥当性を検討した（表6-1）。尺度の信頼性を表すCronbachのαを確認したところ，いずれも.70以上の値が得られた。同じく尺度の信頼性を検討するため，composite reliability（CR）を求めたところ，いずれもBagozzi and Yi（1988）が示した.60の基準を上回っていた。以上より，3つの構成概念は内的一貫性を備えていることが確認された。次に，収束妥当性を検討するため，average variance extracted（AVE）を算出したところ，いずれもFornell and Larcker（1981）やBagozzi and Yi（1988）が示した.50の基準を上回っていた。したがって，すべての構成概念は収束妥当性を備えていることが確認された。

4-3 分析結果

画像掲載刺激が画像非掲載刺激に比べ，製品内容物に関する具体的なイメージをもたらすとともに，2つの刺激のクオリティや高級感に有意差が無いことを確認するため，各測定項目への回答を構成概念ごとに平均したうえで分析を行った。したがって，「具体性」，「パッケージ評価」，「高級感」はいずれも1〜7の値をとる。「具体性」について両刺激に対する値をt検定により比較したところ，画像掲載刺激（$M=4.572$, $SD=1.030$）のほうが，画像非掲載刺激（$M=4.139$, $SD=1.243$）に比べ，消費者に製品内容物の具体的なイメージをもたらしていることが確認できた（t（206）$=-2.73$, $p=.01$；$d=.38$）。

次に，「パッケージ評価」と「高級感」に対する値の比較を行った。t検定の結果，画像掲載刺激（$M=4.860$, $SD=1.164$）と画像非掲載刺激（$M=4.790$, $SD=1.159$）との間で，「パッケージ評価」に有意差が生じていないことが確認された（t（206）$=-.43$, $p=.67$；$d=.06$）。同様に，画像掲載刺激（$M=4.971$, $SD=1.279$）と画像非掲載刺激（$M=5.032$, $SD=1.250$）との間で，「高級感」にも有意差は生じていなかった（t（206）$=.35$, $p=.73$；$d=.05$）。以上の結果から，制作されたパッケージ・デザインを実験用刺激として用いることは適切であると判断した。

5▸ 実験1：社会的距離と画像掲載効果

5-1 設計と手続き

仮説1，仮説2をテストするため，2（社会的距離：遠／近）×2（パッケージ上の画像：掲載／非掲載）の実験を実施した。いずれの要因についても被験者間計画法を採用している。被験者は，関東1都6県と関西2府5県に居住する20～69歳の男女336名であり，2011年5月にインターネット調査を用いて実験を行った。なお，分析を行う際には，336名の回答者のうち，不適切と考えられる11名の回答(4)を除いた325名のデータを用いている。実験の手続きは，以下のとおりである。

◆社会的距離の操作

まず回答者には，社会的距離の操作を行うためシナリオを提示した。シナリオの作成においては，既存研究で用いられている方法を参考にした。大学生を対象としたZhao and Xie (2011) の実験では，社会的距離が遠い条件において，「他大学の学生」，社会的距離が近い条件において「自分と同じ大学の学生」を想像させている。外集団に属する前者のほうが，内集団に属する後者に比べて自己との結びつきが希薄であり，相手のことをよく知らないため，社会的距離を遠いと感じるのである（Linville, Fischer, and Yoon 1996; Quattrone and Jones 1980)。また，Kim, Zhang, and Li (2008) の実験においても，社会的距離が遠い条件において，「見知らぬ他者」を想像させている。本研究もこれらのシナリオをベースとし，社会的距離が遠い条件においては「見知らぬ人」，近い条件においては「友人」を想像させることとした。実際に用いたシナリオは以下のとおりである。

「あなたは先日，携帯電話を落としてしまい，それを拾った〈人／友人〉が携帯電話を届けてくれたとします。そのお礼として贈る予定の，チョコレートを選んでいる状況を想定して下さい。その際，一つのチョコレートが目にとまったとします。クランベリー風味が特徴で，一口サイズのチョコレートが6つ入っており，価格は¥1,000です。そのチョコレートのパッケージ（下の画像）を見ながら，質問にお答えください」。

携帯電話を拾った「人」（遠い他者），または携帯電話を拾った「友人」（近い他者）のいずれかを提示することにより，社会的距離を操作している[(5)]。

◆刺激の提示

シナリオを提示した後，画像掲載刺激と画像非掲載刺激のいずれかを提示した。その際，調査画面上には，一般的に店頭で目にするチョコレートに近いサイズで刺激を提示し，実際のパッケージが有するイメージや視認性が損なわれぬよう配慮している。

◆測　定

刺激を提示した後，「ギフトとしての製品評価」について被験者に質問した。従属変数となる「ギフトとしての製品評価」は，「プレゼントしたら，相手が喜んでくれそうである」，「プレゼントしたら，相手が気に入ってくれそうである」の2項目（$\alpha=.89$；$r=.793$, $p<.001$）をリッカート式7点尺度（「1：まったくそう思わない」～「7：非常にそう思う」）で測定し，各回答者における平均値を求めた。したがって，「ギフトとしての製品評価」は1～7の値をとる。

また，画像掲載刺激のほうが画像非掲載刺激に比べ製品内容物に関する具体的なイメージをもたらすこと，画像掲載刺激と画像非掲載刺激との間でクオリティや好ましさが異ならないことを，本実験対象者でも確認するため，「具体性」（$\alpha=.80$），「パッケージ評価」（$\alpha=.93$），「高級感」（$\alpha=.80$）について予備調査と同じ項目，方法を用いて測定した。

5-2 分析結果

◆刺激の確認

まず，刺激の「具体性」，「パッケージ評価」，「高級感」について確認を行った。その結果，予備調査と同様，画像掲載刺激（M＝4.497，SD＝1.188）のほうが，画像非掲載刺激（M＝4.226，SD＝1.198）に比べ，消費者に製品内容物の具体的なイメージを与えていることが示された（t（323）＝2.04，p＝.04；d＝.23）。また，画像掲載刺激（M＝4.657，SD＝1.074）と画像非掲載刺激（M＝4.472，SD＝1.161）との間で「パッケージ評価」に有意差が生じておらず（t（323）＝1.49，p＝.14；d＝.17），「高級感」においても，画像掲載刺激（M＝4.731，SD＝1.129）と画像非掲載刺激（M＝4.686，SD＝1.101）との間で，有意差は生じていなかった（t（323）＝.37，p＝.71；d＝.04）。したがって，2つのパッケージ・デザインが実験用刺激として適切であることが実験1の回答者においても確認できた。

◆仮説のテスト

次に，「ギフトとしての製品評価」を従属変数とする2（社会的距離：遠／近）×2（パッケージ上の画像：掲載／非掲載）の2元配置分散分析を実施した。その結果，社会的距離の主効果が有意とならず（F（1, 321）＝.38，p＝.54；$\eta^2_p < .01$），パッケージ上の画像の主効果も有意とならなかった（F（1, 321）＝.05，p＝.82；$\eta^2_p < .01$）。一方で，社会的距離とパッケージ上の画像の交互作用が有意となった（F（1, 321）＝6.76，p＝.01；η^2_p＝.02；図6-3）。

図 6-3　ギフトとしての製品評価の平均値

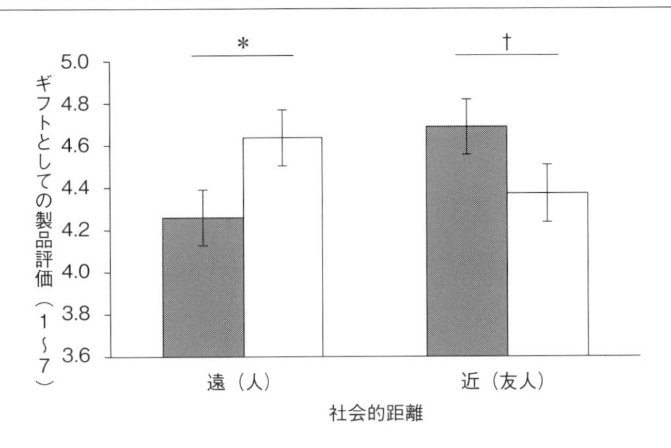

注：「ギフトとしての製品評価」は「プレゼントしたら，相手が喜んでくれそうである」,「プレゼントしたら，相手が気に入ってくれそうである」についてリッカート式 7 点尺度で測定し，これら 2 項目の回答を平均した値である。なお，図中の＊は 5%水準で有意，†は 10%水準で有意の意。エラーバーは標準誤差（±1SE）を表している。

さらに，仮説1のテストを行うため，全分析データを対象とし Bonferroni 法による単純主効果の検定を行ったところ，社会的距離が遠い条件において画像非掲載刺激が提示された群（$n=81$, $M=4.636$, $SD=1.265$）では，画像掲載刺激が提示された群（$n=83$, $M=4.259$, $SD=1.188$）に比べ，「ギフトとしての製品評価」が高く，その差は有意であった（F (1, 321) ＝4.05, $p=.05$；$\eta^2_p=.01$）。これにより，仮説 1 が支持された。続いて，仮説 2 のテストを行うため，仮説 1 と同様の方法で単純主効果の検定を行ったところ，社会的距離が近い条件において，画像掲載刺激が提示された群（$n=83$, $M=4.687$, $SD=1.256$）では，画像非掲載刺激が提示された群（$n=78$, $M=4.372$, $SD=1.070$）に比べ「ギフトとしての製品評価」が高く，その差は 10%水準で有意であった（F (1, 321) ＝2.78, $p=.10$；$\eta^2_p=.01$）。したがって，仮説 2 が支持された。

5-3 結果のまとめ

実験1では社会的距離に注目し，パッケージを刺激とした実験を行った。その結果，消費者が想定する製品消費主体までの社会的距離により，パッケージへの画像掲載の効果が異なることが示された。具体的には，消費者が遠い他者へのギフトを想定している場合，画像を掲載していないパッケージが製品評価を高める一方，近い他者へのギフトを想定している場合は画像を掲載したパッケージが製品評価を高めることが確認された。以上の結果により，本研究が提示した仮説1，仮説2は支持されたと結論づけられる。

一方，本研究ではBornemann and Homburg（2011）などの指摘にもとづき，時間的距離に注目した仮説（仮説3と仮説4）も提示している。実験2では，製品消費までの時間的距離を変化させるシナリオを用い，パッケージを刺激とする実験を行うことにより，仮説3と仮説4をテストする。

6 ▸ 実験2：時間的距離と画像掲載効果

6-1 設計と手続き

時間的距離に注目した仮説3，仮説4をテストするため，2（時間的距離：遠／近）×2（パッケージ上の画像：掲載／非掲載）の実験を実施した。いずれの要因についても被験者間計画法を用いている。被験者は，関東1都6県と関西2府5県に居住する20～69歳の男女208名であり，2011年5月にインターネット調査を用いて実験を行った。なお，分析を行う際には，208名の回答者のうち，不適切と考えられる7名の回答(6)を除いた201名のデータを用いている。実験の手続きは以下のとおりである。

◆時間的距離の操作

回答者にはまず，時間的距離の操作を行うため，以下のシナリオを提示した。

「〈3か月後／明日〉，誕生日を迎えるあなたのご友人へのプレゼントとして，いま人気のチョコレートを購入（予約）する状況を想定して下さい。その際，一つのチョコレートが目にとまったとします。クランベリー風味が特徴で，一口サイズのチョコレートが6つ入っており，価格は¥1,000です」。

シナリオの状況は，実験1で用いたギフト製品の購入場面と同じであるが，製品消費のタイミングまで遠い条件群には「3か月後」と示し，近い条件群には「明日」と示すことで，時間的距離が操作されている。いずれも購買時点は「現在」であるが，製品を相手に渡すまでの時間的距離は異なる。このように製品の購買時点は「現在」としつつ，使用や消費までの時間を変化させることで心理的距離を操作する方法は，解釈レベル理論を援用した消費者行動研究においてすでに用いられている。例えば，Khan, Zhu, and Kalra（2011）のStudy 3においても，オンライン・ショッピングにおける配送までの時間を変化させたシナリオを被験者に読ませることにより，時間的距離を操作している。

◆刺激の提示

シナリオ提示後，画像掲載刺激と画像非掲載刺激のいずれかを提示した。用いた刺激は，予備調査や実験1と同一である。

◆測　定

刺激を提示したのち，「製品評価」について被験者に質問した。従属変数となる「製品評価」については，Hamilton and Thompson（2007）で製品評価を測定する際に用いられた尺度を参考とし，「おいしそうな商品だ」，「魅力的な商品だ」，「好ましい商品だ」の3項目（α =.86，CR=.88，AVE=.71）をリッカート式7点尺度（「1：まったくそう思わない」～「7：非常にそう思う」）で測定し，各回答者における平均値を求めた。したがって，「製品評価」は1～7の値をとる。

また，実験1と同様，「具体性」（α =.72，CR=.71，AVE=.56），「パッケー

ジ評価」(α =.91, CR=.90, AVE=.65),「高級感」(α =.75, CR=.75, AVE=.53)についても,予備調査や実験1と同じ項目,方法で質問した。なお,予備調査や実験1と同様,各測定項目を構成概念ごとに平均したため,「具体性」,「パッケージ評価」,「高級感」はいずれも1~7の値をとる。

6-2 分析結果

◆刺激の確認

刺激の「具体性」,「パッケージ評価」,「高級感」について確認を行ったところ,予備調査や実験1の結果と同様,画像掲載刺激(M=4.545, SD=1.123)のほうが,画像非掲載刺激(M=4.220, SD=1.106)に比べ,消費者に製品内容物の具体的なイメージを与えていることが示された(t(199)=-2.06, p=.04;d=.29)。また,画像掲載刺激(M=4.556, SD=1.137)と画像非掲載刺激(M=4.694, SD=1.029)との間で「パッケージ評価」に有意差が生じておらず(t(199)=.90, p=.37;d=.13),「高級感」においても,画像掲載刺激(M=4.525, SD=1.155)と画像非掲載刺激(M=4.740, SD=1.060)との間で,有意差は生じていなかった(t(199)=1.38, p=.17;d=.20)。したがって,2つのパッケージ・デザインが実験用刺激として適切であることが実験2においても確認できた。

◆仮説のテスト

仮説3,仮説4をテストするため,「製品評価」を従属変数とする2(時間的距離:遠/近)×2(パッケージ上の画像:掲載/非掲載)の2元配置分散分析を実施した。その結果,時間的距離(F(1, 197)=.53, p=.47;$\eta^2_p < .01$)とパッケージ上の画像(F(1, 197)=.01, p=.93;$\eta^2_p < .01$)の主効果はいずれも有意とならず,時間的距離とパッケージ上の画像の交互作用が有意となった(F(1, 197)=8.45, $p < .01$;η^2_p=.04;図6-4)。

図 6-4　製品評価の平均値

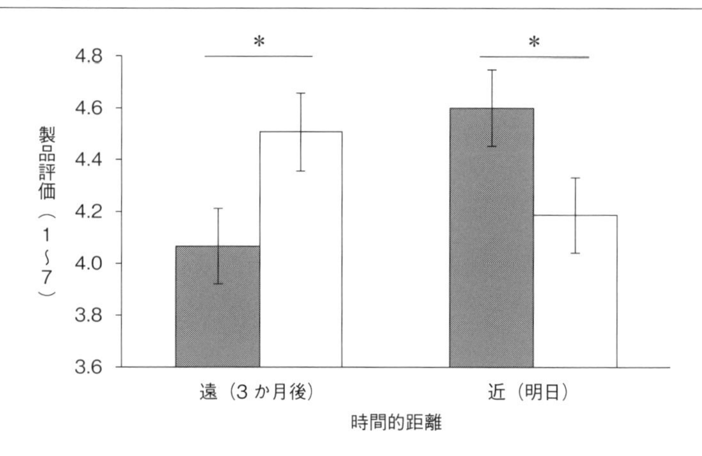

注：「製品評価」は「おいしそうな商品だ」,「魅力的な商品だ」,「好ましい商品だ」についてリッカート式 7 点尺度で測定し，これら 3 項目の回答を平均した値である。なお，図中の＊は 5%水準で有意の意。エラーバーは標準誤差（± 1SE）を表している。

仮説 3 のテストを行うため，全分析データを対象とし Bonferroni 法による単純主効果の検定を行ったところ，時間的距離が遠い条件において，画像非掲載刺激を提示した群（$n=48$, $M=4.507$, $SD=.883$）では，画像掲載刺激を提示した群（$n=51$, $M=4.065$, $SD=1.029$）に比べ製品評価が高く，その差は有意であった（F (1, 197) $=4.43$, $p=.04$；$\eta^2_p=.02$）。これにより，仮説 3 が支持された。続いて，仮説 4 のテストを行うため，仮説 3 と同様の方法で単純主効果の検定を行ったところ，時間的距離が近い条件において，画像掲載刺激を提示した群（$n=50$, $M=4.600$, $SD=1.170$）では，画像非掲載刺激を提示した群（$n=52$, $M=4.186$, $SD=1.063$）に比べ製品評価が高く，その差は有意であった（F (1, 197) $=4.02$, $p=.05$；$\eta^2_p=.02$）。したがって，仮説 4 が支持された。

7▸ 議　論

7-1 全体のまとめ

本研究においては，製品内容物に関連した画像に注目し，どのような状況において，パッケージへの画像掲載が製品評価を高めるのかについて，解釈レベル理論にもとづき検討を進めてきた。実験1では，心理的距離のなかでも特に社会的距離に注目し，上記の課題の解明を試みた。その結果，遠い他者へのギフトを想定することにより，消費に対する解釈レベルが高次になった場合，画像非掲載パッケージが製品評価を高めることが見出された。これに対し，近い他者へのギフトを想定することにより，消費に対する解釈レベルが低次になった場合，製品内容物について具体的なイメージをもたらす画像が掲載されたパッケージは製品評価を高めることが示された。

実験2では，ギフトを購入する条件において，購入までの時間的距離を操作した。その結果，消費者が遠い将来の消費を想定した場合，画像が掲載されていないパッケージが製品評価を高める一方，消費者が近い将来の消費を想定した場合，画像が掲載されたパッケージが製品評価を高めることが示された。

2つの実験結果を総合すると，製品消費の主体や時期に対して心理的距離が遠い場合，画像が掲載されていないパッケージが製品評価を高め，製品消費の主体や時期に対する心理的距離が近い場合，画像が掲載されたパッケージが製品評価を高めると結論づけられる。

なお，時間的距離に注目した実験2では被験者に想定してもらう製品消費時点を変化させるシナリオを用いた。これは，被験者に友人へのギフト購買場面を想定させるという点で，実験1の社会的距離が近いシナリオを用いた条件と共通している。その結果，たとえ実験1の社会的距離が近いシナリオを用いた条件と同様，友人へのギフトを想定した場合であっても，遠い将来の製品消費を想定した場合（時間的距離：遠），画像が掲載されていないパッケージが製品評価を高めることも明らかになった。製品消費主体までの社会的距離が近いとき，画像が掲載されたパッケージが製品評価を高めるという結果に加え，製品消費に対する時間的距離の操作により，前述の結果が変化する可能性も示されたことになる。

7-2　本研究の意義

本研究の理論的意義として，主に3つの点を挙げることができる。1つ目は，パッケージ・デザイン研究における意義である。従来の研究では，総じて画像を掲載することにより，消費者のブランド信念を好ましくしたり，製品評価を高めたりすることが示されてきた（Hagtvedt and Patrick 2008; Underwood and Klein 2002）。しかしながら本研究により，パッケージへの画像掲載が消費者反応に与える影響は，製品消費の時期や主体に対する心理的距離によって異なることが見出された。特に，製品消費主体までの社会的距離や，製品消費までの時間的距離が近い場合のみ，画像を掲載したパッケージと解釈レベルが一致し，製品評価を高める可能性が示唆されている。このことから，パッケージへの画像掲載が常に高い製品評価をもたらすとは限らず，消費者の心理的距離によってその効果が変化しうることを示した本研究は，従来のパッケージ・デザイン研究を前進させるものといえるだろう。

2つ目は，解釈レベル理論研究における意義である。近年の解釈レベル理論研究は，文脈効果（Khan, Zhu, and Kalra 2011）や消費者の推論（Yan and Sengupta 2011）といった既存の理論や概念に対して，消費者の解釈レベルがどのような影響を及ぼすかについて明らかにしている。言い換えれば，これらの研究は解釈レベルの調整効果に注目した研究として捉えることができる。こうしたなかで，本研究は，パッケージへの画像掲載が製品評価を高めるか否かが，消費者の解釈レベルによって異なることを示した。この結果は，パッケージへの画像掲載が有する効果に対し，消費者の解釈レベルが調整効果を有することを意味している（図6-1）。文脈効果や推論といった既存研究での概念に続き，パッケージ・デザインにおける画像の役割に注目し，消費者の解釈レベルが有する調整効果を検討した本研究の知見は，解釈レベル理論研究に新たな知見を加えるものである。

本研究の結果を解釈レベル理論研究の視点で捉えた場合，3つ目の理論的意義も指摘できる。時間的距離と社会的距離を扱ったKim, Zhang, and Li (2008) によると，2つの心理的距離が近い状況において，消費者は低次解釈レベルに関連した製品属性を重視する。この研究は，2つの心理的距離を同時に扱ったものではあるが，時間的距離と社会的距離を並列に扱っており，両者における影響の相違について解明を図ったものではない。こうしたなかで，本研究は，たとえ友人向けギフトの購入場面（見知らぬ人物用に比べて社会的距離が近い状況）であっても，時間的距離が遠い条件においては，高次解釈レベルと適合する画像非掲載パッケージが製品評価を高めることを明らかにした。すなわち，解釈レベルに対して，時間的距離は社会的距離より強い影響を及ぼす可能性が示唆されている。時間的距離と社会的距離において，解釈レベルに及ぼす影響の強さが異なる可能性を示した点は，本研究の理論的意義の1つである。

一方，本研究の実務的意義として，2つの点を挙げることができる。1つ目は，社会的距離に関する意義である。高級感や好ましさといった評価が等しいパッケージを比較すると，近い他者のための購入においては画像が掲載されたパッケージが製品評価を高める一方，遠い他者のための購入においては画像が掲載されていないパッケージが製品評価を高めることが，本研究により見出された。この結果を踏まえると，企業は自社製品が社会的距離の遠い人物への贈答用として購入されることが多いのか，あるいは社会的距離が近い人物への贈答用として購入されることが多いのかについて調査を行い，その結果によってパッケージに画像を掲載するか否かを検討することが可能である。

また，同じ製品であっても，シーズンによって主な購買目的が変化する場合も考えられる。例えば，チョコレートであればバレンタインのシーズン，衣料用洗剤やビールであれば中元や歳暮のシーズンにおいて，ギフトとして購入する消費者が増加する。その場合，当該シーズンのみ，画像やイラストの使用を極力避けたギフト向けパッケージを開発し，使用することも有効だと考えられる。

2つ目は，時間的距離に関する意義である。本研究により，消費者が想定している製品消費までの時間的距離によって，パッケージへの画像掲載が製品評価に及ぼす効果が異なるという結果が示された。この結果は，企業が製品のパッケージ・デザインを決定する際に，示唆を提供するであろう。本研究の結果によると，主に店頭で通常販売を行う製品には画像を用いたパッケージ・デザインを採用することが望ましく，数か月前から予約販売を行う製品には画像が掲載されていないパッケージ・デザインを採用することが望ましいものと思われる。

7-3　本研究の限界と課題

本研究は，複数の理論的意義と実務的意義を有しているが，一方でいくつかの課題も残している。1つ目は，心理的距離の操作についてである。本研究の実験1では，Zhao and Xie（2011）における社会的距離の操作方法を参考とし，「携帯電話を拾った人」（社会的距離：遠），または「携帯電話を拾った友人」（社会的距離：近）向けの購買を想定し，被験者に製品評価を行ってもらった。しかし，「友人」と示されたとき，被験者は具体的に異なる間柄の人物をイメージした可能性がある。社会的距離が近いシナリオの条件における画像の単純主効果（仮説2の検証結果）を改めて見てみると，p 値は10％水準での有意を示すにとどまっている。この原因も，シナリオで「友人」と示された際に，ある被験者は幼なじみで強い紐帯を有する友人をイメージし，別の被験者は挨拶を交わす程度の形式的な友人をイメージしたなど，被験者によって想像した人物との距離感が異なっていた可能性が考えられる。今後，同様の実験を行う際には，「友人」や「知人」といった言葉に対し，具体的にどのような間柄の人物をイメージするか調査し，その結果を踏まえたうえで，実験用シナリオを作成していく必要がある。

心理的距離の操作については，別の課題も指摘しなければならない。時間的距離に注目した実験2では，友人へのギフトを購入（予約）する状況を被験者に想定させた。パッケージ製品の予約を想像する際，自分自身用の購入よりギフト用の購入を想定してもらったほうが自然であると考えたためである。したがって，実験2は，実験1の社会的距離が近いシナリオにおいて時間的距離を操作する設計となっている。今後は，実験1の社会的距離が遠いシナリオで時間的距離を操作するシナリオを用い，本研究の実験2と一貫した知見が得られるかについて検討していく必要があると思われる。

2つ目は，画像の種類についてである。本研究は画像の中でも特に，製品内容物に関連した画像の効果について注目している。そのため，本研究の実験で用いた画像掲載刺激には，チョコレートの風味を連想させるイラストを掲載した。しかしながら，単に画像と言っても，製品の内容や特徴と関連した画像もあれば，一切関連性のない画像もある。写真やイラストなど，画像の描写方法も一様ではない。今後は，画像がパッケージに掲載されているか否かだけでなく，どのような画像が掲載されているかについても検討することが求められる。

3つ目は，他の製品カテゴリーを対象とした検討についてである。本研究では，多くの人が消費経験を有し，様々なブランドが存在するチョコレートを実験用の製品カテゴリーとして用いた。今後は，チョコレートだけでなく，他の製品カテゴリーを用いた実験なども行っていくべきであろう。

（1） 本研究は科学研究費基盤研究（B）（研究課題番号：22330134，研究代表者：阿部周造），科学研究費基盤研究（B）（研究課題番号：25285135，研究代表者：守口剛），および早稲田大学重点領域研究（09b）による成果の一部である。株式会社プラグ代表取締役社長の小川亮氏からは，本研究で用いた実験用刺激の制作において多大なるご協力を頂いた。

（2） 本研究でいうパッケージとは「製品を保護し，プロモートし，輸送し，識別するために用いられる容器のこと」（Bennett 1995, p.201）である。なお，パッケージングは「パッケージを制作する過程のこと」（Bennett 1995, p.201），包装は「商品の容器や包装紙の設計・製作から，包装された状態になるまでの過程をすべて含む」（出牛 2004，198頁）と定義されていることから，「商品の容器や包装紙」とパッケージ，そして「包装」とパッケージングはほぼ同義といえる。

（3） エロンゲーション効果に関する詳細な議論についてはKrider, Raghubir, and Krishna（2001）を参照のこと。

（4） これら11名の回答は，製品に関する20項目の質問すべて（逆転項目も含まれる）に対して同値であり，データとしての信頼性が疑われるため，分析から除外した。

（5） 2017年4月，シナリオ上の「人」，「友人」に対する社会的距離を確認するため，事後的な調査を実施した。対象者は，大学学部生35名である。社会的距離が遠い条件のシナリオと近い条件のシナリオのいずれかを提示し，「携帯電話を拾った人」または「携帯電話を拾った友人」に対する社会的距離を尋ねた。社会的距離の測定においては，Kim, Zhang, and Li（2008）を参考に，「自分との関係が近いと思う」，「親しみを感じる」，「自分との共通点が多そうである」，「心理的な距離感が近く感じる」の4項目を用いた（α =.845）。いずれも，リッカート式7点尺度（「1：まったくそう思わない」～「7：非常にそう思う」）によって測定し，分析においては，4項目の平均得点を算出した。したがって，「社会的距離」は1～7の値をとり，数値が高いほど対象への社会的距離が近いと捉えられていることを意味する。分析の結果，携帯電話を拾ってくれた「友人」のほうが「人」に比べて，社会的距離が近いと捉えられていた（$M_{友人}=5.02$，$SD_{友人}=1.06$ vs. $M_{人}=3.49$，$SD_{人}=.79$；t（33）$=-4.88$，$p<.01$；$d=1.67$）。したがって，本実験における社会的距離の操作は成功していることが，事後的に確認された。

（6） これら7名の回答は，製品に関する20項目の質問すべて（逆転項目も含まれる）に対して同値であり，データとしての信頼性が疑われるため，分析から除外した。

第 7 章

A Cross-cultural Study on Social Distance and Packaging Imagery

社会的距離の文化差と画像の効果[1]

1▸ 消費者行動における文化差

前章では，消費主体に対する社会的距離によって，画像掲載効果が異なることが明らかにされた。一方，同じ間柄の人物（例えば，友人）であっても，その人物に対してどれくらいの社会的距離を感じるかは，文化によって異なることも想定される。ここでは，異文化間における他者との距離感の相違に注目して，議論を進めていきたい。

ここで文化差に注目した背景として，企業活動のグローバル化が挙げられる。海外売上高比率（我が国製造業の売上高全体に占める海外での売上高の比率）を見てみると，2000年時点の値は28.6％にとどまっていたものの，その後ほぼ一貫して上昇を続け，2013年度には50％を超えるまでになった（日本貿易振興機構 2016）。多くの企業にとって，海外でのマーケティング活動の重要性は高まっているといえるだろう（大石 2017；朴 2012）。

グローバル・マーケティング論での考察によると，ある企業が海外でマーケティング活動を展開する際，大きく分けて2つの戦略をとることができる（相原・嶋・三浦 2009；大石 2017）。1つは，製品の仕様やパッケージ・デザインを現地の消費者の嗜好に応じて変化させる方法，すなわち現地適合化である。もう1つは，統一された製品を様々な国や地域で販売する方法，すなわち世界標準化である（Levitt 1993）。大石（2017）は，現地適合化と世界標準化のどちらが戦略として適切かという議論ではなく，世界標準化しつつ現地適合化するという，いわば「いいとこどり」の方法を検討していくことが適切と指摘している。

パッケージ・デザインに限ってみても，多くの企業でこうしたハイブリッドな戦略が採用されている。例えば，世界8か国で販売されている花王のアタックの場合，緑色を基調としたパッケージ・デザインはいずれの国向け製品においても共通している。しかし，効果の強さを表す白いシャツのイラストの有無や描写内容は国によって異なっている（渡部 2009）。近年の日本酒ブームにより輸出量が増加しているワンカップ大関も同様である。紺色をベースとしたパッケージは，基本的に国内外で共通だが，米国向け製品にはブランドのシンボルである「綱マーク」を追加したという（渡部 2011a）。

こうした背景を踏まえ，本章では，パッケージ・デザインに対する消費者反応が文化によってどのように異なるかという点について，とりわけパッケージ上の画像に注目しながら検討していく。前章の実験1では，パッケージへの画像掲載が常に製品評価にポジティブな影響をもたらすとは限らないこと，遠い他者への贈与を想定したとき，むしろ画像掲載パッケージよりも画像非掲載パッケージのほうが製品評価を高めることを示した。一方で，他者に対する認識の仕方やその結果として生じる社会的距離の知覚は，あくまで主観的なものであると同時に，多くの文化的要因の影響を受けることも考えられる（Liberman, Trope, and Wakslak 2007）。

文化心理学においては，認知的プロセスやその結果が，人々の属する文化によって大きく異なることが示されてきた。第2節で既存研究のレビューを詳述するとおり，自己観に関する研究によると，東洋文化圏と西洋文化圏において，友人や家族などといった身近な他者に対する捉え方が異なるという。具体的には，東洋文化圏の人物は身近な他者を自己の一部に内包して捉えるのに対し，西洋文化圏の人物は身近な他者であっても自己とは切り離して捉えることが指摘されている。

そこで本章では，身近な他者に対する社会的距離の感じ方が，東洋文化と西洋文化において異なっていること，この違いが前章で明らかにしたパッケージへの画像掲載効果にも影響を及ぼすことを明らかにしていく。実験1では，身近な他者への贈与品購買を想定した場合，日本人（主に相互協調的自己観を有しているといわれている）は米国人（主に相互独立的自己観を有しているといわれている）よりも，その他者に対して社会的距離を近いと感じること，これによりパッケージへの画像掲載効果が異なることを，日米における国際比較を通じて明らかにしていく。実験2では，日本国内における実験室実験を行うことにより，実験1で得られた結果が，自己観の相違によって生じたものであることを示していく。こうした取り組みは，解釈レベル理論研究，自己観研究に新たな知見をもたらすとともに，国際的なマーケティング・コミュニケーション活動を行っていくうえで実務的な示唆も提供するものである。

2 ▸ 画像掲載効果の文化差に関する仮説

2-1 パッケージ・デザインと文化的特性

これまでも，数こそ多くないものの，パッケージに対する消費者反応の文化差に着目した研究が取り組まれてきた。van den Berg-Weitzel and van de Laar（2001）は，各国の文化がパッケージ・デザインに与える影響について明らかにしている。彼らはまず，5つの基準をもとに各国の文化特性を専門家らに評価してもらうとともに，制汗剤やミネラルウォーターなど5カテゴリーのパッケージについても専門家に評価してもらった。パッケージに対する評価結果について因子分析を行ったところ，「表現の強さ」，「文脈依存度」，「象徴性」，「情報量」，「アイデンティフィケーション」の5因子が抽出された。それらの因子得点と文化的特性の各国の得点について相関分析を行った結果，すべての製品カテゴリーにおいてデザイン因子と文化的特性との間に相関関係が認められた。たとえば，制汗剤カテゴリーにおいては，「表現の強さ」と「男性社会」との間に負の相関関係が確認されている。彼らによれば，「男性社会」について高く評価された日本で販売されている制汗剤のパッケージが，丸みを帯び，ソフトで調和のとれた低コントラスト・カラーをまとっている点は，この相関関係を表したものであるという。同様に，「文脈依存度」と「個人主義」との間に正の相関関係が確認されている。「個人主義」について高く評価された米国で販売されている制汗剤のパッケージには，ブランド・ネームが大きく表示され，パッケージのアイデンティティを明確に伝達する字体やレイアウトが採用されていることは，この相関関係を表したものであるという。

パッケージ・デザインにおいて文字と画像をどこに配置するべきかについても，文化差が示されている。前章でも触れたとおり，Rettie and Brewer（2000）の実験では，実際に店頭で見られるパッケージ・デザインと，それらの文字と画像を左右反対にしたもののどちらか一方を0.5秒間提示し，参加者に文字や画像に関する質問を行った。その結果，文字を右側，画像を左側に配置したとき，その逆よりも文字や画像に関して正しく記憶が再生されることが分かった。これは，視交叉により，右眼からの情報が言語情報を処理する左脳へ伝達され，左眼からの情報が視覚情報を処理する右脳へ伝達されることで生じる「脳の半球優位性」によるものである。米国人を対象に行われた実験において，こうした結果が得られているのに対し，タイ人を対象に行われたSilayoi and Speece（2007）の実験では逆の結果が得られている。彼らの研究では，文字を左側，画像を右側に配置したときのほうが，その逆よりも好ましく評価されたという。アジア人の思考パターンは右脳志向であり，このことによりRettie and Brewer（2000）の結果との相違が生じたとSilayoi and Speece（2007）は考察している。

以上のように，パッケージ・デザインに対してどのような消費者反応が生じるかは，文化によって異なることが既存研究によって示されてきた。しかしながら，前章で議論した画像掲載効果の文化差について論じた研究は見当たらない。仮に消費者の認知プロセスが文化によって異なるとするならば，パッケージへの画像掲載が消費者反応に及ぼす効果についても何らかの文化差が観察されるはずである。こうした議論の手掛かりを得るため，以降では，認知プロセスの東西文化差についてさらに深く議論していく。

2-2　認知プロセスにおける東西文化差

文化心理学では，東西文化圏において認知プロセスに関する様々な相違が確認されている。その代表的なものとして，認知の包括性が挙げられる。Masuda and Nisbett（2001）はこの点を明らかにするため，日本人と米国人を対象とした実験を行った。実験では，参加者たちに，水中を魚が泳いでいる映像を20秒間流した。映像の中心部分には，比較的大きな魚が数匹描かれている一方で，映像の周辺部分には小魚，カエル，底の砂利，水草なども描かれている。映像を見た後，参加者に描写内容を説明してもらった結果，中心部分の魚に言及した人数は，日本人と米国人で大きな差がみられなかった。しかしながら，周辺部分の要素に言及した人数は，日本人のほうが米国人に比べて6割多かった。こうした結果をもとに，東洋文化圏の人物は，中心的情報から周辺的情報まで全体的にくまなく処理する包括的認知を有する一方，西洋文化圏の人物は，中心的情報のみに焦点を当てる分析的認知を有する傾向があると結論づけられている。

Chiu（1972）は，複数の対象を捉える際，カテゴリーと関係性のいずれにもとづいて判断するかが東西文化圏によって異なることを示した。中国人と米国人を対象とした実験では，「牛」，「鶏」，「草」のイラストが同時に提示され，これら3つのうち，もし2つを同じグループにまとめるとしたら，どれとどれを選ぶかという課題が与えられた。その結果，中国人は「牛」と「草」を選ぶ傾向があった一方，米国人は「牛」と「鶏」を選ぶ傾向があったという。東洋文化圏の人物は，複数の物事の関係性（例えば，食べる側の「牛」と食べられる側の「草」といった関係性）に焦点を向ける一方，西洋文化圏の人物は，複数の物事をカテゴリー（例えば，「牛」，「鶏」は動物カテゴリー，「草」は植物カテゴリー）に分類して捉えるため，こうした違いが生じたと考えられる。

さらに，東西文化圏において，ある行為の原因をどこに帰属させるか（すなわち，行為者の特性に帰属させるか，状況要因に帰属させるか）についての傾向も異なる。Morris and Peng（1994）は，ミシガン州で発生したある殺人事件を，*New York Times* と『世界日報』（中国語）誌がそれぞれどのように報じたかについて，内容分析を行った。その結果，事件の発生原因として，前者は容疑者の個人特性（例えば，「容疑者はすぐにかっとなる性格であった」）を挙げる傾向にあったのに対し，後者は状況要因（例えば，「最近別の場所で起きた殺人事件に触発された」）を挙げる傾向にあった。東洋文化圏においては，ある出来事の発生原因を状況要因に求め，西洋文化圏においては，その出来事を起こした人物の個人特性に求めるという傾向は，Miller（1984）においても確認されている。

2-3　自己観の違い

東洋文化圏と西洋文化圏においては，自己に対する捉え方，すなわち自己観（self-view）が異なることも明らかにされている（Markus and Kitayama 1991）。西洋文化圏に多く見られる相互独立的自己観（independent self-view）を有した人は，自己の独自性や他者との違いを重視する。これに対し，東洋文化圏に多く見られる相互協調的自己観（interdependent self-view）を有した人は，社会集団や他者との全体的な調和を重視する。こうした違いは，両文化圏のことわざにも象徴的に表れている（Markus and Kitayama 1991）。相互独立的自己観が根づいている米国には，“The squeaky wheel gets the grease” ということわざがある。直訳すると「きしむ車輪には油が差される」となるが，より具体的には「自己の意見や要求をはっきりと主張すれば，きちんとした見返りが得られること」を意味している。一方，日本には「出る杭（釘）は打たれる」ということわざがある。社会において，個人は出過ぎた振る舞いを慎み，周囲の人々との調和を第一に考えるべきであることが示されている。

自己観の相違は，「父」，「母」，「兄弟」，「友人」など，身近に存在する他者への捉え方にも影響を及ぼす。Markus and Kitayama（1991）によると，相互独立的自己観が主となる西洋文化圏においては，身の回りの他者であっても自己とは独立，分離した存在であると捉えられ，個々人の欲求や能力を高めたり，表現したりすることを重んじる傾向がある。これに対し，相互協調的自己観が主となる東洋文化圏においては，自己と他者との社会的関係性が重視され，身の回りの人物は自己から切り離されず，むしろ自己と多くの共通点や結びつきを有した存在として他者が捉えられる（図7-1）。端的に比較をするならば，前者と後者はそれぞれ個人主義的（individualistic），― 集団主義的（collectivistic），分離的（separate）― 包括的（holistic），向自己的（idiocentric）― 向社会的（sociocentric）に個々人を捉えると言い換えられる（Markus and Kitayama 1991）。また，こうした違いにより，相互独立的自己観の文化においては，自己の表象レベルが「私（I）」となる一方，相互協調的自己観の文化においては，「私たち（We）」となる（Brewer and Gardner 1996）。

図 7-1　自己観による身近な他者への捉え方の違い

相互独立的自己観

母
父
自己
兄弟
友人
同僚
友人

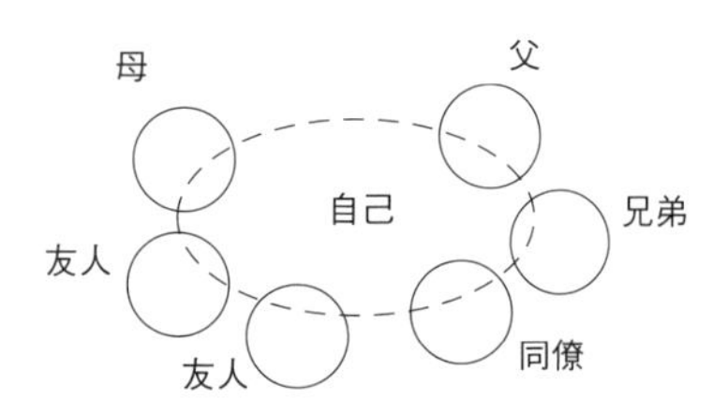

出典：Markus and Kitayama（1991), p.226 を一部改変。

類似した見解は，Nisbett（2003）でも述べられている。彼の指摘によると，東洋文化圏と西洋文化圏では，内集団（家族や友人など身近な他者）と外集団（単なる知り合い程度の他者）に対する捉え方が異なるという。東洋文化圏においては，内集団は自己の一部に内包されており，外集団とは離れていると認識されている。また，内集団は自己との類似性が高い存在として捉えられる。これに対し，西洋文化圏の人物は，内集団であっても自己とは切り離して捉え，東洋文化圏の人物ほど内集団と外集団を区別しない傾向にある。

Markus and Kitayama（1991）により東西文化圏における自己観の相違が指摘されて以来，消費者行動分野においても，こうした違いに目を向けた研究が複数行われている。例えば，Chen, Ng, and Rao（2005）は時間割引率の文化的差異について検討した。実験の結果，相互独立的自己観を有する西洋人は，相互協調的自己観を有する東洋人に比べて，選択における時間割引率が高いことが明らかになった。さらに彼らは，制御焦点理論にもとづき，時間割引率と自己観との関係についても議論している。これによると，東洋人は「製品の入手時期が遅くなること」（すなわち，予防焦点的損失）に対して痛みを感じる一方，西洋人は「製品を楽しむことの遅延」（すなわち，促進焦点的損失）に対して痛みを感じるという。

そのほかにも，過去の消費者行動研究においては，自己観がブランド連想に及ぼす影響（Ng and Houston 2006）や，文脈効果に及ぼす影響（Zhu and

Meyers-Levy 2009）などが明らかにされてきた。

文化差による自己観の違いに注目したこれまでの研究とは異なり，個人差としての自己観に注目した研究も行われている。Spassova and Lee（2013）は，自己観による解釈レベルの違いについて焦点を当てた。旅行までの時間的距離が操作された架空の広告を実験参加者に提示し，評価してもらったところ，相互独立的自己観を有した消費者は遠い将来の広告を高く評価した一方，相互協調的自己観を有した消費者は近い将来の広告を高く評価した。すなわち，相互独立的自己観は高次の解釈レベル，相互協調的自己観は低次の解釈レベルをもたらすということになる。相互独立的自己観を有した人は，自己の遠い将来に関心を寄せる（すなわち，遠い将来の目標に注目する）一方，相互協調的自己観を有した人は，自己と直接的にかかわりのある人やグループとの結びつき（すなわち，心理的に近い目標）を重視するために，こうした違いが生じたと説明されている。

2-4 仮　　説

ここまで概観した先行研究の知見をベースとし，パッケージへの画像掲載が消費者反応に及ぼす影響について，文化差を考慮しながら検討していく。東洋文化圏の人物は家族や友人などの身近な他者を自己の一部として捉えるのに対し，西洋文化圏の人物は身近な他者であっても自己とは切り離した存在として認識する（Markus and Kitayama 1991）。また，東洋文化圏の人物は，西洋文化圏の人物に比べ身近な他者に対して，自己と類似した存在と捉える（Nisbett 2003）。このような身近な他者に対する捉え方の違いは，他者への贈与を想定した購買行動にも影響を及ぼすと考えられる。

単なる知り合い程度の人物など，身近でない他者（すなわち，外集団に属する他者）に対しては，東西いずれの文化圏においても自己とは切り離して捉え，社会的距離が遠い他者と認識するはずである。しかしながら，家族や友人などの身近な他者に対しては，両文化圏において社会的距離の認識が異なるであろう。具体的には，東洋文化圏の人物のほうが西洋文化圏の人物に比べて，社会的距離を近く認識するはずである。その結果，同じ身近な他者

（例えば，友人）に対する贈与を想定した場合であっても，東洋文化圏の消費者においては，解釈レベルが低次状態となるため，具体的な情報を伝達する画像掲載パッケージが製品評価を高めると考えられる。これに対し，西洋文化圏の消費者においては，東洋文化圏の消費者に比べて解釈レベルが高次の状態となるため，抽象的な製品情報を伝達する画像非掲載パッケージが製品評価を高めるであろう。以上の考察により，次の２つの仮説を設定した。

仮説１：身近な人物に対する贈与を想定した場合，相互協調的自己観を有した消費者（主に，東洋文化圏で多く見られる）においては，画像が掲載されたパッケージのほうが，画像が掲載されていないパッケージに比べ，製品評価を高める。

仮説２：身近な人物に対する贈与を想定した場合，相互独立的自己観を有した消費者（主に，西洋文化圏で多く見られる）においては，画像が掲載されていないパッケージのほうが，画像が掲載されたパッケージに比べ，製品評価を高める。

以上の仮説をテストするため，予備調査を踏まえたうえで，日米の消費者を対象とした国際比較研究（実験1），および日本国内における実験（実験2）を実施する。

3▸ 刺激と社会的距離に関する予備調査

3-1 目的と概要

実験1，2に先立ち，日本在住の消費者と米国在住の消費者それぞれ200名，合計400名を対象とした予備調査を実施した。いずれも，インターネット調査パネルに登録しており，各国の全域から抽出された参加者である。予備調査の目的は，大きく分けて以下の２つを挙げることができる。

◆刺激の確認

後述する実験1および実験2においては，前章と同じ刺激を用いる（実際の刺激は，前章の図4-2を参照のこと）。そのため，予備調査においては，(1)文字よりも画像のほうが具体的な表現形式であること，(2)画像掲載刺激と画像非掲載刺激の間で，クオリティに大きな違いがないことを日米で確認する。

調査では，画像掲載パッケージと画像非掲載パッケージのいずれかを提示したあと，「具体性」と「パッケージ評価」について質問した。「具体性」については，「風味や品質を想像しやすいパッケージである」，「チョコレートを食べたときの風味が伝わってくるパッケージである」の2項目（α =.904），「パッケージ評価」については，「美しいパッケージである」，「洗練されたパッケージである」，「品質の良さを感じさせるパッケージである」，「好ましいパッケージである」，「魅力的なパッケージである」の5項目（α =.951）を用いた。いずれも，リッカート式7点尺度（「1：まったくそう思わない」～「7：非常にそう思う」）によって測定し，分析の際には各項目の平均得点を用いることとした。したがって，いずれの変数も1～7の値をとる。なお，米国向けの質問票を作成する際には，調査会社の翻訳スタッフが訳出したものを研究者が確認し，本来の意味に近くなるよう修正を依頼する方法を採った(Douglas and Craig 2007)。

◆社会的距離の確認

実験では，「友人」（社会的距離が相対的に近い他者）と，「友達の知人」（社会的距離が相対的に遠い他者）のいずれかへの製品贈与を想定したシナリオを参加者に提示する。そのため予備調査では，日米両国において「友人」に比べ「友達の知人」のほうが社会的距離が遠い相手と捉えられていることも確認した。

調査においては，「友人」，「友達の知人」という2つの単語を示し，「あなたは，これらの言葉に対してどのようなイメージを持ちますか」という質問を設け，「友人」，「友達の知人」それぞれに対する「社会的距離」を尋ねた。「社会的距離」の測定に用いたのは，以下の4項目である（Kim, Zhang, and Li 2008)。「自分との関係が近いと思う」,「親しみを感じる」,「自分との共通点が多そうである」,「心理的な距離感が近く感じる」。いずれも，リッカート式7点尺度（「1：まったくそう思わない」～「7：非常にそう思う」）によって測定し，分析においては，4項目の平均得点を算出した。したがって,「社会的距離」は1～7の値をとり，数値が高いほど対象への社会的距離が近いと捉えられていることを意味する。

3-2 結　　果

◆刺激の確認

はじめに,「具体性」を従属変数とした2（パッケージ上の画像：掲載／非掲載）×2（調査対象国：日本／米国）の2元配置分散分析を実施した。その結果，パッケージ上の画像の主効果が認められ，日米いずれにおいても，画像掲載パッケージは画像非掲載パッケージに比べ具体的な製品イメージをもたらすことが確認された（$M_{掲載}=4.515$, $SD_{掲載}=1.852$ vs. $M_{非掲載}=3.870$, $SD_{非掲載}=1.701$；$F(1, 396)=13.199$, $p<.001$)。一方，調査対象国の主効果は有意とならなかった（$M_{日本}=4.200$, $SD_{日本}=1.298$ vs. $M_{米国}=4.190$, $SD_{米国}=2.202$；$F(1, 396)=.004$, $p=.950$)。加えて，パッケージ上の画像と調査対象国の交互作用も有意とはならなかった（$F(1, 396)=1.478$, $p=.225$)。

つぎに,「パッケージ評価」を従属変数として，同様の分析を実施した。その結果，パッケージ上の画像の主効果（$F(1, 396)=.081$, $p=.775$)，調査対象国の主効果（$F(1, 396)=2.002$, $p=.158$)，パッケージ上の画像と調査対象国の交互作用（$F(1, 396)=1.078$, $p=.300$)，いずれも有意とならなかった。

以上の結果をまとめると,（1）画像掲載刺激は画像非掲載刺激に比べて具体的な製品イメージを伝達していること,（2）画像掲載刺激と画像非掲載刺激のいずれにおいてもパッケージに対するクオリティに大きな違いがないことが確認された。したがって，これらの刺激を実験で用いることは，実験の目的上，適切であると判断した。

◆社会的距離の確認

「友人」や「友達の知人」に対して，どれくらいの社会的距離を感じるのかについて確認するため，2（他者：友人／友達の知人）×2（調査対象国：日本／米国）の2元配置分散分析（混合計画）を実施した。「他者」は被験者内要因，「調査対象国」は被験者間要因である。その結果，「他者」の主効果が有意となり（$M_{友人}=5.378$，$SD_{友人}=1.289$ vs. $M_{友達の知人}=3.495$，$SD_{友達の知人}=1.443$；$F(1, 398)=463.45$，$p<.001$），「調査対象国」の主効果も有意となった（$M_{日本}=4.579$，$SD_{日本}=1.367$ vs. $M_{米国}=4.293$，$SD_{米国}=1.331$；$F(1, 398)=7.573$，$p=.006$）。

さらに分析を進めたところ，「他者」と「調査対象国」の交互作用も有意となった（$F(1, 398)=463.45$，$p<.001$）。下位検定を行ったところ，「友達の知人」に対する社会的距離については，米国人と日本人との間に有意な差は見られなかった（$M_{日本}=3.540$，$SD_{日本}=1.593$ vs. $M_{米国}=3.448$，$SD_{米国}=1.279$；$F(1, 398)=.410$，$p=.522$；図7-2）。これに対し，「友人」に対しては，日本人のほうが米国人に比べて社会的距離を近いと感じていることが明らかになった（$M_{日本}=5.618$，$SD_{日本}=1.141$ vs. $M_{米国}=5.138$，$SD_{米国}=1.383$；$F(1, 398)=14.373$，$p<.001$；図7-2）。

図7-2　社会的距離の平均値

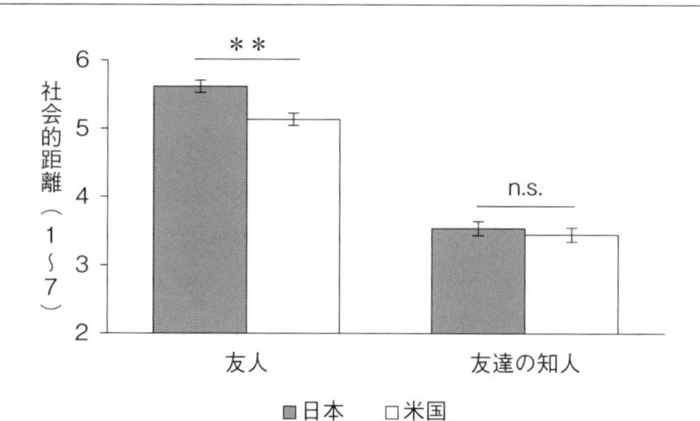

注：数値が高いほど，社会的距離が近く捉えられていることを意味する。なお，図中の＊＊は1%水準で有意の意。エラーバーは標準誤差（±1SE）を表している。

これらの結果は，次のようにまとめることができる。(1) 日米問わず，「友人」のほうが「友達の知人」に比べて社会的距離が近いと捉えられている。(2)「友人」に対し，日本人は米国人に比べて，特に社会的距離を近いと感じている。(3)「友達の知人」に対し，日本人と米国人との間に社会的距離の大きな違いは生じていない。以上の結果から，「実験1」のシナリオにおいては，製品贈与先として「友人」および「友達の知人」を用いることとした。

4▸ 実験1：日米における国際比較

4-1 目的と概要

「実験1」では，前述の仮説をテストするため，日米間における国際比較を実施した。具体的には，身近な他者への贈与を想定した場合，日本と米国との間で生じるパッケージへの画像掲載効果にどのような違いが生じるかについて検討した。

本研究では，自己観により身近な他者への社会的距離に違いが生じ，この違いによりパッケージへの画像掲載効果も変化することを想定している。かねてより文化心理学において，東洋文化圏の人々は相互協調的自己観，西洋文化圏の人々は相互独立的自己観を有していることが知られていることから (Markus and Kitayama 1991)，東洋文化圏（日本）— 西洋文化圏（米国）との比較を行うことにより，自己観の影響を確認できると考えた。

4-2 方　　法

◆参加者および実験計画

2012年2月，日米それぞれ400名，計800名を対象として，インターネット調査を用いた実験が行われた。実験デザインは，2（調査対象国：日本／米国）×2（贈与先：友達の知人／友人）×2（パッケージ上の画像：掲載／非掲載）の被験者間計画を採用し，実験参加者は各条件にランダムに割り当てられた。

◆手続き

参加者にはまず，「あなたは〈友達の知人／友人〉の誕生日パーティーに出席することになりました。その折に持っていく簡単なプレゼントを選んでいる状況を想定して下さい。プレゼントを選んでいる際，一つのチョコレートが目にとどまったとします。クランベリー風味が特徴で，一口サイズのチョコレートが6つ入っており，価格は¥1000です」と書かれたシナリオを提示した。社会的距離は〈友人／友達の知人〉のいずれかで操作されている。また，米国の参加者に対しては，実験実施時の円相場（1ドル＝約76円）をもとに，価格を15ドルと設定した。

次に，画像が掲載されたパッケージと画像が掲載されていないパッケージのいずれかを提示した。そのうえで，従属変数となる「製品評価」を質問した。「製品評価」の測定には，前章と同様，「おいしそうな商品だ」，「魅力的な商品である」，「好ましい商品だ」の3項目を用いた（α =.872）。加えて，刺激の「具体性」（α =.898），「パッケージ評価」（α =.937），および贈与先に対する「社会的距離」についても，予備調査と同じ項目により測定した。いずれの項目も，リッカート式7点尺度（「1：まったくそう思わない」～「7：非常にそう思う」）によって測定し，分析の際にはそれぞれの平均得点を用いることとした。

4-3 結　　果

参加者800名のうち30名は，逆転項目を含むすべての質問に対して同一の値を回答していた（例えば，すべての項目に対して「7：非常にそう思う」と回答）。これらの回答はデータとしての信頼性が疑われるため，以下では残る770名の回答を対象とし，分析を進めていく。

◆刺激および社会的距離の確認

「具体性」をt検定（対応なし）により比較したところ，画像掲載刺激のほうが画像非掲載刺激に比べて，具体的な製品イメージをもたらしていることが確認された（$M_{掲載}=4.480$，$SD_{掲載}=1.400$ vs. $M_{非掲載}=4.120$，$SD_{非掲載}=1.482$；$t(768)=-3.464$，$p=.001$）。一方，「パッケージ評価」については，画像掲載刺激と画像非掲載刺激との間で有意な差が認められなかった（$M_{掲載}=3.958$，$SD_{掲載}=1.096$ vs. $M_{非掲載}=3.900$，$SD_{非掲載}=1.089$；$t(768)=-.728$，$p=.467$）。これらの結果は，予備調査の結果と一貫するものであり，刺激が本実験において適切なものであると判断できる。

続いて，贈与先に対する「社会的距離」を確認するため，2（調査対象国：日本／米国）×2（贈与先：友達の知人／友人）の2元配置分散分析を実施したところ，「国」と「贈与先」の交互作用が10%水準で有意となった（$F(1, 766)=2.816$，$p=.094$）。下位検定を行った結果，「友人」に対して，日本人は米国人に比べて社会的距離を近く捉えていること（$M_{日本}=4.805$，$SD_{日本}=1.036$ vs. $M_{米国}=4.553$，$SD_{米国}=1.128$；$F(1, 766)=4.062$，$p=.044$），「友達の知人」に対しては日米間における有意差が生じなかったことが確認された（$M_{日本}=4.123$，$SD_{日本}=1.453$ vs. $M_{米国}=4.170$，$SD_{米国}=1.310$；$F(1, 766)=.141$，$p=.708$）。以上の結果は，予備調査の結果と一貫するものであり，「身近な他者に対して日本人は米国人に比べて社会的距離を近いと感じる」という本研究の前提を支持するものである。

◆「製品評価」

「製品評価」を従属変数とする2（贈与先：友達の知人／友人）×2（パッケージ上の画像：掲載／非掲載）×2（調査対象国：日本／米国）の3元配置分散分析を実施したところ，2次の交互作用が有意となった（$F(1, 762)=4.675$，$p=.001$；$\eta^2_p=.024$）。本研究の仮説は身近な他者に注目しているため，「友人」条件のデータに注目し，下位検定として2（パッケージ上の画像：掲載／非掲載）×2（調査対象国：日本／米国）の2元配置分散分析を実施した。

分析の結果，「友人」条件において，「パッケージ上の画像」の主効果は有意とならず（$M_{掲載}=4.566$，$SD_{掲載}=1.188$ vs. $M_{非掲載}=4.537$，$SD_{非掲載}=1.168$；$F(1, 385)=.052$，$p=.820$，$\eta^2_p<.001$），「国」の主効果は10%水準で有意となった（$M_{日本}=4.648$，$SD_{日本}=1.317$ vs. $M_{米国}=4.454$，$SD_{米国}=1.008$；$F(1, 385)=$

2.769, p=.097；η^2_p=.007)。さらに,「パッケージ上の画像」と「国」の交互作用が有意となったため (F (1, 385) =8.466, p=.004, η^2_p=.022), 下位検定を行った。その結果,「友人」条件において, 日本人参加者 (n=196) は画像掲載刺激が提示されたとき, 画像非掲載刺激が提示されたときに比べて高い製品評価を示した ($M_{掲載}$=4.835, $SD_{掲載}$=1.381 vs. $M_{非掲載}$=4.465, $SD_{非掲載}$=1.230；F (1, 385) =4.961, p=.027；η^2_p=.013；図 7-3 (a))。したがって, 仮説1は支持された。一方, 米国人参加者 (n=193) は画像非掲載刺激が提示されたとき, 画像掲載刺激が提示されたときに比べて, 10%水準で有意に高い製品評価を示した ($M_{掲載}$=4.295, $SD_{掲載}$=.881 vs. $M_{非掲載}$=4.612, $SD_{非掲載}$=1.102；F (1, 385) =3.568, p=.060；η^2_p=.009；図 7-3 (a))。したがって, 仮説2についても支持された。

なお, 仮説とは直接関連していないが,「友達の知人」条件における結果についても触れておきたい。「友達の知人」条件群のみを対象として同様の分析を行ったところ,「国」の主効果は有意だったものの (F (1, 377) =31.007, p<.001；η^2_p=.076),「パッケージ上の画像」の主効果 (F (1, 377) =2.707, p=.101；η^2_p=.007), ならびに「国」と「パッケージ上の画像」の交互

図 7-3 「製品評価」の結果

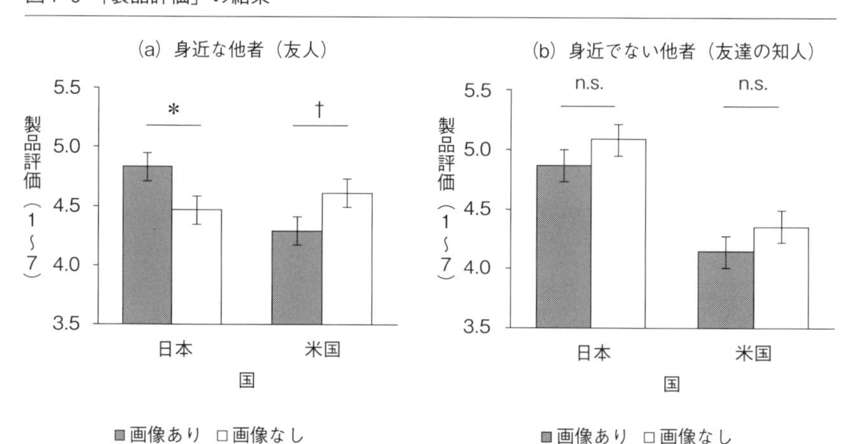

注：「製品評価」は「おいしそうな商品だ」,「魅力的な商品だ」,「好ましい商品だ」についてリッカート式7点尺度で測定し, これら3項目の回答を平均した値である。なお, 図中の＊は5%水準で有意, †は10%水準で有意の意。エラーバーは標準誤差 (± 1SE) を表している。

作用（F（1, 377）=.002, p=.961；η^2_p<.001）は有意とならなかった（図7-3(b)）。

4-4 考　　察

「実験1」では仮説をテストするため，日米両国における国際比較研究を実施した。その結果，以下の3点が明らかになった。(1) 身近な他者（例えば，友人）に対して，日本人は米国人よりも社会的距離が近いと知覚する傾向があること，その結果，(2) 身近な他者への贈与を想定した場合，日本人においては画像が掲載されたパッケージが製品評価を高めること，(3) 米国人においては画像が掲載されていないパッケージが製品評価を高めること，である。とりわけ，東洋人は主に相互協調的自己観を有し，西洋人は主に相互協調的自己観を有していることを前提とするならば，日本人と米国人との間に生じたこれらの相違は，本章の仮説1，2を支持するものであるといえよう。すなわち，相互協調的自己観を有する日本人は，身近な他者を自己の一部として認識し，社会的距離が近い対象として捉える。その結果，製品購入に対する解釈レベルが低次となり，具体的なイメージを伝達する画像掲載パッケージが製品評価を高めたと解釈できる。

2か国間での実験を通じ，たとえ客観的には同じ意味を指す他者であっても，文化の相違により社会的距離の知覚が異なること，こうした違いが製品評価に影響を及ぼすことを示した点は，「実験1」が有する長所として挙げられる。一方で，国際比較研究ゆえの課題も指摘しなければならない。最も重要なのは，今回の実験で得られた上述の傾向が，本当に自己観の相違により生じているのかについて，必ずしも明確ではない点である。例えば，東洋文化圏と西洋文化圏においては，不確実性回避傾向が異なるといわれている（Hofstede 1991）。相手の趣味嗜好や気分を完全には予測できないなかで行われる贈与品購買という状況においては，不確実性回避傾向が製品評価に何らかの影響を与えている可能性があるだろう。また，既存研究においては，東洋文化圏のほうが西洋文化圏に比べて包括的な認知スタイルを示す傾向も指摘されている（Masuda and Nisbett 2001）。認知の包括性は，解釈レベル（すなわち，抽象的なマインドセット — 具体的なマインドセット）とも密接にかかわる概念であるため，こうした認知スタイルの相違が「実験 1」の結果に影響を及ぼした可能性も否定できない。さらに，日本と米国においては，贈与行動の目的，頻度，意味などが異なっているかもしれない（南 1998）。

5▸ 実験 2：自己観を操作した実験

5-1 目的と概要

前述した「実験 1」の課題を克服するため，続いて「実験 2」を実施した。「実験 2」の特徴は，自己観を操作した点にある。つまり，仮に「実験 1」の結果が，不確実性回避傾向や認知スタイルではなく，自己観の相違によって生じているとするならば，同一文化圏の人々を対象として自己観を操作した実験を行った場合でも，一貫した結果が得られるはずである。そこで，「実験 2」では，日本人消費者のみを対象とし，相互独立，相互協調のいずれかに彼らの自己観を操作した実験を行う。同一文化圏のなかで自己観を操作した実験は，文化差としての自己観ではなく個人差としての自己観に注目した Spassova and Lee（2013）においても行われている。こうした実験を行うことにより，「実験 1」の結果が，2 か国間に存在する自己観の相違によって生じていることを示すことが「実験 2」の目的である。

5-2 参加者および実験計画

2016 年 2 月，インターネット調査パネルに登録する消費者 316 名を対象とし，実験を行った。すべての参加者が日本国内に居住する 20〜69 歳の男女いずれかである（男性：女性＝158 名：158 名，平均年齢：44.84 歳）。実験デザインは，2（自己観：相互独立的／相互協調的）× 2（パッケージ上の画像：掲載／非掲載）の被験者間計画を採用し，参加者たちはいずれかの条件へランダムに割り当てられた。

5-3 手続き

◆自己観の操作

自己観は，ある出来事を「私」主体で捉えるか，「私たち」主体で捉えるかによって変化する（Brewer and Gardner 1996)。例えば，同じ旅行に関する記述を読んだ場合であっても，「私」主体で書かれた文章（例えば，「私はある街を訪れ…」）を読んだ場合，人の自己観は相互独立的になるのに対し，「私たち」主体で書かれた文章（例えば，「私たちはある街を訪れ…」）を読んだ場合，人の自己観は相互協調的になるという（Brewer and Gardner 1996)。こうした知見を踏まえ，Spassova and Lee（2013）は作文タスクを用い，実験参加者の自己観を操作した。実験では，一部が空欄になった文章を提示し，その空欄をうめるための語群として，「I, my, me, myself」などの選択肢（相互独立群）か，「we, our, us, ourselves」などの選択肢（相互協調群）のいずれかを用意した。実験参加者には，文法的に正しい文章となるよう，語群から1語を選択し，空欄を補充する作業を行ってもらった。

本研究においても，Spassova and Lee（2013）にならい，作文タスクにより自己観を操作することとした。具体的には，すべての参加者に空欄を含んだ共通の文章を提示し（例えば，「これが_______家です」)，相互独立群には「私」主体の選択肢（例えば，「私が」「私に」「私の」「私も」「私を」)，相互協調群には「私たち」主体の選択肢（例えば，「私たちが」「私たちに」「私たちの」「私たちも」「私たちを」）を用意した。文章が完成するよう，語群から文法的に正しいものを1つ選んでもらうというタスクを5つ課した[(2)]。

作文タスクを終えたのち，自己観の操作チェックを行うため，木内（1997）が開発した自己観尺度に回答してもらった。この尺度では，社会生活を送るうえでどちらが重要だと感じるかという設問文を提示した後，2つ1組の文章が提示される。1つは相互協調的な傾向（例えば，「A：周りの人の意見に合わせる」)，もう1つは相互独立的な傾向（例えば，「B：自分の意見を主張する」）となっており，参加者にはどちらのほうを相対的に重視するかについて4段階で回答してもらった（「A：Aにぴったりとあてはまる」，「a：どちらかといえばA」，「b：どちらかといえばB」，「B：Bにぴったりあてはまる」)。こうした選択肢は，全部で16組用意されている[3]。

◆シナリオの提示

本研究は，身近な他者に対する贈与品購買に焦点が向けられている。そのため，前章で用いたものをベースとし，以下のシナリオを読んでもらった。

「あなたは友人の誕生日パーティーに出席することになりました。その折に持っていく簡単なプレゼントを選んでいる状況を想定して下さい。プレゼントを選んでいる際，一つのチョコレートが目に留まったとします。クランベリー風味が特徴で，一口サイズのチョコレートが6つ入っており，価格は¥1000です。そのチョコレートのパッケージ（下の画像）を見ながら，質問にお答えください。」

※上記の「（下の画像）」とは，図6-2を指す。

◆刺激の提示

シナリオを読んでもらったのち，チョコレートのパッケージを提示した。使用した刺激は，前章の実験，および本章「実験1」と同一のものであり，参加者には画像掲載刺激と画像非掲載刺激のいずれかを提示した。

◆測　　定

身近な他者である友人に対して，相互独立群の参加者と相互協調群の参加者がそれぞれどれくらいの距離感で捉えているのかを測定するため，シナリオ中の「友人」に対する社会的距離を質問した。具体的には，「自分との関係が近いと思う」，「親しみを感じる」の2項目（$r=.791$, $p<.001$）について，リッカート式7点尺度（「1：そう思わない」～「7：そう思う」）で回答してもらい，その2項目の平均値を算出した。したがって，7に近いほど，「友人」に対して社会的距離を近いと感じていることを意味する。

従属変数となる「製品評価」については，「実験1」と同様，「おいしそうな商品だ」，「魅力的な商品だと思う」，「好ましい商品だと思う」という3項目をリッカート式7点尺度で測定した（α =.765）。また，論理矛盾回答を排除するため，刺激のパッケージについて，「奇抜なパッケージである」，「チョコレートのパッケージとして典型的である」という相反する内容の2つの項目を用意した。これら2つの項目に，「7：そう思う」などと回答している参加者を排除することが目的である。

5-4 結　　果

回答者316名のうち一部は，「奇抜なパッケージである」，「チョコレートのパッケージとして典型的である」の2項目に対して同値を示していた（例えば，両項目に対して「7：そう思う」など）。これらの回答者は，質問文を十分に読み，内容を理解していなかった可能性があるため，分析から除外した。なお，両項目とも「4：どちらともいえない」を選択した場合は論理的に矛盾していないため，除外対象外としている。以下では，残った284名の回答を対象に分析を進めていく。

◆自己観の操作チェック

操作チェックのため，参加者には自己観に関する16の項目に対して4段階の尺度で回答してもらっている。各項目の回答を，数値が大きくなるほど相互協調になるように変換のうえ，16項目分の合計値（以下，自己観得点）を算出した。したがって，自己観得点は16から64までの値をとる。

t 検定を用いて自己観得点を比較したところ，相互協調群（n＝143）のほうが相互独立群（n＝141）に比べて自己観得点が有意に高かった（$M_{独立}$＝41.418，$SD_{独立}$＝5.257 vs. $M_{協調}$＝42.783，$SD_{協調}$＝6.071；t（282）＝ −2.024，p＝.044）。したがって，本実験において，自己観の操作は成功したと判断できる。

◆「友人」に対する社会的距離

t 検定を用いて「社会的距離」を比較したところ，相互協調群のほうが相互独立群に比べて「社会的距離」の値が10％水準で有意に高かった（$M_{独立}$

$=4.025$, $SD_{独立}=1.246$ vs. $M_{協調}=4.315$, $SD_{協調}=1.304$；t (282) ＝ -1.915, $p=.056$)。この結果は，相互協調的自己観を有している人のほうが，相互独立的自己観を有している人に比べて，身近な他者に対して社会的距離をより近く感じるという本研究の前提を支持するものである。

◆「製品評価」

「製品評価」を従属変数とする 2（自己観：相互独立／相互協調）× 2（パッケージ上の画像：掲載／非掲載）の 2 元配置分散分析を実施した。その結果，「自己観」の主効果は有意とならず（$M_{独立}=4.222$, $SD_{独立}=.980$ vs. $M_{協調}=4.217$, $SD_{協調}=.966$；F (1, 280) $=.002$, $p=.966$, $\eta^2_p<.001$)，「パッケージ上の画像」の主効果も有意とならなかった（$M_{掲載}=4.207$, $SD_{掲載}=.980$ vs. $M_{非掲載}=4.232$, $SD_{非掲載}=.965$；F (1, 280) $=.062$, $p=.803$, $\eta^2_p<.001$)。一方，「自己観」と「パッケージ上の画像」の交互作用は有意となった（F (1, 280) $=11.086$, $p=.001$, $\eta^2_p=.038$)。

下位検定を行ったところ，相互独立群においては，画像非掲載刺激が提示されたとき，画像掲載刺激が提示されたときに比べて「製品評価」が高まっていた（$M_{掲載}=4.015$, $SD_{掲載}=.966$ vs. $M_{非掲載}=4.421$, $SD_{非掲載}=.958$；F (1, 280) $=6.361$, $p=.012$, $\eta^2_p=.022$；図 7-4)。よって，仮説 1 が支持された。これに対し，相互協調群においては，画像掲載刺激が提示されたとき，画像非掲載刺激が提示されたときに比べて「製品評価」が高まっていた（$M_{掲載}=4.388$, $SD_{掲載}=.965$ vs. $M_{非掲載}=4.038$, $SD_{非掲載}=.940$；F (1, 280) $=4.776$, $p=.030$, $\eta^2_p=.017$；図 7-4)。したがって，仮説 2 も支持された。

図 7-4 「製品評価」の結果

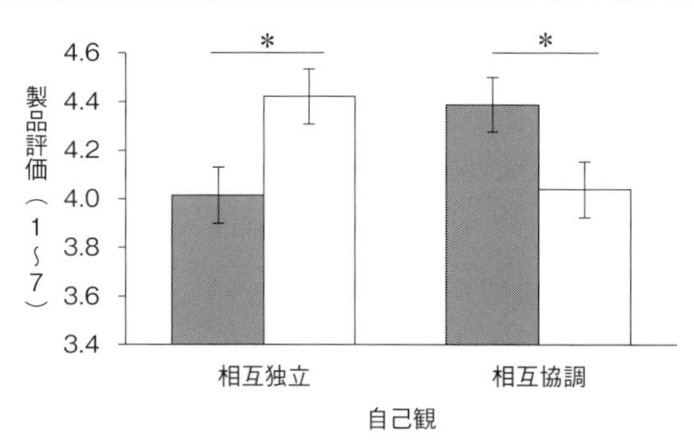

注：「製品評価」は，「おいしそうな商品だ」，「魅力的な商品だと思う」，「好ましい商品だと思う」についてリッカート式 7 点尺度で測定し，これら 3 項目の回答を平均した値である。なお，図中の * は 5% 水準で有意の意。エラーバーは標準誤差（± 1SE）を表している。

6 ▸ 議　　論

6-1 全体のまとめ

本章においては，パッケージ上への画像掲載が製品評価に及ぼす影響について，文化による自己観の相違に注目しながら議論を進めてきた。「予備調査」においては，主に相互協調的自己観を有する日本人は，主に相互独立的自己観を有する米国人よりも，「友人」という身近な他者に対して社会的距離を近く感じる傾向が確認された。この結果を踏まえ，「実験 1」においては「友人」または「友達の知人」への贈与を想定した場合，日米それぞれの消費者においてパッケージへの画像掲載効果がどのように異なるかについて検討を行った。その結果，「友人」への贈与を想定した場合，日本人消費者においては，製品に関する具体的なイメージを伝達する画像掲載パッケージが製品評価を高めるのに対し，米国人消費者においては，製品に関する抽象的なイメージを伝達する画像非掲載パッケージが製品評価を高めることが明らかになった。一方，「友達の知人」への贈与を想定した場合，日米問わず画像非掲載パッケージが製品評価を高めていた。これらの結果は当初設定した仮説を支持するものである。

続く「実験2」では，日本人のみを対象とし，作文タスクにより自己観を操作した。その結果，「友人」への贈与を想定した場合，相互協調群においては画像掲載パッケージが製品評価を高める一方，相互独立群においては画像非掲載パッケージが製品評価を高めることが確認された。これらの結果は，仮説1，2を支持するとともに，「実験1」において生じた傾向が，日米における自己観の違いにより生じたことを示唆するものである。

6-2 本研究の意義

本研究は，大きく分けて2つの理論的意義を有している。1つは，解釈レベル理論研究における意義である。第3章でも述べたとおり，社会的距離に注目した消費者行動研究は複数挙げられ，各研究では様々な知見が見い出されてきた。例えば，他者の購買意思決定を想像した場合，自身の購買意思決定を想像した場合に比べて価格に依拠した製品品質判断が行われやすくなること（Yan and Sengupta 2011），他者への贈与を想定した場合，高価格製品に対する知覚品質が高まること（Bornemann and Homburg 2011），外国人のレビューを見たとき，自国民のレビューを見たときに比べて製品の本質的属性を重視すること（Kim, Zhang, and Li 2008）などである。これらの研究は，いずれも見知らぬ他者や外国人は社会的距離が遠い存在，自分自身や自国の他者は社会的距離が近い存在であることを前提とし，結果を導出している。

しかしながら，客観的には同じ間柄の人物（例えば，友人）であっても，その人物に対して常に同じ社会的距離を感じるとは限らない。むしろ，こうした感覚は文化によって大きく異なると考えるのが自然であろう。こうしたなかで，本研究は他者の中でも特に内集団に属する「身近な他者」に対して，日米それぞれの消費者が感じる社会的距離は異なることを明らかにした。同じ他者であっても，消費者が属する文化によってどれくらいの社会的距離を覚えるかが異なること，結果的に当該人物への贈与を想定した場合において，製品に対する消費者反応も異なることを示したことは，本研究が解釈レベル理論研究にもたらした貢献の1つであると考えられる。

もう1つは，パッケージ・デザイン研究における意義である。パッケージ・デザインに関する研究の一部には，国際比較を実施したものも存在する（例えば，Silayoi and Speece 2007; van den Berg-Weitzel and van de Laar 2000）。しかしながら，パッケージ上の画像掲載効果について，異文化間で比較した研究は行われていなかった。前章でも述べたとおり，パッケージへの画像掲載効果に対して多くの研究によって関心が寄せられていることを踏まえると（例えば，Hagtvedt and Patrick 2008; Underwood, Klein, and Burke 2001），この効果が文化の相違によってどのように変化するかを明らかにすることは，研究上の意味を持つと考えられる。こうしたなかで，パッケージへの画像掲載が製品評価に及ぼす影響は，消費者の購入用途（すなわち，誰に贈与するためのものか）や，消費者が属する文化によって異なることを示した点は，本研究がパッケージ・デザイン研究にもたらした貢献の1つとして挙げられる。

理論的意義に加え，本研究は実務的意義も有している。今日多くの企業は自社製品を日本国内のみならず海外にも展開している。その際，冒頭でも事例を挙げて説明したとおり，パッケージ・デザインの基本部分は国内と同様にし，細部のデザイン要素を国や地域によって変更する戦略を採用する企業も少なくない。このとき実務的に問題となるのは，「どこを変更し，どこを変更すべきでないのか」という点であろう。

例えば，「日本向け製品ではパッケージ上に画像を掲載していたが，米国向け製品では画像を掲載すべきだろうか，掲載するとしたらどのような画像が良いのだろうか」といった点は問題となりうる。実際の製品を見てみると，「日本向け製品には画像掲載パッケージ，欧米向け製品には画像非掲載パッケージ」などといった統一的なパターンはなさそうである。実際，ミツカンが販売する「穀物酢」は日本向け製品にもEU向け製品にも画像が掲載されていない（渡部 2011b）。これに対し，同じくミツカンが販売する「米酢」のボトルを見てみると，英国向け製品には，日本向け製品にはない野菜のイラストが掲載されている（渡部 2013）。

こうした点を考える際，進出先の国々によって，パッケージ上に画像を掲載すべきか否かを検討するうえで，本研究の結果は重要な示唆をもたらすだろう。具体的には，自社製品が身近な他者に贈与される機会が多いカテゴリー（例えば，チョコレート，ワインなど）の場合，日本向け製品では画像掲載パッケージを採用する一方，米国向け製品では画像を取り除いた文字のみのパッケージを用いることにより製品評価が向上する可能性がある。

6-3　本研究の課題

本研究は，上記のような複数の理論的，実務的意義を有している一方で，課題も残している。1つ目は，身近な他者に関するさらなる検討である。本研究では，身近な他者として「友人」に焦点を絞った。一方で，身近な他者には「友人」以外にも，「父」，「母」，「兄弟」，「同僚」など様々な人物が含まれる（Markus and Kitayama 1991）。身近な他者としてこれらの人物への贈与を想定した場合においても，本研究と一貫した結果が得られるかについて，今後確認していく必要があるだろう。

また，そもそも「友人」という言葉を聞いた際，日本の消費者と米国の消費者では思い浮かべる間柄や人物が異なっていた可能性も否定できない。「友人」と聞いた場合，どの程度の間柄にある人物を思い浮かべるかなどについても，今後さらに詳しく議論していかなければならない。

2つ目は，米国人のみを対象とした実験の実施である。本研究の「実験2」においては，自己観の影響を確認するため，日本人のみを対象に自己観を操作した。同一の文化圏において自己観の操作が有効であり，文化的特性ではなく個人としての自己観がパッケージへの画像掲載効果に影響を及ぼすのであれば，他の文化圏の国において同様の実験を行った場合でも，一貫した結果が得られるはずである。したがって，今後は，例えば米国人のみを対象として同様の実験を行った際，「実験2」と同じ結果が得られるかについて検討していく必要がある。

3つ目は，チョコレート以外での製品を用いた検討である。本章では，前章に続き，チョコレートを題材として実験を行った。チョコレートは，日米問わず贈与のための購買として想像しやすく，多くの消費者が購買経験を有すると考えたためである。しかしながら，贈与に用いられる製品は，チョコレート以外にも複数存在するはずである。本研究の外部妥当性を高めていくためには，他の製品カテゴリーを用いた実験においても同様の結果が得られるかについて確認していくことが求められるであろう。

（1） 本研究は，科学研究費基盤研究B（研究課題番号：25285135，研究代表者：守口剛）および早稲田大学重点領域研究（09b）による成果の一部である。また，株式会社プラグの代表取締役社長である小川亮氏，および社員の皆様には，実験用刺激の制作において多大なるご協力を頂いた。
（2） 実際に「実験2」で用いた作文タスクは以下のとおりである。

【相互独立条件の操作】
(A) これが________家です。
①私が ②私に ③私の ④私も ⑤私を

(B) ________いま買い物に出かけています。
①私を ②私は ③私に ④私へ ⑤私で

(C) この手紙は________送られてきたものです。
①私が ②私の ③私を ④私は ⑤私に

(D) どうぞ________信頼してください。
①私へ ②私を ③私は ④私が ⑤私の

(E) ________日本に住んでいます。
①私に ②私を ③私で ④私は ⑤私へ

【相互協調条件の操作】
(A) これが________家です。
①私たちが ②私たちに ③私たちの ④私たちも ⑤私たちを

(B) ________いま買い物に出かけています。
①私たちを ②私たちは ③私たちに ④私たちへ ⑤私たちで

(C) この手紙は________送られてきたものです。

①私たちが　②私たちの　③私たちを　④私たちは　⑤私たちに

(D) どうぞ________信頼してください。
①私たちへ　②私たちを　③私たちは　④私たちが　⑤私たちの

(E) ________日本に住んでいます。
① 私たちに　②私たちを　③私たちで　④私たちは　⑤私たちへ

（3）「実験2」で用いた自己観尺度は以下のとおりである（木内 1997）。「社会生活を送るうえで，今のあなたはどちらが重要だと思いますか」という質問文の後，各ペアの項目について，A：「Aにぴったりとあてはまる」，a：「どちらかといえばA」，b：「どちらかといえばB」，B：「Bにぴったりとあてはまる」の4段階で回答してもらった。分析時には，値が大きくなるほど相互協調的自己観を示すよう，「A」，「a」，「b」，「B」をそれぞれの項目内容に応じて1〜4点に置き換え，全16項目の合計点を算出した。

A ：まわりの人の意見に合わせる。
B ：自分の意見を主張する。

A ：個性を発揮する。
B ：協調性を尊重する。

A ：まわりの人の期待にそうように，自分の考え方を合わせる。
B ：自分の考え方を，周りの人に批判されても，簡単には変えない。

A ：自分の気持ちに正直な態度をとる。
B ：まわりの人に合わせた態度をとる。

A ：どのようにしたら，まわりの人から期待された役割を果たせるかを，第一に考える。
B ：どのようにしたら，自分の能力を生かせるかを，第一に考える。

A ：まわりの人の反対を受けても，自分の望むことは実行する。
B ：まわりの人の反対を受ければ，自分の望むことは抑える。

A ：まわりの人の反対を受けても，自分の志を貫く。

B ：まわりの人の反対を受ければ，自分の志をあきらめる。

A ：まわりの人が望むことよりは，自分らしさを発揮する。
B ：まわりの人が自分に臨むことをする。

A ：自分の才能を発揮することよりは，周りの人から期待された役割を果たす。
B ：自分の才能を発揮する。

A ：どのようにしたら，まわりの人に喜んでもらえるかを，第一に考える。
B ：どのようにしたら，自分の能力を最大限に発揮できるかを，第一に考える。

A ：まわりの人と利害の対立を避ける。
B ：自分の権利や利益は，できるだけはっきり主張する。

A ：まわりの人がどのように思うかを考えて，自分の意見を言う。
B ：自分の意見は，いつも自信をもって発言する。

A ：まわりの人の価値判断を考慮に入れて行動する。
B ：自分の価値判断に基づいて行動する。

A ：何をするにも，人に一歩譲る。
B ：何をするにも，自分を押し通す。

A ：物事を決めるとき，自分１人の判断と責任によって決める。
B ：物事を決めるとき，周りの人に相談してから決める。

A ：会議で，遠慮なく討論する。
B ：会議で，できるだけ控えめにする。

第 8 章

Interplay between Haptic Information and Psychological Distance

触覚情報と心理的距離の相互作用[1]

1▸ 触覚と意思決定

第6章，第7章では，画像という視覚情報が製品評価に及ぼす影響について，消費者の解釈レベルを考慮しながら検討してきた。しかしながら，消費者が外部から獲得する情報は視覚情報にとどまらない。普段の生活を振り返ってみると，消費者は様々な対象に直接触れ，触覚情報を得ていることが分かる。食事の際にはコップや皿などの食器に触れており，休憩中や通勤途中には新聞や雑誌を手にしながら，記事や広告に目を通す。また，店頭で購入する製品を検討しているときも，消費者はパンフレットを手に取ったり，実際の製品に触れたりする。

近年，感覚マーケティングへの関心の高まりを背景に，消費者行動研究においても，こうした接触経験を通じて得られた硬さや重さなどの感覚が消費者の購買意思決定にいかなる影響を与えるかに関心が寄せられている(Krishna 2010, 2013; 外川・石井・朴 2016；朴・石井・外川 2016)。本章では，消費者の感覚のうち，こうした物理的な接触によって得られる触覚情報の影響に焦点を当て，触覚が消費者の意思決定にどのような影響を及ぼすのかについて，解釈レベルを考慮しながら検討していく。

消費者行動研究においては，触覚に関する様々な研究が取り組まれてきた。とりわけ，非診断的触覚情報（non-diagnostic haptic input）が消費者の判断に及ぼす影響については，近年，複数の研究が行われている。非診断的触覚情報とは，消費者の意思決定とは直接的に関連していない触覚情報のことを指し，消費者が下す評価や判断は非診断的触覚情報による影響を受けることが知られている。例えば，同じミネラルウォーターであっても，硬いコップで飲んだときには，軟らかいコップで飲んだときに比べ，味覚評価が高まる（Krishna and Morrin 2008)。本来，コップの硬さとミネラルウォーターの品質は無関係であるが，非診断的触覚情報としての硬さが消費者の味覚評価へ無意識に影響を及ぼすのである。また，硬い椅子に座った消費者は，柔らかい椅子に座った消費者に比べ，値引き交渉において店舗側の提示金額を受け入れにくい（Ackerman, Nocera, and Bargh 2010)。こうした研究動向を踏まえ，本章では主に2つの点を目的とし，議論を進めていく。

1つ目の目的は，非診断的触覚情報としての硬さがどのような影響を及ぼすのかについて，さらに幅広く検討していくことである。既存研究において議論されている内容は，コップの硬さと内容物の品質評価（Krishna and Morrin 2008），椅子の硬さと値引き交渉時の態度（Ackerman, Nocera, and Bargh 2010）といった関係にとどまっており，それ以外の状況において硬さがどのような影響を有しているのかについては，現時点でほとんど検討されていない。Lynch et al.（2015）や Wansink and van Ittersum（2016）は，ある既存の重要な研究結果について，状況や文脈を変化させて再現することが，理論の外部妥当性や一般化可能性を高めていくうえで重要な作業であることを指摘している[2]。こうした指摘を踏まえ，本章では，硬さの感覚が広告上の製品に対する品質判断や支払意思額（willingness to pay），および企業に対する金銭的補償の要求水準にどのような影響を及ぼすのかについて確認していく。

2つ目の目的は，非診断的触覚情報がどのようなときに意思決定に影響を及ぼすのかについて，解釈レベル理論を援用して検討することである。こうした点にいち早く注目し，認知心理学の観点から解明を図ったのが Maglio and Trope（2012）である。彼らによると，重いクリップボードを持った人たちは，軽いクリップボードを持った人たちに比べ，会議で他の人々の意見を考慮することを「重要である」と感じたという。加えて，こうした効果は特に，会議が近い将来に開催されると示された場合（すなわち，低次解釈レベル操作時）のみで生じるのであり，会議が遠い将来に開催されると示された場合（すなわち，高次解釈レベル操作時）には，クリップボードによる重さの効果が生じなかった。彼らが実施した別の実験においても，リュックサックにより重さを感じている人は，そうでない人に比べて，同じ距離の廊下に対して，より「長い」と回答したという。その際，低次解釈レベル操作群においてのみこうした効果が確認され，高次解釈レベル操作群では回答に有意な差がみられなかった。

広告やパッケージなどから得られる非診断的触覚情報により，消費者の意思決定は様々な局面で影響を受けている。こうした影響は常に生じるわけではなく，解釈レベルによって調整されることを示した点で，Maglio らの研究は重要な意味を有している。しかしながら，認知心理学を基盤としている彼らの研究では，「会議で発言することの重要性」，「廊下の距離知覚」といった状況が想定されており，より一般的なマーケティングや消費者行動の文脈（例えば，製品や金銭に関する意思決定）を想定した研究は現時点で行われていない。

したがって，本章では，Maglio and Trope（2012）の知見を基礎としながら，非診断的触覚情報としての「硬さ」がどのような条件下で消費者の意思決定に影響を及ぼすのかについて明らかにしていく。

以下では，消費者行動研究における触覚の位置づけや既存の知見について整理を行ったうえで，実験を実施する。3回にわたる実験を通じ，硬さの経験は製品の知覚品質（実験1），支払意思額（実験2），およびサービス企業からの金銭的補償についての態度（実験3）に影響を及ぼすこと，こうした影響はとりわけ解釈レベルが低次のときのみ発生することを示していく。本研究の取り組みは，感覚マーケティング研究，広告研究，パッケージ・デザイン研究などに示唆をもたらすものである。

2 ▸ 触覚に関する先行研究の概観

2-1 消費者行動研究における触覚

触覚は，視覚の次に重視される感覚であり（Schifferstein 2006），消費者行動の意思決定に影響を及ぼす要因の1つとして，これまでにも多くの研究が取り組まれてきた。接触あるいは触覚経験に注目した研究は，対人接触に関する研究，製品への接触に関する研究，製品関連刺激への接触に関する研究の3つに大別することができる（朴・石井・外川 2016）。

対人接触に関する研究は，主に店頭における従業員との物理的な接触に焦点を当てている。Crusco and Wetzel（1984）は，レストランで女性従業員が客にお釣りを渡す際，手のひらに触れたり肩に触れたりした場合，全く触れなかった場合に比べチップの支払額が平均で25％上昇したことを報告している。Hornik（1992b）も Crusco and Wetzel（1984）と同様，チップの金額に注目した実験を行っている。その結果，従業員と消費者が接触したときのほうが，接触しないときよりもチップの金額が高くなること，とりわけチップの増大効果は男性よりも女性のほうが大きいことを明らかにした。Hornik（1992a）は，書店の入り口でパンフレットを渡す際，消費者の腕に従業員が接触すると，消費者の買い物時間や購入金額が増大すること，買い物時間の増加効果は男性よりも女性において大きいことなどを示している。

一方，2000年代に入ると，製品への接触に関する研究が盛んに行われるようになった。これらの研究群は消費者による製品への接触に焦点を当てている。その端緒となったのは，McCabe and Nowlis（2003）である。彼らは，触覚の重要性が高い製品（例えば，バスタオル，カーペットなど）と低い製品（例えば，ビデオテープ，缶詰のスープなど）に注目し，触覚の影響を検討した。その結果，店舗などで製品に触れることができる状況のほうが，通信販売やオンライン・ショッピングのように消費者が製品に触れることができない状況に比べて，触覚の重要性が高い製品の選択率や購入率が高かった。Grohmann, Spangenberg, and Sprott（2007）においても，製品に接触したほうが，接触しなかった場合に比べ，製品評価に対する「自信」や「確からしさ」が高まることを明らかにしている。

近年では，製品関連刺激への接触に関する研究も行われている。これらの研究群は，パッケージや広告などへの接触が，製品そのものの評価にどのような影響を及ぼすのかに焦点を当てており，既存研究においてもパッケージの硬さ（Krishna and Morrin 2008），パッケージの重さ（Piqueras-Fiszman et al. 2011），広告の手触り（Peck and Wiggins 2006），室内の温度（Zwebner, Lee, and Goldenberg 2013）など，様々な要因の効果が解明されてきた。これらについては，2-3でさらに詳しくレビューを行っていく。

2-2　接触の目的と触覚情報のタイプ

消費者は製品やその他のマーケティング刺激に接触することで，触覚情報を得る。代表的な触覚情報には，手触り，硬さ，重さ，温度という4つの属性がある。(Klatzky and Lederman 1992; Peck 2010; Peck and Childers 2003a)。

Peck（2010）によれば，消費者による接触の目的は2つに大別される。1つ目は情報型接触（informational touch）である。情報型接触は購買目標の達成に必要な情報を入手するために行われる行為であり，消費者は購買意思決定に直接結びついた触覚情報，すなわち診断的触覚情報（diagnostic haptic input）を獲得する（Krishna and Morrin 2008）。例えば，毛布，タオル，セーターなどは，柔らかさや手触りが製品品質の指標の1つとなっており，消費者は実際に製品に触れることで，製品品質をより具体的かつ正確に判断することができる。

先行研究においては，診断的触覚情報が消費者の意思決定に様々な影響を及ぼすことが指摘されている。すでに述べたとおり，McCabe and Nowlis（2003）は，特に触覚の重要性が高い製品の場合，製品への接触により製品選択率と購入意向が高まることを明らかにした。このほか，製品カテゴリーの違いではなく，製品自体の品質の違いによる影響に注目した研究（Grohmann, Spangenberg, and Sprott 2007）や，消費者特性の影響を加味して接触の効果を検討した研究（Citrin et al. 2003; Peck and Childers 2003b）なども行われている。

2つ目は非情報型接触（non-informational touch）である。非情報型接触において，消費者は「客観的には意思決定タスクに無関係な触覚情報」（Krishna and Morrin 2008, p.808），すなわち非診断的触覚情報（non-diagnostic haptic input）を得る。先行研究では触覚情報と意思決定タスクに関連性がないことを消費者が理解している場合でも，非診断的触覚情報は無意識的に消費者の意思決定に影響を与えることが明らかにされている。本研究では，触覚情報の中でも特に非診断的触覚情報の効果に注目するため，2-3では当該領域の先行研究をレビューしていく。

2-3　非診断的触覚情報と意思決定

◆既存知見の概観

非診断的触覚情報の効果を示した初期の研究として，Proffitt et al.（2003）が挙げられる。彼らの実験では，重いリュックサックを背負う群のほうが，何も背負わない群に比べて，実際には同じ距離の対象物に対して「遠い」と判断したという。重さに関しては，Jostmann, Lakens, and Schubert（2009）による研究結果も知られている。彼らは3つの実験を行い，重いクリップボードを持った場合，軽いクリップボードを持った場合に比べ，通貨の価値や大学が学生委員会の提案に耳を傾けることを「重要である」と感じる傾向を明らかにした。同様に，Ackerman, Nocera, and Bargh（2010）は，履歴書をクリップボードに挟み，求職者の能力を評価してもらう実験を行った。履歴書の内容は同一だが，クリップボードの重さが重いものと軽いもののいずれかを用いている。その結果，重いクリップボードを持って評価した群は，軽いクリップボードを持って評価した群に比べ，求職者を「有能である」と評価する傾向が見られた。重さに注目した研究として，Piqueras-Fiszman et al.（2011）も挙げられる。彼らの実験によると，同じヨーグルトであっても重いボウルで食べた群は，軽いボウルで食べた群に比べ，ヨーグルトを濃厚な風味であると評価したという。

硬さも非診断的触覚情報としての役割を果たす。Krishna and Morrin（2008）は，容器の硬さがミネラルウォーターの味覚評価に与える影響を検討した。実験では，硬さが異なるプラスチックのコップに入ったミネラルウォーターを参加者に飲んでもらい，味を評価してもらった。その結果，同じミネラルウォーターを飲んだにもかかわらず，硬いコップから飲んだ参加者のほうが軟らかいコップから飲んだ参加者よりも，ミネラルウォーターの味を高く評価していた。一般的に，消費者にとってコップから伝わる軟らかさは魅力的とは言いがたく，好ましくない触覚が味覚評価にも影響を及ぼしたと彼女らは説明している。なお，この結果は，実験参加者の自己目的的接触欲求（特に購買目標とは関連がないものの，店内で衝動的，快楽的な目的で製品に接触する傾向）によって調整されることも明らかになっている。Krishna and Morrin（2008）と類似した研究として，Meyers-Levy, Zhu, and Jiang（2009）も挙げられる。彼らによると，店舗の床の硬さが，店頭の製品に対する評価に影響を及ぼしているという。

Ackerman, Nocera, and Bargh（2010）は椅子の硬さが価格交渉に及ぼす影響に注目し，実験を行っている。実験参加者には，自動車販売店の店員との価格交渉を想像してもらった。このタスクは，すでに一度，希望購入価格を店員に提示したものの，それが拒否されたという設定で，改めて希望購入価格を回答してもらうものである。その結果，柔らかい椅子に座った顧客は硬い椅子に座った顧客に比べ，販売店側の意図を受け入れ，高い希望購入価格を提示する傾向があったという。彼らは，部下の評価をしてもらう実験も行っている。その結果，硬いブロックに触れながら評価した場合，柔らかいブロックに触れながら評価した場合に比べ，部下を「頑固である」と判断する傾向が見られた。

手触りに注目した研究も行われている。Peck and Wiggins（2006）は，2種類のパンフレットを用いた実験を行った。いずれも，ホームレスの人々に毛布を提供する慈善団体についての広告だが，一方のパンフレットにのみ毛布と手触りが似ているフリース素材の生地見本が貼付されている。パンフレットを読んだ実験参加者に対して質問を行ったところ，生地見本がついているパンフレットを読んだ群は，生地見本がついていないパンフレットを読んだ群に比べ，パンフレットに対する態度，慈善団体に対する態度，慈善団体に対する協力や寄付の意向が高かった。また，こうした影響は接触行為に対する個人的傾向，すなわち「接触欲求」（need for touch）によって異なることも明らかにされた。パンフレット上の生地見本によって得られた手触りと慈善団体の評価は，合理的に考えれば，関連がないはずである。しかしながら，慈善団体の評価において，多くの人がフリースによる手触りの影響を受けることが示されている。

近年では，温度の効果に関しても研究が行われている。例えば，Williams and Bargh（2008）では，実験者が参加者に対し，荷物が多いのでマグカップを持っていてもらうように依頼した。マグカップは温かいものと冷たいもののいずれかに操作されている。その後，他者に対する印象を質問したところ，温かいマグカップを持った群は，冷たいマグカップを持った群より他者に対して優しい人物であるという印象を強く抱くことが明らかになった。また，保温パッドに触れている人は，保冷パッドに触れている人に比べ，自分自身のためではなく他者のためのギフトを購入する傾向も見られた。Hong and Sun（2012）は，ロマンス映画に対する選好と温度との関係に注目し，実験やサーベイを行った。Study 1bでは，実験参加者を寒い部屋と暖かい部屋のいずれかに振り分け，ロマンス映画を観てもらった。その結果，寒さの知覚は心理的な温かさの欲求を高め，ロマンス映画に対する選好を向上させる効果があることを明らかにした。こうした影響は実験室実験だけでなく，実際の気温データと，ロマンス映画のレンタル数を用いた分析によっても確認されている。そのほかにも，暖かい気温が心理的な温かさを引き起こし，製品評価が向上すること（Zwebner, Lee, and Goldenberg 2013），暖かさを感じると，対象に対して心理的距離が近くなり，低次の解釈レベルで対象を捉えること（IJzerman and Semin 2009），暖かさによって社会的親密性を感じると，他者の意見を参考にしやすくなること（Huang et al. 2014）などが明らかにされている。

近年では，複数の感覚の相互作用について注目した研究も行われている。例えば，Krishna, Elder, and Caldara（2010）は香りと触覚の連想に注目している。同研究の実験1では，香りを男性的なものと女性的なものに分類したうえで，男性的な香りをかぐとざらざらとした紙に対する評価が高まり，女性的な香りをかぐと滑らかな手触りの紙に対する評価が高まることが確認された。また，実験2では，温感と冷感のジェルパックが用いられ，温かさを連想させやすい「パンプキン・シナモン」の香りは温感のジェルパックに対する知覚を，冷たさを連想させやすい「シー・アイランド・コットン」は冷感のジェルパックに対する知覚を向上させることが示された。Madzharov, Block, and Morrin（2015）は，暖かさを連想させる香りのほうが，冷たさを連想させる香りに比べ社会的密度および権力欲求を高め，結果的にプレミアム・ブランドに対する選好を高めることを明らかにした。これらは触覚情報と，それ以外の感覚である嗅覚からの情報との関連を結びつけた研究として位置づけることができる。

◆ メカニズムの説明

以上のように，触覚情報はときに人の意思決定に本来関係ないにもかかわらず，様々な局面で影響を及ぼしていることが明らかにされてきた。こうした非診断的触覚情報が意思決定になぜ影響を及ぼすのかというメカニズムについて，既存研究の多くは身体化認知理論（embodied cognition theory）を用いて説明している（Barsalou 2008）。身体化認知理論によると，人が思考する抽象的概念は，具体的な感覚経験と比喩的に結びついており，人は具体的な感覚経験を結びつけることによって，抽象的な概念を理解しているという（Asch 1958; Lakoff and Johnson 1980; Landau, Meier, and Keefer 2010）。すなわち，通常，人は幼少期に「硬い」，「重い」といった直接的な感覚経験を獲得し，その後，成長とともに抽象的概念や複雑な知識構造を形成していく（Lakoff and Johnson 1980）。その際，直接的な感覚経験と抽象的概念は比喩的にリンクして記憶されるため，成人後も特定の感覚が経験されると，作業記憶内において関連した抽象的概念が活性化する（Barsalou 2008; Landau, Meier, and Keefer 2010）。こうした結びつきは，実際に比喩表現に見ることができる。「手堅い方法」，「温かい人柄」，「ザラザラとした心」，「重い懸案」など，英語，日本語を問わず，身体的な感覚経験を用いた比喩表現は数多くみられる（Ackerman 2016; 鍋島 2011）。

このような結びつきが存在するため，人が硬さや重さなど，何らかの感覚経験を得た際，関連する抽象概念が活性化し，本来関連がないはずの意思決定に影響を及ぼすと考えられている。このメカニズムに注目した研究として，Zhang and Li（2012）が挙げられる。彼らは実験により，消費者が感じた重さが，関連のない製品情報に対する重要性知覚を高めることを指摘した。また，重さに対する直接的な経験だけでなく，重さに関連する単語（重い，重量など）を探す課題を行うことによる心的シミュレーション（mental simulation）によっても重要性知覚が高まることが示されている。こうした結果から，Zhang と Li は，製品評価に影響を与えるのは重量経験そのものではなく，その経験によって活性化される「重要性」という意味概念であると結論づけた。

以上の議論から，先行研究の知見がどのようなメカニズムによって生じたのかについて，改めて考察したい。例えば，Ackerman, Nocera, and Bargh（2010）の結果は，「硬い」という具体的な感覚が，「頑固」，「頑な」，「折れない」といった抽象的な概念を活性化し，相手の提案を応諾するか否かの意思決定に影響を及ぼしたと考えられる。前述した Krishna and Morrin

(2008) も，身体化認知理論を直接的に引用していないものの，得られた知見は同理論によって説明可能である。コップから伝わる「硬い」という経験が，「信頼できる」，「堅実である」といった抽象的な概念を活性化し，味覚評価に影響を及ぼしたと考えられる。前述した Jostmann, Lakens, and Schubert (2009) も，重さと重要性知覚との関係を議論するなかで，身体化認知理論を援用している。彼らによると，非診断的触覚情報としての重さが重要性知覚に影響を及ぼすのは，「重い」という感覚経験と「重要である」という抽象概念とが認知的に結びついているからである。実際，fMRI を用いた研究によると，対象物に直接触れたときと，対象物に直接触れず触感に関する表現が含まれた文言を聞いたときで，活動する脳の部位が同じであったという (Lacey and Sathian 2012)。

◆先行研究のまとめと考察

先行研究においては，非診断的触覚情報が消費者の意思決定に影響を及ぼすことが明らかにされてきた。製品の外観や広告のデザインといった視覚情報に比べ，これまで見過ごされがちであった触覚情報，とりわけ非診断的触覚情報の効果を解明した点は，これらの研究の理論的貢献として指摘できる。

また，先行研究では，触覚の 4 つの属性（手触り，硬さ，重さ，温度）すべての効果がすでに検討されていることが分かった。研究結果をまとめると，手触りが消費者の態度に影響を及ぼすこと (Peck and Wiggins 2006)，硬さが消費者の味覚評価に影響を及ぼすこと (Krishna and Morrin 2008)，重さが消費者の重要性知覚に影響を及ぼすこと (Zhang and Li 2012)，温度が消費者の選好に影響を及ぼすことなどが明らかになっている (Hong and Sun 2012)。

先行研究の知見を踏まえるならば，非診断的触覚情報が消費者の意思決定に影響を及ぼすことは確かであろう。一方で，こうした影響は常に生じるわけではないことも指摘されている。非診断的触覚情報の影響は，解釈レベルにより調整されることが，近年の認知心理学研究によって示されている (Maglio and Trope 2012)。そこで 2-4 では，Maglio らの研究知見やその理論的背景についてさらに詳しく議論していく。

2-4 解釈レベルの調整効果

非診断的触覚情報はどのような条件において消費者の意思決定に影響を及ぼすのであろうか。この問いを考える際の手掛かりとなるのが，Maglio and Trope（2012）による研究である。彼らは，非診断的触覚情報の効果が解釈レベルによってどのように変化するかについて，2つの実験を通じて明らかにしている。実験1においては，まず穴埋めタスクを用い，参加者の解釈レベルを高次または低次に操作した。具体的には，「良好な人間関係を維持する」という文章が全員に提示され，高次解釈レベル群には，「なぜ（Why）それを行うのか」について記入してもらう一方，低次解釈レベル群には，「どのように（How）それを行うのか」について記入してもらった。続いて，Proffitt et al.（2003）と同様，重いリュックサックを背負ってもらう群と何も背負わない群のいずれかに参加者を分け，廊下の長さがどれくらいあると思うかを回答してもらった（実際の長さは17.7m）。その結果，低次解釈レベル条件においてのみ，重いリュックサックを背負った群は，何も背負っていない群に比べ，廊下の長さをより長く回答したという。一方，高次解釈レベル条件においては，両群に有意な差がみられなかった。重さを感じているという身体の状態により，実際には同じ長さであっても，廊下をより長いと知覚する点，そしてその効果は解釈レベルが低次の状態においてのみ生じる点は興味深い。

実験2では，Jostmann, Lakens, and Schubert（2009）と同様，重いクリップボードと軽いクリップボードのいずれかを手に持ってもらったうえで，学生委員会の新たな予算案について会議で検討することを大学生の参加者に想像してもらった。なお，新たな予算案は会議直後（時間的距離：近）に施行されるとアナウンスするか，次の学期（時間的距離：遠）に施行されるとアナウンスするかによって，解釈レベルが操作されている。続いて，予算案の決定において，学生の意見を考慮することがどれくらい重要だと思うかという点について質問した。その結果，低次解釈レベル（時間的距離：近）

条件において，重いクリップボードを持った群は，軽いクリップボードを持った群に比べて学生の意見を考慮することが重要であると回答する傾向がみられた。一方，高次解釈レベル（時間的距離：遠）条件においては，クリップボードの重さによる影響は確認されなかった。クリップボードの重さという本来関連のない触覚情報が，物事の重要性判断に影響を及ぼすという結果，そうした効果は解釈レベルが低次のときのみ生じるという結果は，実験1の結果と一貫するものである。

なぜ，非診断的触覚情報は解釈レベルが低次のときのみ人の意思決定に影響を及ぼすのかについて，Maglio らは触覚情報の具体性に注目し説明している。視覚や聴覚など，ほとんどの感覚は物理的に直接的な接触経験を必要としない。これに対し，触覚と味覚は対象物との直接的な接触経験を要する（Klatzky and Lederman 1992; Peck 2010; Peck and Childers 2003a）。このため，触覚はしばしば「近接的な感覚」（“near sense” または “proximal sense”）と呼ばれることもある（Peck 2010）。触覚を通じた直接的な経験は，視覚や聴覚といった間接的な経験に比べ，対象物に関する豊富で具体的な情報を伝達する役割を果たす。こうしたことから，触覚情報は基本的に具体的な精神的表象をもたらすといわれている（Peck 2010）。解釈レベルが低次の消費者は，具体的な情報に対して優先的に注意を向け，処理するため，触覚情報による影響を受けやすい。これに対して，解釈レベルが高次の消費者は抽象的情報の処理を優先するため，触覚情報による影響を受けにくい。結果的に，Maglio らが示したとおり，リュックサックの重さが廊下の距離知覚や行為の重要性判断に与える影響は解釈レベルが低次の条件のみにおいて確認されたのである。

Maglio らのこうした説明に加え，別のアプローチから説明することも可能である。非診断的触覚情報とは本来，触覚のなかでも特に意思決定の目標とは関連しない情報を指している。例えば，リュックサックにより得られる「重い」という情報は，廊下の長さや行為の重要性といった意思決定タスクの目標とは直接的な関連がない。解釈レベル理論によると，対象に対する心理的距離が近いとき（解釈レベルが低次状態のとき），遠いとき（解釈レベルが高次状態のとき）に比べて人は目標非関連的な情報を優先的に処理する。結果的に，意思決定の目標（例えば，「廊下の長さを目測したい」，「ある行為がどれくらい重要であるか判断したい」）とは関連のない非診断的触覚情報の影響は，解釈レベルが低次状態のときのみ生じる，という説明である。

3 ▸ 解釈レベルを考慮した仮説

ここまでレビューした先行研究の知見をもとに，本研究の仮説を設定していく。まず，非診断的触覚情報としての硬さが，製品や金銭に関する消費者意思決定に及ぼす影響について仮説を提示したうえで，こうした影響に対する解釈レベルの調整効果に関する仮説を設定していく。

3-1 知覚品質および支払意思額

知覚品質の判断は，消費者の購買意思決定プロセスにおいて重要な段階の1つである（Rust et al. 1999; Zeithaml 1988）。価格やブランド・ネームといった様々な要因が知覚品質に影響を及ぼすとともに（Jacoby, Olson, and Haddock 1971; Olshavsky and Miller 1972; Peterson 1970; Rao and Monroe 1989），知覚品質は消費者の製品購買意図（Zeithaml 1988）や株価などの企業成果指標（Aaker and Jacobson 1994）に影響を与えることが知られている。

Krishna and Morrin（2008）では，硬さの感覚経験が水の知覚品質に影響を及ぼしていた。これは，硬さ感覚が「信頼性」などの抽象的な概念と結びついていることによって生じたと考えられる。実際，英語で certain（「確かな」）と firm（「硬い」）は比喩的に結びついており（鍋島 2011），複数の英和辞典においても，hard や firm という単語を検索すると，「硬い」という意味のほか，「信頼できる」，「確実な」といった意味が示されている。これは，英語のみならず日本語においても同様である。『広辞苑　第六版』にて「硬い」を検索すると，「確実である」，「信用がおける」といった意味が示されている。これらの意味を踏まえると，硬さの経験は水の味覚評価のみならず，製品品質の判断全般に影響を及ぼすと考えられる。例えば，消費者が広告を閲覧している際，当該製品の品質に対してどのような評価を下すかは，硬さ経験の影響を受けるだろう。硬さの感覚経験により，「信頼できる」，「確実な」といった抽象的概念が活性化するのであれば，関連のない別の製品の評価においても，品質が高いと判断することが想定される。したがって，以下の仮説を設定した。

仮説1：硬さを経験している消費者は，軟らかさを経験している消費者に比べ，広告上の製品に対して高い知覚品質を示す。

一方で，消費者は製品やサービスに対して高い品質を知覚すると，それらに対して高い支払意思額を示す傾向にある（LaBarbera and Mazursky 1983; Zeithaml, Berry, and Parasuraman 1996）。硬さ経験によって製品に対する知覚品質が高まるのであれば，当該製品に対する支払意思額も高まることが予想される。したがって，以下の仮説を設定した。

仮説2：硬さを経験している消費者は，軟らかさを経験している消費者に比べ，広告上の製品に対して高い支払意思額を示す。

3-2　金銭的な要求水準

Ackermanらの研究結果によると，硬さの感覚経験は「頑な」，「折れない」などの抽象的概念とも結びついている（Ackerman, Nocera, and Bargh 2010）。彼らの研究では，自動車販売店での値引き交渉において，販売店側が消費者の希望購入価格を断ったのち，再度，希望購入価格を質問した。こうした，硬さの感覚経験と「頑な」，「折れない」などの抽象的概念との結びつきは，Ackermanらが取り上げた価格交渉における希望購入価格以外にも，様々な効果を有していると考えられる。

例えば，企業は自社が提供するサービスで何らかの不手際や過失が生じ，顧客の期待を上回るサービス品質を達成できなかった場合，謝罪や金銭的補償によりサービス・リカバリーを図ることがある（Gilly and Gelb 1982; Hess, Ganesan, and Klein 2003; Kelley and Davis 1994; Maxham III and

Netemeyer 2002; McCollough, Berry, and Yadav 2000; Smith, Bolton, and Wagner 1999; Spreng, Harrell, and Mackoy 1995)。とりわけ金銭的補償を提案する場面では，「どれくらいの金額を提示すれば消費者が金銭的補償を受け入れるか」が問題となるだろう。Ackermanらの議論にもとづくと，硬さの経験によって活性化した「頑な」，「折れない」といった抽象的概念が消費者の交渉態度を硬化させる。これにより，消費者は企業側からの提案に対して簡単には応諾せず，より高い水準の要求を示すことが想定される。したがって，以下の仮説を設定した。

仮説3：硬さを経験している消費者は，軟らかさを経験している消費者に比べ，企業側からの提案に対して簡単に応諾せず，より高い水準の要求を示す。

3-3　解釈レベルによる調整効果

非診断的触覚情報としての硬さは，製品品質の判断や金銭の要求水準に影響を及ぼす。しかしながら，こうした影響は常に生じるわけではないと考えられる。硬さは具体的な精神的表象をもたらす触覚情報の1つであり，また，非診断的触覚情報であることから，消費者の意思決定そのものに直接的に関連していない。したがって，重さに注目したMaglio and Trope (2012)の知見と同様，非診断的触覚情報としての硬さは，解釈レベルが低次状態（すなわち，具体的かつ目標非関連的な情報を優先する状態）のときのみ消費者の意思決定に影響を及ぼすはずである。したがって，以下の仮説を設定した。

仮説4：非診断的触覚情報としての硬さが消費者意思決定に及ぼす影響（仮説1〜3）は，解釈レベルが低次のときのみ生じる。

以上の仮説をテストするため，本章では3つの実験を行った。

4 ▸ 実験 1：知覚品質

4-1 刺　　激

実験 1 では，印刷広告が収められたプラスチック・ケース（ハードタイプ／ソフトタイプ）により，硬さ経験を操作する（実際に使用したプラスチック・ケースは図 8-1 参照）。硬軟いずれのタイプにおいても，ほぼ同じサイズ（A4 判），同じ外観（無色透明）であり，同じ文具メーカー（コクヨ）によって製造された製品である。広告対象の製品は，実験参加者である大学生にとって比較的身近であり，評価を行いやすい製品である体重計を用いることとした。

本実験に先立ち，プリテストを実施した。プリテストの目的は，本実験で用いるプラスチック・ケース（硬／軟の 2 水準）が，本当に「硬い」または「軟らかい」と知覚されているか，そしてそれ以外の触覚特性（「厚さ」や「重さ」）への知覚に際立った差がないかについて確認するためである。なお，ここで言うプラスチック・ケースの触覚特性とは，あくまで消費者が知覚する主観的なものである。したがって，実際には両プラスチック・ケース

図 8-1　実験で用いたプラスチック・ケース

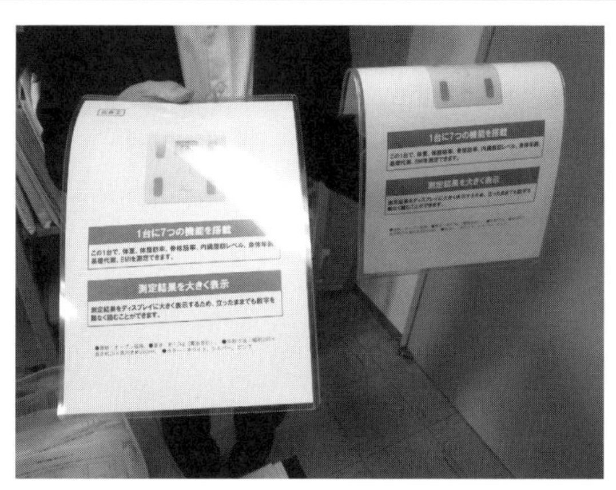

注：向かって左が硬いプラスチック・ケース，右が軟らかいプラスチック・ケース。

間で厚みの数値が異なっていたとしても，消費者による「厚み」の回答に有意な差が見られなければ，厚み評価に大きな差はないと判断する。

プリテストでは，まず大学生 58 名に硬軟いずれかのプラスチック・ケースを広告が入った状態で配布した。「広告が入ったプラスチック・ケースを手に取ったときの感触についてお答えください」という質問文を提示したのち，「硬さ」，「厚さ」，「重さ」について評価してもらった。「硬さ」，「厚さ」，「重さ」については，それぞれ「硬い」，「厚みを感じる」，「重みを感じる」という項目に対してリッカート式 7 点尺度（1：「まったくそう思わない」～7：「非常にそう思う」）で回答する方式を用いている。

その結果，硬いプラスチック・ケースは，軟らかいプラスチック・ケースに比べ，「硬さ」が有意に高く評価された（$M_{硬}=5.34$，$SD_{硬}=1.261$ vs. $M_{軟}=2.66$，$SD_{軟}=1.518$，$t\ (56)=7.430$，$p<.001$；$d=1.92$；図 8-2）。一方，「厚さ」（$M_{硬}=4.59$，$SD_{硬}=1.900$ vs. $M_{軟}=4.07$，$SD_{軟}=1.870$；$t\ (56)=1.045$，$p=.300$；図 8-2），「重さ」（$M_{硬}=3.66$，$SD_{硬}=1.717$ vs. $M_{軟}=3.59$，$SD_{軟}=1.743$；$t\ (56)=.152$，$p=.880$；図 8-2）の知覚には有意差が認められなかった。以上の結果から，本実験で硬さ経験を操作する刺激として，筆者が用意したプラスチック・ケースは適切なものであると判断した。

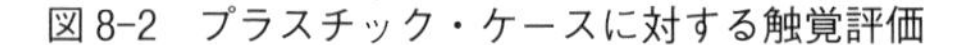
図 8-2　プラスチック・ケースに対する触覚評価

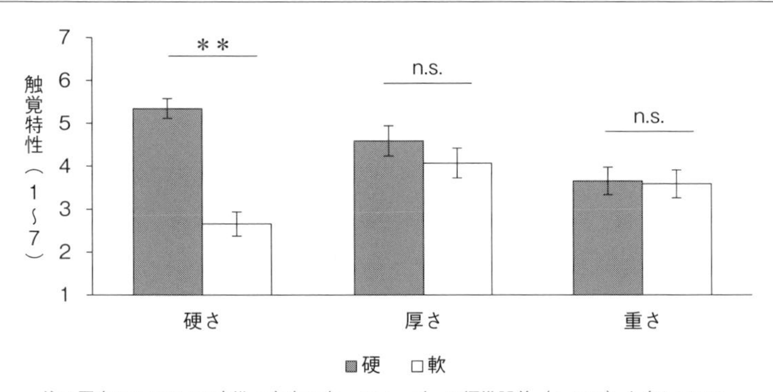

注：図中の＊＊は 1% 水準で有意の意。エラーバーは標準誤差（± 1SE）を表している。

4-2 方　　法

実験は，2014 年 11 月に行われた。参加者は首都圏の大学生 193 名（男性 89.1%：女性 10.9%，平均年齢＝19.99 歳）である。なお，プリテストに参加した学生は，本実験には参加していない。実験デザインは 2（硬さ：硬／軟）× 2（時間的距離：遠／近）の被験者間計画を採用した。

はじめに，硬いプラスチック・ケースと軟らかいプラスチック・ケースのいずれかに入れられた体重計の広告をランダムに参加者に手渡しで配布した。続いて，参加者の解釈レベルを操作するため，以下の教示を与えた。「この製品は〈3 か月後／明日〉発売予定です」。解釈レベル高次群には，時間的距離が遠い「3 か月後」，解釈レベル低次群には時間的距離が近い「明日」と示している。シナリオを読み終えた後，参加者たちには広告に掲載されている体重計の知覚品質について評価するよう求めた。なお，その際には，広告が入ったプラスチック・ケースを手に持ちながら評価を行うよう指示している。知覚品質の測定においては，Dodds, Monroe, and Grewal (1991) を参考に，「この商品は高品質である」，「頼りになりそうな商品である」，「良い作りの商品である」の 3 項目（α =.816）をリッカート式 7 点尺度（「1：そう思わない」～「7：そう思う」）で測定し，分析にはそれら 3 項目の平均値を算出し用いることとした。

また，本実験においても，硬いプラスチック・ケースが軟らかいプラスチック・ケースに比べて「硬い」と知覚されているか，またその他の触覚属性に対する評価に大きな違いはないかを確認するため，「硬さ」，「厚さ」，「重さ」についてもプリテストと同様の項目で測定した。

4-3 結　　果

参加者 193 名のうち，3 名は質問への回答が不完全であったため，分析対象から除外した。したがって，以下の分析では残りの 190 名のデータを用いることとする。

◆刺激の確認

仮説のテストに先立ち，硬さの操作チェックを行った。t 検定を用いて分析を行ったところ，プリテストと同様，硬いプラスチック・ケースは軟らかいプラスチック・ケースに比べて，より「硬い」と評価されていることが確認された（$M_{硬}=4.92$，$SD_{硬}=1.592$ vs. $M_{軟}=3.52$，$SD_{軟}=1.748$；$t\ (188)=5.769$，$p<.001$；$d=0.84$）。一方で，「厚さ」，「重さ」については，両者における有意差は見られなかった（$p>.600$）。したがって，これらのプラスチック・ケースが刺激として適切であることを，本実験のサンプルにおいても確認することができた。

◆仮説のテスト

続いて，従属変数を知覚品質とする2（硬さ：硬／軟）×2（時間的距離：遠／近）の2元配置分散分析を実施した。その結果，硬さの主効果が有意となり（$M_{硬}=5.15$，$SD_{硬}=.901$ vs. $M_{軟}=4.87$，$SD_{軟}=1.106$；$F\ (1,186)=3.987$，$p=.049$；$\eta^2=.021$），時間的距離の主効果は有意でなかった（$M_{遠}=5.02$，$SD_{遠}=1.005$ vs. $M_{近}=5.01$，$SD_{近}=1.027$；$F\ (1,186)=.036$，$p=.850$；$\eta^2<.001$）。硬さの主効果が有意であり，硬い条件のほうが軟らかい条件に比べて知覚品質が高いことから，仮説1は支持されたと判断できる。

さらに，硬さと時間的距離の交互作用が有意であったため（$F\ (1,186)=4.077$，$p=.045$；$\eta^2=.022$；図8-3），下位検定を行った。その結果，時間的距離が近い群において，硬いプラスチック・ケースに触れた参加者は，軟らかいプラスチック・ケースに触れた参加者に比べて高い知覚品質を示した（$n=92$，$M_{硬}=5.29$，$SD_{硬}=.830$ vs. $M_{軟}=4.70$，$SD_{軟}=1.140$；$F\ (1,186)=7.761$，$p=.006$；$\eta^2=.042$）。一方で，時間的距離が遠い群においては，硬いプラスチック・ケースに触れた参加者と軟らかいプラスチック・ケースに触れた参加者との間で，体重計の知覚品質に有意な差は見られなかった（$n=98$，$M_{硬}=5.02$，$SD_{硬}=.956$ vs. $M_{軟}=5.03$，$SD_{軟}=1.062$；$F\ (1,186)=.001$，$p=.980$；$\eta^2<.001$）。以上の結果から，仮説4が支持されたと結論づけられる。

図 8-3　知覚品質の結果

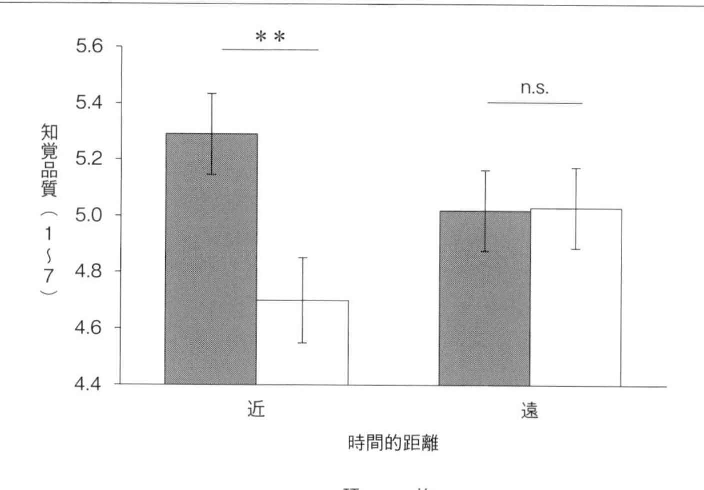

注：図中の＊＊は 1%水準で有意の意。エラーバーは標準誤差（± 1SE）を表している。

5 ▸ 実験 2：支払意思額

実験 2 の目的は，支払意思額に注目した仮説 2，および解釈レベルによる調整効果に注目した仮説 4 をテストすることである。従属変数を除き，基本的な設計は実験 1 に準じているが，硬さの効果に関する一般化を図るため，プラスチック・ケースではなく広告に用いる紙によって硬さを操作する。また，広告上の製品についても，実験 1 とは異なるもの（電子辞書）を用いることとした。

5-1 刺　激

実験 1 では，印刷広告に用いる紙の種類によって，硬さの経験を操作する。広告対象の製品は，電子辞書を用いることとした。

本実験に先立ち，プリテストを実施した。プリテストの目的は，本実験で用いる広告の紙（硬／軟の2水準）が，本当に「硬い」または「軟らかい」と知覚されているか，そしてそれ以外の触覚特性（「厚さ」や「重さ」）への知覚に際立った差がないかについて確認するためである。なお，ここで言う紙の特性とは，あくまで消費者が知覚する主観的なものである。したがって，実際の寸法上は硬い紙と軟らかい紙で厚みが異なっていたとしても，消費者による「厚み」の回答に有意な差が見られなければ，厚み評価に大きな差はないと判断する。

プリテストでは，まず大学生55名に「現在，ある企業ではパンフレットの印刷を予定しており，使用する用紙を検討中です。」というアナウンスを行った。そのうえで，硬さが異なる3種類の紙（硬い紙／中程度に硬い紙／軟らかい紙）のいずれかを配布し，「硬さ」，「厚さ」，「重さ」について評価してもらった。硬い紙はボール紙，中程度に硬い紙は画用紙，軟らかい紙はコピー用紙に近い硬さであり，いずれも同じサイズ（210mm × 297mm），同じ色味（白）である。評価の方法は，「硬い」，「厚い」，「重い」の各項目に対してリッカート式7点尺度（1:「まったくそう思わない」〜7:「非常にそう思う」）で回答する方式を用いている。なお，3種類の紙については，色味や材質など同じものを印刷業者に指定し，使用した。

「硬さ」を従属変数とした1元配置分散分析を実施したところ，紙の種類の主効果が有意であった（F (2, 52) = 3.137，p = .052；η^2 = .108；図8-4）。続けて多重比較を行った結果，硬い紙は軟らかい紙に比べ「硬さ」の値が高く，その差は有意であった（$M_{硬}$ = 5.47，$SD_{硬}$ = 1.504 vs. $M_{軟}$ = 4.33，$SD_{軟}$ = 1.414，p = .040）。中程度に硬い紙と軟らかい紙との間では，「硬さ」に有意差は認められなかった（$M_{中}$ = 4.94，$SD_{中}$ = 1.211 vs. $M_{軟}$ = 4.33，$SD_{軟}$ = 1.414；p = .388）。次に「厚さ」を従属変数とした1元配置分散分析を実施したところ，紙の種類の主効果は認められなかった（F (2, 52) = .272，p = .763；図8-4）。同様に，「重さ」を従属変数とした分析においても，紙の種類の主効果は認められなかった（F (2, 52) = .602，p = .552；図8-4）。

図 8-4　紙に対する触覚評価

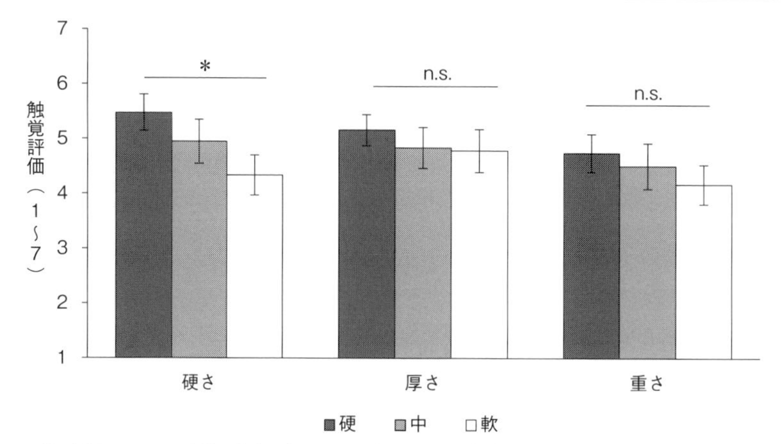

注：図中の＊は 5%水準で有意の意。エラーバーは標準誤差（± 1SE）を表している。

以上の結果から，硬い紙は軟らかい紙に比べ，「硬さ」の知覚のみ有意に高く，それ以外の特性の知覚には有意差が生じていないことが確認できた。そのため実験 1 では，プリテストで用いた硬い紙と軟らかい紙を使用することにより，実験参加者の硬さ経験を操作することに決定した。なお，硬い紙の広告と軟らかい紙の広告において，広告のデザインや掲載内容はすべて統一している。

5-2　方　　法

実験は 2013 年 7 月，首都圏の大学生 213 名（男性 68.1%：女性 31.9%，平均年齢＝21.06 歳）を対象に行われた。実験デザインは，2（硬さ：硬／軟）× 2（時間的距離：遠／近）の被験者間計画を用い，実験参加者はいずれかの条件にランダムに割り当てられた。

まず，実験参加者らに対して，硬軟いずれかの紙に印刷された電子辞書の広告を配布した。その際，手渡しで配布し，必ず実験参加者が広告に直接触れるようにしている。次に，「この電子辞書は，あるメーカーから〈3 か月後／明日〉発売される予定です。広告を実際に手に取って，あなたが感じた印象をお答えください。」というリード文を提示した。時間的距離が遠い条件においては「3か月後」，時間的距離が近い条件においては「明日」という時期を示している。そのうえで，「この電子辞書に支払ってもよい上限の価格はいくらですか」という質問項目を用い，広告上に掲載された電子辞書に対する支払意思額を測定した。

また，触覚経験の操作チェックを行うため，「硬さ」，「厚さ」，「重さ」についてもプリテストや実験1などと同様の方法で質問した。

5-3 結　　果

◆刺激の確認

紙による硬さの操作が成功しているか確認するため，硬い紙の群と軟らかい紙の群における紙の触覚評価を t 検定によって比較した。その結果，硬い紙は軟らかい紙に比べ，より「硬い」と評価されていた（$M_{硬}=6.152$，$SD_{硬}=.852$ vs. $M_{軟}=5.159$，$SD_{軟}=1.311$；$t(211)=6.527$，$p<.001$；$d=.900$）。一方で，厚さや重さについては，両者において有意な違いは見られなかった（$p>.200$）。したがって，これらの紙が硬さ経験を操作するうえで適切なものであることが，本実験においても確認できた。

◆仮説のテスト

続いて，従属変数を支払意思額とする2（硬さ：硬／軟）×2（時間的距離：遠／近）の2元配置分散分析を実施した。その結果，硬さの主効果が有意となり（$M_{硬}=16330.94$，$SD_{硬}=9446.955$ vs. $M_{軟}=13363.36$，$SD_{軟}=7733.877$；$F(1, 209)=6.538$，$p=.011$；$\eta^2=.030$），時間的距離の主効果は有意でなかった（$M_{遠}=14698.90$，$SD_{遠}=8639.240$ vs. $M_{近}=14988.27$，$SD_{近}=8875.966$；$F(1, 209)=.084$，$p=.772$;$\eta^2<.001$）。硬さの主効果が有意であり，硬い条件のほうが軟らかい条件に比べて支払意思額が高いことから，仮説2は支持されたと判断できる。

さらに，硬さと時間的距離の交互作用が10％水準で有意であったため（$F(1, 209)=2.778$，$p=.097$；$\eta^2=.013$；図8-5），下位検定を行った。その結果，

図 8-5　支払意思額の結果

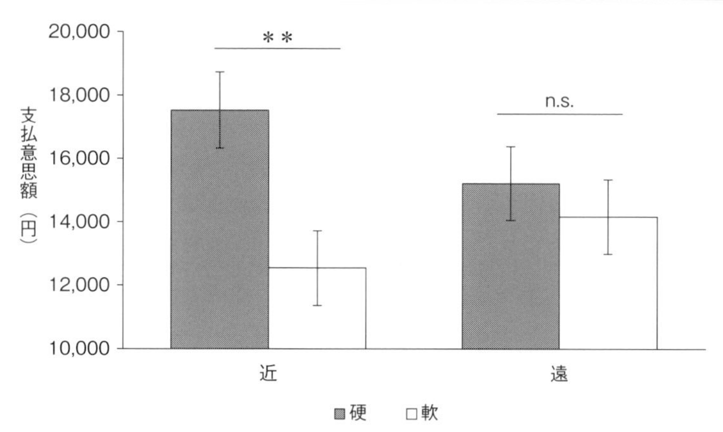

注：図中の＊＊は 1%水準で有意の意。エラーバーは標準誤差（± 1SE）を表している。

時間的距離が近い群において，硬い紙に触れた参加者は，軟らかい紙に触れた参加者に比べて高い支払意思額を示した（$n=104$，$M_{硬}=17529.41$，$SD_{硬}=9889.293$ vs. $M_{軟}=12543.02$，$SD_{軟}=7041.760$；$F(1, 209)=8.714$，$p=.004$；$\eta^2_p=.040$）。一方で，時間的距離が遠い群においては，硬い紙に触れた参加者と軟らかい紙に触れた参加者との間で，電子辞書に対する支払意思額に有意な差は見られなかった（$n=109$，$M_{硬}=15219.64$，$SD_{硬}=8964.578$ vs. $M_{軟}=14168.52$，$SD_{軟}=8345.145$；$F(1, 209)=.406$，$p=.525$；$\eta^2_p=.002$）。以上の結果から，実験 1 に続き，実験 2 においても仮説 4 が支持されたと結論づけられる。

6▸　実験 3：金銭補償の許容金額

実験 3 では，非診断的触覚情報としての硬さが，企業の金銭補償に対する要求水準に及ぼす影響（仮説 3）を検証する。具体的には，サービス・リカバリーにおいて企業側が金銭的補償を提案した際に，どれくらいの金額であれば消費者が応諾するかについて，シナリオを用いた実験で明らかにしていく。加えて，実験 1，実験 2 と同様，解釈レベルの調整効果に注目した仮説 4 についても検討を行う。

6-1 刺　激

実験1では硬さの操作方法として，硬さの異なるプラスチック・ケースを用いた。実験3においても，実験1と同様，プラスチック・ケースを用いて硬さの操作を行う。具体的には，シナリオが書かれた紙（通常のコピー用紙）を硬軟いずれかのプラスチック・ケースに入れ，これに触れることにより硬さの経験を操作する。

6-2 方　法

実験は2014年7月，首都圏の大学生209名（男性78.8％：女性21.2％，平均年齢=20.37歳）を対象に行われた。実験デザインは，実験1や実験2と同様，2（硬さ：硬／軟）×2（時間的距離：遠／近）の被験者間計画を採用している。

まず，硬軟いずれかのプラスチック・ケースを参加者に対してランダムに配布した。その際，手渡しで配布し，必ず実験参加者がプラスチック・ケースに直接触れるようにしている。プラスチック・ケースには教示文とシナリオが印刷された紙が入っている。まず，実験参加者たちは以下の教示文を読むように指示された。「〈1か月後／明日〉，あなた自身が以下の状況に置かれた場合を想像して下さい」。時間的距離が遠い条件においては「1か月後」，時間的距離が近い条件においては「明日」という時期が示されている。次に，シナリオを読むよう指示した。硬軟いずれの条件においても，プラスチック・ケースには共通内容のシナリオが入っている。実際に用いたシナリオの内容は以下のとおりである。

「あなたは，あるレストランでコーヒーを注文したところ，店員が誤ってあなたのジーンズにコーヒーをこぼしてしまいました。レストラン側は，クリーニング代として1,000円をあなたに支払うと申し出てきました。コーヒーのシミはクリーニングに出せば多少目立たなくなりそうです。しかし，あなたはジーンズをクリーニングに出さず，新品を買い直したいと考えています。新品を買い直すと，12,000円かかります。」

そのうえで，「あなたがレストランと賠償額を交渉した場合，いくらが提示されれば受け入れられますか。」と質問し，「許容金額」の下限を回答してもらった。また，硬さ経験の操作チェックを行うため，「硬さ」，「厚さ」，「重さ」についても，実験1や実験2と同様の方法で質問した。

6-3 結　　果

◆刺激の確認

まず，触覚経験の操作チェックを行った。t検定を用いて分析を行った結果，硬いプラスチック・ケースに触れた群は，軟らかいプラスチック・ケースに触れた群に比べ，「硬さ」の値が有意に高かった（$M_{硬}=4.82$，$SD_{硬}=1.466$ vs. $M_{軟}=2.14$，$SD_{軟}=1.241$；$t(198)=13.935$，$p<.001$；$d=1.97$）。一方，「厚さ」や「重さ」の値については，両群における有意差が認められなかった（$p>.300$）。このことから，プラスチック・ケースによって「硬さ」の操作が成功していること，「厚さ」，「重さ」には際立った違いがないことを本実験においても確認することができた。

◆仮説のテスト

続いて，許容金額を従属変数とする2（硬さ：硬／軟）×2（時間的距離：遠／近）の2元配置分散分析を実施した。その結果，硬さの主効果が有意となり（$M_{硬}=4903.03$，$SD_{硬}=4276.334$ vs. $M_{軟}=3650.50$，$SD_{軟}=3726.597$；$F(1, 196)=5.345$，$p=.022$；$\eta^2=.026$），時間的距離の主効果も有意となった（$M_{遠}=3669.90$，$SD_{遠}=3771.379$ vs. $M_{近}=4908.25$，$SD_{近}=4247.467$；$F(1, 196)=5.039$，$p=.026$；$\eta^2=.024$）。硬さの主効果が有意であり，硬い条件のほうが軟らかい条件に比べて許容金額が高いことから，仮説3は支持されたと判断できる。

さらに，硬さと時間的距離の交互作用が有意であったため（$F(1, 196)=4.323$，$p=.039$；$\eta^2=.021$；図8-6），下位検定を行った。その結果，時間的距離が近い群において，硬いプラスチック・ケースに触れた参加者は，軟らかいプラスチック・ケースに触れた参加者に比べて高い許容金額を示した（$n = 97$，$M_{硬} = 6143.75$，$SD_{硬} = 568.19$ vs. $M_{軟} = 3697.96$，$SD_{軟} = 562.36$；$F(1, 196) = 9.360$，$p = .003$；$\eta^2 = .048$）。一方で，時間的距離が遠い群においては，硬いプラスチック・ケースに触れた参加者と軟らかいプラスチック・ケースに触れた参加者との間で，許容金額に有意な差は見られなかった（$n = 103$，$M_{硬} = 3735.29$，$SD_{硬} = 3716.656$ vs. $M_{軟} = 3605.77$，$SD_{軟} = 3859.463$；$F(1, 196) = .028$，$p = .868$；$\eta^2 < .001$）。以上の結果から，実験1，実験2に加えて，実験3においても仮説4が支持されたと結論づけられる。

図8-6　許容金額の結果

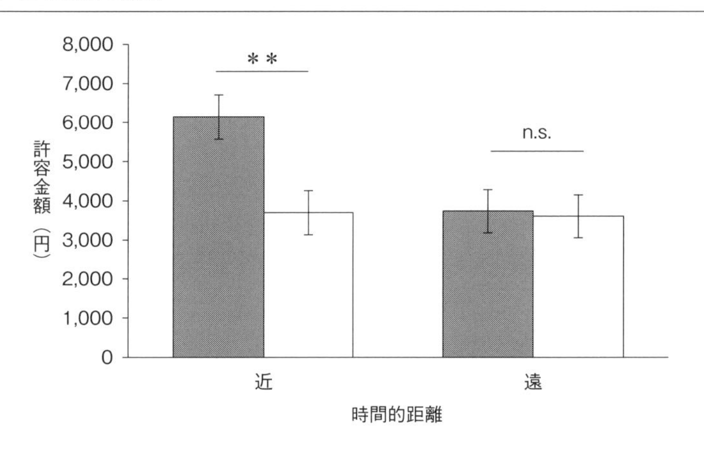

注：図中の＊＊は1%水準で有意の意。エラーバーは標準誤差（± 1SE）を表している。

7 ▸ 議　論

7-1 結果のまとめと考察

近年，消費者の感覚が意思決定に及ぼす影響について注目した研究が盛んに行われている。手荷物の重さや気温など，合理的には関連のない様々な触覚要因が無意識的に消費者の意思決定に影響を及ぼしていることが示されてきた（Hong and Sun 2012; Piqueras-Fiszman et al. 2011; Zwebner, Lee, and Goldenberg 2013）。本章では，こうした非診断的触覚情報のなかでも特に硬さに注目し，これらが消費者の意思決定にどのような影響を及ぼすのか，そして非診断的触覚情報の影響は特にどのような場面で生じやすいのかについて身体化認知理論と解釈レベル理論をもとに考察してきた。3回にわたる実験の結果，硬さの経験が本来関連のない製品の品質評価（実験1），および製品に対する支払意思額（実験2）を高めること，補償に対する許容水準を上昇させること（実験3），これらの影響は時間的距離が近い場面を想像したときのみ（すなわち，消費者の解釈レベルが低次のときのみ）発生すること（実験1～3）が明らかにされた。

製品評価を前提とした実験2では，消費者が硬さを経験することにより，多くの金額を進んで支払う傾向がみられた一方で，補償要求を前提とした実験3では，企業からより多くの金額を受け取りたいという傾向を示した点は注目に値する。これらの結果は，硬さの経験が必ずしも金銭の利得や損失に対して常に正（または負）の影響を与えるのではなく，それぞれの場面で消費者が有する特定の目標（例えば，「よりよい製品を見極め，購入したい」，「サービス企業から不当な扱いを受けないように自身の主張を固持したい」など）に応じて関連性の高い比喩的連想（例えば，「硬い → 信頼性」または「硬い → 頑固」）を活性化させ，意思決定に影響を及ぼすことを示唆している。

また，硬さの効果は消費者が想定する対象への心理的距離によって調整されるという結果が得られている。これは，重さの影響が低次解釈レベルのときにおいてのみ生じることを示したMaglio and Trope（2012）の見解とも一貫するものである。シナリオ，刺激，従属変数などが異なる本章の実験1

～3すべてにおいて一貫した結果が得られていることから，心理的距離（およびそれにより生じる解釈レベルの変化）の調整効果は高い頑健性を有していることがうかがえる。

7-2 理論的意義

本研究は，主に3つの理論的意義を有している。1つ目は，身体化認知理論を消費者行動研究に応用した点である。近年，心理学分野において身体化認知理論の開発が進められており，すでに様々な知見が明らかになっている（Ackerman, Nocera, and Bargh 2010; Jostmann, Lakens, and Schubert 2009; William and Bargh 2008）。一方，消費者行動の文脈に身体化認知理論を応用した研究はいまだ発展途上の段階である。こうしたなかで，身体化認知理論は消費者が行う意思決定の幅広い場面に応用可能であることを示した点は，本研究の貢献として指摘できる。

2つ目は，硬さが有する多様な効果について検討した点である。Krishna and Morrin（2008）は容器の硬さが飲料の知覚品質に影響を及ぼすことを示した。しかしながら，知覚品質以外の消費者反応にどのような影響を及ぼすのかについては，議論されてこなかった。硬さは，触覚情報のなかでも製品，パッケージ，広告，チラシ，床や椅子といった店舗内装など，様々なマーケティング刺激と関連した感覚であるため，消費者の意思決定にどのような影響を及ぼすのかを多角的に検討していくことは極めて重要なことであると考えられる。こうしたなかで，硬さの経験が製品の品質評価を高めるだけでなく，支払意思額を上昇させることや，サービス・リカバリーにおける交渉態度に影響を及ぼすことなどを示した本研究の知見は，触覚に注目した消費者行動研究を少なからず前進させるものであろう。

3つ目は，触覚情報が消費者意思決定に及ぼす影響について，解釈レベルの調整効果を考慮しながら解明した点である。本研究では，硬さの効果は常に生じるわけではなく，対象に対する心理的距離が近いときのみ生じることを明らかにした。このことは，解釈レベルが触覚の効果に対して調整要因としての役割を果たしている可能性を示唆している。これまで，消費者行動研究においては解釈レベルの調整効果について自己制御研究（Agrawal and Wan 2009; Wan and Agrawal 2011），感情研究（Hong and Lee 2010）などの観点から検討が図られてきたが，触覚研究の観点から議論したものは見られなかった。こうしたなかで，Maglio and Trope（2012）の結果を援用しながら，触覚と消費者の意思決定における解釈レベルの調整効果を検討した本研究は，解釈レベル理論研究と触覚研究双方に有益な示唆をもたらしているといえる。

7-3　実務的意義

本研究は，理論的意義のみならず，複数の実務的意義を有している。1つは，マーケティング・コミュニケーションに関する意義である。実験1の結果によると，硬さの経験が広告上の製品に対する知覚品質を高める。したがって，印刷広告，パンフレット，チラシなどによって，製品品質の高さを訴求する場合，硬さを感じる紙を使用することが効果的だと考えられる。ただし，こうした戦略は常に有効であるとは限らない。本研究の仮説4の結果にもとづくならば，消費者が購買という目標に対して心理的に近いと感じていることが条件となる。したがって，発売日が近づいた段階で硬さを活用した戦略を用いることが妥当であると考えられる。

一方，実験1と実験2の結果は，サービス業界に対する示唆も提供している。例えば，保険や金融など，窓口で接客応対を行うビジネスにおいては，顧客にサービス内容を説明する際，説明に用いる資料や顧客の座席の硬さによって，企業やサービスに対する知覚品質を高めたり，支払意思額を上昇させたりすることが可能だろう。

実験3の結果からは，サービス・リカバリーに関する意義を見出すこともできる。実験3の結果によると，硬さの経験が，企業の金銭的補償に対する要求水準を高める。こうした結果から，サービスの失敗が発生し，企業担当者が金銭的補償についての説明を行う際，顧客が座る椅子を通じて柔らかい感覚を与えることにより，企業側が提示する金額を受け入れやすくさせることができる。ただし，ここにおいても時間的距離の調整効果を考慮する必要がある。つまり，サービス・リカバリーにおいて硬さ — 柔らかさの効果を活用しようとした場合，サービスの失敗が発生してから時間的に近いときでなければ，その効果が十分に機能しない可能性がある。

なお，本研究ではサービス・リカバリーという状況に限定して考察を行ったが，Ackerman, Nocera, and Bargh（2010）の結果もあわせて捉えるならば，より広い視点での意義が得られる。すなわち，ビジネスにおいて他者に対する提案や交渉を行う際，床，椅子，紙など，一見すると無関係な物の硬さ情報が，それらの成否に影響を及ぼし得ることが示唆されるだろう。

7-4　本研究の課題

本研究は複数の理論的意義と実務的意義を有しているが，課題も残している。1つ目は，時間的距離以外の心理的距離に関する検討である。本研究においては，実験1～3にわたり，時間的距離の調整効果に注目して議論を進めてきた。しかしながら，心理的距離には時間的距離以外にも社会的距離や空間的距離などが存在する（Trope, Liberman, and Wakslak 2007）。また，心理的距離ではなく解釈レベルを何らかのタスクにより直接的に操作することも可能である（Fujita et al. 2006a）。したがって，これらの代替的な方法を用いた実験を行い，本研究と同様の結果が得られるのかを吟味していく必要があるだろう。

2つ目は，他の感覚も含めた検討である。本研究では，消費者の触覚のなかでも特に硬さに注目し，消費者の意思決定の関連性について考察してきた。一方で，Klatzky and Lederman（1992）などが示しているとおり，触覚には硬さ以外にも，手触りや温度などが含まれる。本研究の目的上，詳細な議論は行っていないものの，非診断的触覚情報としての手触りや温度に関して，身体化認知理論の視点から捉えた研究はすでに取り組まれている（例えば，Ackerman, Nocera, and Bargh 2010; Williams and Bargh 2008）。今後は，これらの触覚情報が消費者の意思決定に及ぼす影響や，複数の触覚情報の組み合わせ効果などについて，さらに検討を進めていくべきだろう。

3つ目は，製品特性や訴求内容を考慮した検討である。本章の実験で用いた製品は，電子辞書や体重計などであり，これらの製品カテゴリーにおいては硬さの経験が知覚品質を高め，支払意思額を上昇させることが明らかになった。一方で，硬さが必ずしもこうした好ましい消費者反応をもたらすとは限らないであろう。例えば，柔らかさが重視される柔軟剤や寝具の広告では，硬い紙よりむしろ柔らかい紙のほうが製品特性と一致した触覚情報をもたらし，知覚品質や支払意思額を高めるかもしれない。

また，広告の訴求内容によっても，硬さと軟らかさの効果は異なる可能性がある。例えば，同じ英会話教室の広告であっても，教育内容の質や講師の信頼性の高さを訴求する場合には硬さが有効である一方，教育の丁寧さや講師の優しさなどを訴求する場合には軟らかさが有効であることも考えられる。今後は，製品カテゴリーや訴求内容を考慮したうえで，非診断的触覚情報の効果を検討してくべきだろう。

4つ目は，個人差を考慮した検討である。本研究では，非診断的触覚情報の効果を消費者行動の文脈で検討することが主目的であったため，消費者の個人特性については焦点を当てなかった。しかしながら，接触欲求尺度を開発した既存研究によると，接触行為の傾向には個人差が存在し（Peck and Childers 2003b），非診断的触覚情報の影響がどれくらい強く生じるかは，接触欲求によっても異なることが示されている（Krishna and Morrin 2008; Peck and Wiggins 2006）。したがって，今後は，接触欲求やその他の消費者特性を考慮し，本研究の結果をさらに精緻なものにしていく必要がある。

（1） 本研究は科学研究費基盤研究B（研究課題番号：25285135，研究代表者：守口剛），基盤研究C（研究課題番号：26380568，研究代表者：石井裕明），基盤研究C（研究課題番号：16K03938，研究代表者：朴宰佑）による成果の一部である。

（2） Lynch et al.（2015）は，概念的追試（conceptual replication）の重要性を主張している。概念的追試とは，既存研究と完全に同一の環境や手続きで行われる厳密な再現実験とは異なり，他の文脈や異なる文化圏で既存研究を再現することを指し，これにより理論の外部妥当性や一般化可能性を高めていく方法である。

終章

Conclusion and Future Directions

結論と今後の課題

消費者の購買意思決定は，それぞれの製品を独立的に評価し，段階的に選択肢を絞っていくという首尾一貫としたものではなく，むしろ，様々な刺激，情報，状況要因などの影響を受けながら，多様な形に変容していくものではないか。とするならば，その変容性を考慮した消費者行動の分析を展開していく必要があるのではないか。こうした問題意識から，変容性の高い消費者像の解明を試みてきた。消費者の情報処理や意思決定が変容していく様相は，いくつかの既存理論によって部分的に説明することが可能である。例えば，行動経済学の理論を援用し，選好の逆転現象について解明していくことや，説得的メッセージによる態度変容について議論していくことも可能であろう。こうしたなか，本書では近年の社会心理学で関心が寄せられている解釈レベル理論に依拠することとした。解釈レベル理論は，多次元的な心理的距離（例えば，時間的距離，社会的距離など）の存在を仮定しており，これらの心理的距離が解釈レベルに影響を及ぼし，対象に対する人の捉え方が変化する過程を説明している。また，個人特性としての解釈レベルに注目し，個人がどの程度の解釈レベルで物事を捉える傾向があるかを考慮することも可能である。こうした特徴から，解釈レベル理論は消費者行動研究への適用可能性が極めて高く，同理論により従来の消費者行動研究で捉えきれていなかった消費者反応に光を当てることが可能であると考えた。

本書を通して，目標対象への時間的距離や社会的距離により，消費者購買意思決定が様々な形で変化することが明らかになった。例えば，購買までの時間的距離と消費者の認知欲求によって，視覚探索行動に違いが生じることが示されている（第4章）。また，複数回の実験を行った結果，購買や消費までの時間的距離が遠いときと近いときでは，パッケージに掲載された製品関連画像の効果（第6章の実験2）や，広告を通じて得られる触覚情報の影響（第8章）が異なることが確認された。すなわち，従来効果があるとされてきた画像や触覚を通じた製品訴求も，常にポジティブな消費者反応をもたらすとは限らず，消費者が遠い将来の購買や消費を想定している場合，これらの訴求が効果を持たない，あるいはネガティブな消費者反応をもたらすことすらありうるのである。これらの結果から，時間推移に伴い，消費者が情報取得に費やす労力や，優先的に処理する情報が変化していく様子を読み取ることができる。

時間だけでなく，他者に対する捉え方とその影響も明らかになった。社会的に遠い他者と近い他者のどちらを贈与先として意識するかによって，画像情報の効果が異なること（第6章の実験1），身近な他者に対する社会的距離は文化によって異なり，それにより画像情報の効果にも違いが生じること（第7章）なども確認できた。これらの結果は，社会的外部要因である他者への知覚が，消費者の内部要因である認知活動にも影響を及ぼしうることを示唆している。

また，心理的距離による操作ではなく，個人特性としての解釈レベルに注目した分析から，急激に取得した膨大な情報からいかに満足のいく意思決定を行えるかという点においても，解釈レベルが影響を及ぼすことが示唆されている（第5章）。

続いて，本書で明らかにされた点を，改めて章ごとにまとめておきたい。第Ⅰ部「本書の理論的背景」では，実証分析に先立ち，理論的な整理や体系化を行った。第1章では，過去の消費者行動研究を概観し，これまでの理論的な系譜や展開について把握することを試みた。その結果，今日に至るまで，目標，関与，記憶，知識など，消費者の情報処理過程に影響を及ぼす様々な変数が扱われ，その構造や影響関係などの理解が図られてきたこと，これにより消費者の知覚や認知に関する詳細な知見が得られていることを確認した。一方で，時間推移，社会的要因など，様々な変数によって消費者の意思決定は容易に変容していくはずであるにもかかわらず，こうした点を包括的に捉える試みが十分に行われてこなかったという問題意識を，「変容性」という概念とともに提示した。章の後半では，時間推移により消費者意思決定が変容していく様相を，自動車購入予定者を対象とした探索的な調査やパソコン購入に関する先行研究の調査によって示している。

第2章では，変容性の高い消費者意思決定を捉えるための枠組みとして，解釈レベル理論を取り上げ，その全体像を把握した。論文データベースによる集計を行った結果，今日，消費者行動研究や心理学研究において解釈レベル理論を用いた研究が増加傾向にあること，また，社会科学領域のなかで，最も盛んに解釈レベル理論を援用しているのが消費者行動研究であることを示した。そのうえで，解釈レベル理論の中核概念である心理的距離の類型，およびそれによって生じる対象への捉え方の変化について，既存研究の知見をもとに整理した。

第3章では，解釈レベル理論が消費者行動研究においてどのように扱われてきたのかについて，先行研究レビューを通じて明らかにした。先行研究を「解釈レベル理論を単独で用いた研究」と「他の理論や概念と組み合わせて用いた研究」に分類し，研究潮流の変化を把握している。その結果，前者の研究群においては，単一の心理的距離の効果から複数の心理的距離の効果へと焦点が変わったこと，後者の研究群においては，近年，既存の理論や法則の調整要因として解釈レベルを用いる研究が増加していることなどを明らかにした。あわせて，解釈レベル理論は，二重過程モデルなどの関連理論とは異なる現象を説明しており，競合理論として捉えることが必ずしも適切とは言えないことも主張した。

第II部「解釈レベルと情報取得プロセス」では，消費者の情報探索行動と解釈レベルとのかかわりを議論した。第4章では，購買までの時間的距離が遠いときと近いときで，消費者の視覚探索行動がどのように変化するのかについてアイトラッキング法を用いて検討した。その結果，認知欲求の高い消費者は，遠い将来の選択に対して困難であると感じていても，それに対して丹念な視覚探索を行うことが明らかになった。一方で，認知欲求の低い消費者は，困難と感じられる遠い将来の選択に対しては，それほど丹念な視覚探索を行わない傾向が示されている。

第5章では，マーケティングおよび消費者行動研究において最も重要な感情変数の1つである「満足」に焦点を合わせた。特に，購買直前にどれくらい多くの情報を取得したか（すなわち，俄かな情報探索）が購買後の消費者満足にどのような影響を及ぼすかについて，消費者の解釈レベルを考慮しながら議論した。アウターの購入を検討している消費者を対象とし，2時点にわたる調査を行った結果，購買直前の俄かな情報探索が購買後満足に及ぼす影響は，消費者の解釈レベルによって異なることが明らかになった。具体的には，購買直前に俄かな情報探索を行った場合，解釈レベルが低次の消費者は，高次の消費者に比べ，購買後に高い満足度を示す傾向が明らかになった。

第Ⅲ部「解釈レベルと情報統合プロセス」では，製品評価や品質判断といった情報統合プロセスにおいて，解釈レベルがいかなる効果を及ぼすかについて検討した。第6章では，画像を用いた製品訴求が製品評価に及ぼす効果について，時間的距離と社会的距離を考慮しながら議論した。実験1では心理的距離のうち社会的距離に注目した。その結果，社会的距離が遠い他者へのギフトを想定した場合，画像非掲載パッケージが製品評価を高める一方，社会的距離が近い他者へのギフトを想定した場合，画像掲載パッケージが製品評価を高めることが示された。実験2では心理的距離のうち時間的距離に注目した。ギフトを贈与するまでの時間的距離を操作したところ，消費者が遠い将来の消費を想定した場合は，画像非掲載パッケージが製品評価を高める一方，近い将来の消費を想定した場合は，画像掲載パッケージが製品評価を高めることが示された。

第7章では，第6章の結果を踏まえ，社会的距離についてさらなる考察を進めた。先行研究においては，友人や家族などの身近な他者に対してどのような距離感で捉えるかは，消費者の自己観によって異なることも指摘されている。これを踏まえ，実験1では，国際比較研究を行った。その結果，主に相互独立的自己観を有する米国人消費者においては，身近な他者（例えば，友人）に対して社会的距離を遠く感じるため，抽象的イメージを伝達する画像非掲載パッケージが製品評価を高めること，反対に主として相互協調的自己観を有する日本人消費者においては，身近な他者に対して社会的距離を近く感じるため，具体的イメージを伝達する画像掲載パッケージが製品評価を高めることが明らかになった。さらに，日本人のみを対象とし，穴埋めタスクによって自己観を操作した実験を行うことにより，前述の相違が，自己観の違いにより生じていることを確認した（実験2）。

第8章では，触覚情報が消費者の意思決定に及ぼす効果について，時間的距離の影響を考慮しながら考察した。特に，第8章では，触覚情報のなかでも「硬さ」に注目し，硬いという触覚経験（例えば，硬い紙に印刷された広告に触れるなど）が，本来硬さとは何の関連もない別の物事の判断（例えば，広告上に掲載された製品の品質判断など）に影響を及ぼすのか，そうした影響は，対象に対する時間的距離が遠いときと近いときのどちらで強く生じるのかといった点について検討した。3回にわたる実験の結果，硬さの感覚は，製品品質に関する判断（実験1），製品に対する支払意思額（実験2），サービスの失敗時における許容可能な補償金額（実験3）に影響を及ぼすこと，こうした影響は特に時間的距離が近いとき（すなわち，解釈レベルが低次のとき）のみ発生する傾向があることを明らかにした。

このように，解釈レベルと消費者反応に関する考察を通じ，時間的距離をはじめとした複数の要因によって，消費者の意思決定が変容していく様相を示すことができた。一方で，課題や問題点も残されている。以下の3点を挙げておきたい。1つ目は，情報取得と情報統合という2つのプロセスに関する課題である。一般的な情報処理パラダイムに基づき，これら2つのプロセスに解釈レベルがどのようにかかわっているかについて検討を試みた。しかしながら，両プロセスについて必ずしも十分に検討しきれたとは言えない。例えば，情報取得プロセスに関する第4章や第5章は，いずれも外部情報の取得のみに焦点を向けており，知識や記憶といった内部情報の検索や取得については触れていない。また，情報統合プロセスに関する第6章〜第8章においても，製品評価や品質判断といった成果変数のみに注目しており，どのような統合メカニズムを経て判断が下されたのかについて厳密な議論が行われていない。今後は，両プロセスについてさらに踏み込んだ議論を行う必要があるだろう。

2つ目は，解釈レベルの変化とその捉え方に関する課題である。本書のほとんどの章では，実験を行ううえで，解釈レベルを「高次／低次」，心理的距離を「遠／近」と二分し，両者を比較している。現実的に確保可能なサンプル・サイズを考えた場合，あまりに多水準の実験設計を組み立てることは困難であったためである。しかしながら，本来，心理的距離や解釈レベルは連続的に変化していくものであり，上記のようにカテゴリカルに捉えることが必ずしも望ましいとは言えない。購買まで時間的に遠い段階から始まり，徐々に近づいていくにつれて，消費者の意思決定がどのように変化していくかを連続的に捉えていくことは，「変容性」というテーマに接近していくうえで重要な取り組みであると考えられる。また，いつどのタイミングで解釈レベルが変化するのか，人はどれくらいの距離のときに対象物を遠い（または近い）と感じるのかなどを理解することは，実務的な応用を考えるマーケターにとっても重要な視点となるはずである。そのため，今後は前述のような二分法ではなく，より詳細に心理的距離や解釈レベルの変化を捉えていく必要がある。

3つ目は，心理的距離の網羅性に関する課題である。本書では，心理的距離のなかでも特に時間的距離（第4章，第6章の実験2，第8章）と社会的距離（第6章の実験1，第7章）に注目して議論を進めてきた。多くの先行研究においても，これら2つが用いられていること，これら2つの心理的距離は現実の消費者行動に対する応用可能性が高いことなどがその理由である。しかしながら，心理的距離には，空間的距離や確率的距離なども存在する。したがって，今後は，残る他の心理的距離も含め，網羅的な議論を行っていく必要があるだろう。

また，個人特性としての解釈レベルについても注目しているが（第5章），個人それぞれが有する解釈レベルと，心理的距離によって変化する解釈レベルとの関係をどのように捉えていくべきかについて，必ずしも十分な考察が行われていない。もともと高次（または，低次）の解釈レベルを有した消費者が，心理的距離の遠い（または，近い）購買や消費を意識した際，彼らの解釈レベルにどのような変化が起きているのかという点については，今後厳密に議論を行っていく必要があるだろう。

以上の点は，今後研究を進めていくなかで，筆者が取り組んでいくべき課題であると考えている。

あとがき

本書の執筆においては，実に多くの先生方からのご指導やご支援を賜った。大学院在学時の指導教授であった恩藏直人先生（早稲田大学教授）からは，修士課程から博士課程，そして教職を得た今日に至るまで，多くのご指導を頂いている。研究のテクニカルなことだけではなく，研究者としての考え方，振る舞いや作法，若手研究者の在り方といったことも含め，懇切丁寧に示してくださった。また，ともすると消費者の心理的なプロセスやメカニズムの議論に終始し，現実的な視点を忘れてしまいそうになる筆者に対し，「それが分かることで，現実のマーケティング現象の何が捉えられるのか」という大きな視点を持ち続けるよう促してくださった。筆者が解釈レベル理論に関心を寄せるきっかけとなった研究会（詳細は後述）に「良かったら君も出席してみないか」と声をかけてくださったのも，恩藏先生である。今までの計り知れぬご学恩に対して，この場を借りて心から感謝申し上げたい。

武井寿先生（早稲田大学教授），嶋村和恵先生（早稲田大学教授），守口剛先生（早稲田大学教授）からも，大学院生時代より多くのご指導を頂いてきた。筆者の拙い考えにも耳を傾けてくださり，適宜助言をくださったことに対して，改めて御礼申し上げたい。

本書で取り上げている解釈レベル理論は，2009 年度に早稲田大学重点領域研究として採択されたテーマである。この研究プロジェクトは，当時，早稲田大学に特任教授としてご在職中であった阿部周造先生（横浜国立大学名誉教授）がリーダーとなり進められたものであり，定期的に開催される研究会では，各チームによる成果発表や議論が行われていた。筆者は，博士課程 1 年生のときから研究会への出席機会を頂き，阿部周造先生をはじめ，守口剛先生，恩藏直人先生，竹村和久先生（早稲田大学教授），阿部誠先生（東京大学教授）などからご指導を頂くことができた。改めて振り返ってみると，関連諸理論を学際的に理解したり，正しい研究方法論を体得したりするうえで，研究会はこのうえなく貴重かつ贅沢な機会であったと感じている。この研究プロジェクトは，2018年度現在でも，科学研究費基盤研究B（研究課題：「消費者行動における選好逆転の体系的理論構築に関する研究」，研究課題番号：16H03675，代表：守口剛先生）として継続しており，上記の先生方や他の研究会メンバーから数多くの学びを得ている。改めて心より御礼申し上げたい。

学会では，新倉貴士先生（法政大学教授）からいつも示唆に富むご指導と温かい励ましを頂いた。研究を進めていくなかで，新倉先生の鋭いご指摘と，温かいお人柄には幾度も助けて頂いたと感じている。折に触れて「解釈レベル理論でこんなことが分かれば面白いね」といったお話を頂き，筆者が研究テーマを考える際の気づきを与えてくださっている。

2016年，筆者は在外研究員として，Fujita Kentaro先生（オハイオ州立大学教授）とともに研究活動を行う機会を得た。Fujita先生は解釈レベル理論の構築に貢献した研究者である。才学非凡でありながらそれに驕らず，紳士的な態度で接して下さる同先生のお姿は，筆者にとって常にロールモデルである。在外研究で得られた成果は，本書でも随所に反映されている。

浅野清彦先生（東海大学教授）からは，筆者が学部時代からマーケティングの奥深さ，ひいては学問の道の険しさや面白さを教えて頂いた。浅野先生から，学究生活の醍醐味を教えて頂き，大学院進学の助言や激励を与えて頂かなければ，筆者が研究の道を志すことはなかったであろう。

科学研究費課題をはじめとした共同研究プロジェクトでは，朴宰佑先生（武蔵大学教授），平木いくみ先生（東京国際大学教授），須永努先生（関西学院大学教授），石井裕明先生（成蹊大学准教授），永井竜之介先生（高千穂大学准教授），磯田友里子先生（早稲田大学助手）からも多くの教えや知的刺激を頂いている。

勤務校の千葉商科大学商経学部では，学部長である山本恭裕先生をはじめ，マーケティング領域の森久人先生，長谷川博先生，大平修司先生，櫻井聡先生，野木村忠度先生，大平進先生に，学務や講義の分担といった点で特にお世話になっている。株式会社プラグの小川亮代表取締役社長からは，実験刺激の制作において多大なるご協力を賜った。そのほか，すべての方のお名前を挙げることはできないが，本書を執筆するにあたってお世話になった先生方には，この場を借りて御礼申し上げたい。

本書の出版にあたり，独立行政法人日本学術振興会からは，平成31年度（2019年度）科学研究費補助金，研究成果公開促進費（学術図書）（課題番号：JP19HP5150）の助成を受けた。こうして本書を刊行できたのは同助成のおかげであり，心より感謝申し上げる。在外研究派遣や学術研究助成など充実した研究環境を与え，筆者の研究活動を支援して頂いている千葉商科大学にも御礼申し上げたい。大学からの協力的な研究支援が無ければ，本書の上梓は叶わなかったであろう。また，昨今の厳しい出版事情にもかかわらず，本書の出版をご快諾頂いた株式会社千倉書房，および企画や校正作業を丁寧に進めてくださった同社編集部の岩澤孝氏にも深く感謝申し上げる。

最後に，本書を完成させることができたのは，筆者の研究活動を理解し，支えてくれた両親のおかげである。心から感謝の気持ちを表したい。

2019年2月

外川　拓

参考文献

Aaker, David A. and Robert Jacobson (1994), "The Financial Information Content of Perceived Quality," *Journal of Marketing Research*, 31(2), 191–201.

Ackerman, Joshua (2016), "Implications of Haptic Experience for Product and Environmental Design," in R. Batra, C Seifert, and D. Brei (eds.), *The Psychology of Design*, NY: Routledge, 3–25.

Ackerman, Joshua M., Christopher C. Nocera, and John A. Bargh (2010), "Incidental Haptic Sensations Influence Social Judgments and Decisions," *Science*, 328(5986), 1712–1715.

Aggarwal, Pankaj and Min Zhao (2015), "Seeing the Big Picture: The Effect of Height on the Level of Construal," *Journal of Marketing Research*, 52(1), 120–133.

Agrawal, Nidhi and Echo Wen Wan (2009), "Regulating Risk or Risking Regulation? Construal Levels and Depletion Effects in the Processing of Health Messages," *Journal of Consumer Research*, 36(3), 448–462.

Ahluwalia, Rohini and Zeynep Gürhan-Canli (2000), "The Effects of Extensions on the Family Brand Name: An Accessibility-Diagnosticity Perspective," *Journal of Consumer Research*, 27(3), 371–381.

Ainslie, George (2001), *Breakdown of Will*, Cambridge, England: Cambridge University Press（山形浩生訳『誘惑される意志』NTT 出版，2006 年）.

Alba, Joseph W. and J. Wesley Hutchinson (1987), "Dimensions of Consumer Expertise," *Journal of Consumer Research*, 13(4), 411–454.

Alter, Adam L. and Daniel M. Oppenheimer (2009), "Uniting the Tribes of Fluency to Form a Metacognitive Nation," *Personality and Social Psychology Review*, 13(3), 219–235.

Amit, Elinor, Daniel Algom, and Yaacov Trope (2009), "Distance-Dependent Processing of Pictures and Words," *Journal of Experimental Psychology*, 138(3), 400–415.

———, Cheryl Wakslak, and Yaacov Trope (2013), "The Use of Visual and Verbal Means of Communication across Psychological Distance," *Personality and Social Psychology Bulletin*, 39(1), 43–56.

Ampuero, Olga and Natalia Vila (2006), "Consumer Perceptions of Product Packaging," *Journal of Consumer Marketing*, 23(2), 100–112.

Anderson, Norman H. and Diane O. Cuneo (1978), "The Height + Width Rule in Children's Judgments of Quantity," *Journal of Experimental Psychology (General)*, 107(4), 335–378.

Ariely, Dan, and Michael I. Norton (2009), "Conceptual Consumption," *Annual Review of Psychology*, 60, 475–499.

Asch, Solomon E. (1958), "The Metaphor: A Psychological Inquiry," in R. Tagiuri and L. Petrullo (eds.), *Person Perception and Interpersonal Behavior*, CA: Stanford University Press, 86–94.

Bagozzi, Richard P. and Youjae Yi (1988), "On the Evaluation of Structural Equation Models," *Journal of the Academy of Marketing Science*, 16(1), 74–94.

Bar-Anan, Yoav, Yaacov Trope, Nira Liberman, and Daniel Algom (2007), "Automatic Processing of Psychological Distance: Evidence from a Stroop Task," *Journal of Experimental Psychology: General*, 136(4), 610–622.

Barsalou, Lawrence W. (2008), "Grounded Cognition," *Annual Review of Psychology*, 59, 617–645.

Beatty Sharon E. and Scott M. Smith (1987), "External Search Effort: An Investigation Across Several Product Categories," *Journal of Consumer Research*, 14(1), 83–95.

Belk, Russell W. (1988), "Possessions and the Extended Self," *Journal of Consumer Research*," 15(2), 139–168.

——— (2009), "Sharing," *Journal of Consumer Research*, 36(5), 715–734.

——— and Gregory S. Coon (1993), "Gift Giving as Agapic Love: An Alternative to the Exchange Paradigm Based on Dating Experiences," *Journal of Consumer Research*, 20(3), 393–417.

Bennett, Peter D. (1995), *Dictionary of Marketing Terms (2nd ed.)*, NTC Business Books.

——— and Robert M. Mandell (1969), "Prepurchase Information Seeking Behavior of New Car Purchasers: The Learning Hypothesis," *Journal of Marketing Research*, 6(4), 430–433.

Bettman, James R. (1970), "Information Processing Models of Consumer Behavior," *Journal of Marketing Research*, 7(3), 370–376.

——— (1971), "The Structure of Consumer Choice Processes," *Journal of Marketing Research*, 8(4), 465–471.

——— (1979), *An Information Processing Theory of Consumer Choice*, MA: Addison-Wesley.

——— (1986), "Consumer Psychology," *Annual Review of Psychology*, 37(1), 257–289.

Blackwell, Roger D., Paul W. Miniard, and James F. Engel (2005), *Consumer Behavior*

(10th edition), OH: Thomson/South-Western.

Bloch, Peter H., Daniel L. Sherrell, and Nancy M. Ridgway (1986), "Consumer Search: An Extended Framework," *Journal of Consumer Research*, 13(1), 119–126.

Bone, Paula Fitzgerald and Karen Russo France (2001), "Package Graphics and Consumer Product Beliefs," *Journal of Business and Psychology*, 15(3), 467–489.

Bornemann, Torsten and Christian Homburg (2011), "Psychological Distance and the Dual Role of Price," *Journal of Consumer Research*, 38(3), 490–504.

Bower, Gordon H. (1981), "Mood and Memory," *American Psychologist*, 36(2), 129–148.

Bradley, Samuel D. and Robert Meeds (2004), "The Effects of Sentence-Level Context, Prior Word Knowledge, and Need for Cognition on Information Processing of Technical Language in Print Ads," *Journal of Consumer Psychology*, 14(3), 291–302.

Brendl, Miguel C., Arthur B. Markman, and Claude Messner (2003), "The Devaluation Effect: Activating a Need Devalues Unrelated Objects," *Journal of Consumer Research*, 29(4), 463–473.

Brewer, Marylinn B. and Wendi Gardner (1996), "Who is this We? Levels of Collective Identity and Self Representations," *Journal of Personality and Social Psychology*, 71(1), 83–93.

Brisoux, Jacques E. and Michel Laroche (1980), "A Proposed Consumer Strategy of Simplification for Categorizing Brands," in John D. Summey and R.D. Taylor (eds.), *Evolving Marketing Thought for 1980*, FL: Southern Marketing Association, 112–114.

Britt, Steuart Henderson (1950), "The Strategy of Consumer Motivation," *Journal of Marketing*, 14(5), 666–674.

Brown, William F. (1950), "The Determination of Factors Influencing Brand Choice," *Journal of Marketing*, 14(5), 699–706.

Brucks, Merrie (1985), "The Effects of Product Class Knowledge on Information Search Behavior," *Journal of Consumer Research*, 12(1), 1–16.

Bucklin, Louis P. (1969), "Consumer Search, Role Enactment, and Market Efficiency," *Journal of Business*, 42(4), 416–438.

Cacioppo, John T. and Richard E. Petty (1982), "The Need for Cognition," *Journal of Personality and Social Psychology*, 42(1), 116–131.

———, ———, Chuan Feng Kao , and Regina Rodriguez (1986), "Central and Peripheral Routes to Persuasion: An Individual Difference Perspective," *Journal of Personality and Social Psychology*, 51(5), 1032–1043.

———, ———, and Katherine J. Morris (1983), "Effects of Need for Cognition on Message Evaluation, Recall, and Persuasion," *Journal of Personality and Social Psychology*, 45(4), 805–818.

Chandon, Pierre, J. Wesley Hutchinson, Eric T. Bradlow, and Scott H. Young (2009), "Does In-Store Marketing Work? Effects of the Number and Position of Shelf Facings on Brand Attention and Evaluation at the Point of Purchase," *Journal of Marketing*, 73(6), 1–17.

Chandran, Sucharita and Geeta Menon (2004), "When a Day Means More than a Year: Effects of Temporal Framing on Judgments of Health Risk," *Journal of Consumer Research*, 31(2), 375–389.

Chen, Haipeng, Sharon Ng, and Akshay R. Rao (2005), "Cultural Differences in Consumer Impatience," *Journal of Marketing Research*, 42(3), 291–301.

Chiu, Lian-Hwang (1972), "A Cross-Cultural Comparison of Cognitive Styles in Chinese and American Children," *International Journal of Psychology*, 7(4), 235–242.

Cho, Eunice Kim, Uzma Khan, and Ravi Dhar (2013), "Comparing Apples to Apples or Apples to Oranges: The Role of Mental Representation in Choice Difficulty, *Journal of Marketing Research*, 50(4), 505–516.

Cian, Luca, Aradhna Krishna, and Ryan S. Elder (2014), "This Logo Moves Me: Dynamic Imagery from Static Images," *Journal of Marketing Research*, 51(2), 184–197.

Citrin, Alka Varma, Donald E. Stem, Eric R. Spangenberg, and Michael J. Clark (2003), "Consumer Need for Tactile Input: An Internet Retailing Challenge," *Journal of Business Research*, 56(11), 915–922.

Cocanougher, A. Benton and Grady D. Bruce (1971), "Socially Distant Reference Groups and Consumer Aspirations," *Journal of Marketing Research*, 8(3), 379–381.

Cohen, Joel B. and Dipankar Chakravarti (1990), "Consumer Psychology," *Annual Review of Psychology*, 41, 243–288.

Crusco, April H. and Christopher G. Wetzel (1984), "The Midas Touch: The Effects of Interpersonal Touch on Restaurant Tipping," *Personality and Social Psychology Bulletin*, 10(4), 512–517.

Deng, Xiaoyan and Barbara E. Kahn (2009), "Is Your Product on the Right Side? The "Location Effect" on Perceived Product Heaviness and Package Evaluation," *Journal of Marketing Research*, 46(6), 725–738.

Dhar, Ravi and Eunice Y. Kim (2007), "Seeing the Forest or the Trees: Implications of Construal Level Theory for Consumer Choice," *Journal of Consumer Psychology*, 17(2), 96–100.

Dichter, Ernest (1964), *Handbook of Consumer Motivations*, NY: McGraw-Hill.

Dickson, Peter R. and Alan G. Sawyer (1990), "The Price Knowledge and Search of Supermarket Shoppers," *Journal of Marketing*, 54(3), 42–53.

Dodds, William B., Kent B. Monroe, and Dhruv Grewal (1991), "Effects of Price, Brand, and Store Information on Buyers' Product Evaluations," *Journal of Marketing Research*, 28(3), 307–319.

Douglas, Susan P. and C. Samuel Craig (2007), "Collaborative and Iterative Translation: An Alternative Approach to Back Translation," *Journal of International Marketing*, 15(1), 30–43.

Engel, James F., David T. Kollat, Roger D. Blackwell (1968), *Consumer Behavior*, NY: Holt, Rinehart & Winston.

Eyal, Tal, Nira Liberman, and Yaacov Trope (2009), "Psychological Distance and Consumer Behavior: A Construal Level Theory Perspective," in Michaela Wänke (ed.), *Social Psychology of Consumer Behavior*, NY: Psychology Press, 65–87.

Farley, John U. and L. Winston Ring (1970), "An Empirical Test of the Howard-Sheth Model of Buyer Behavior," *Journal of Marketing Research*, 7(4), 427–438.

——— and ——— (1974), "Empirical" Specification of a Buyer Behavior Model," *Journal of Marketing Research*, 11(1), 89–96.

Fiedler, Klaus (2007), "Construal Level Theory as an Integrative Framework for Behavioral Decision-Making Research and Consumer Psychology," *Journal of Consumer Psychology*, 17(2), 101–106.

Fishbein, Martin and Icek Ajzen (1975), *Belief, Attitude, Intention, and Behavior: An Introduction to Theory and Research*, MA: Addison–Wesley.

Fitts, Paul M., Richard E. Jones, and John L. Milton (1950), "Eye Movements of Aircraft Pilots During Instrument-landing Approaches," *Aeronautical Engineering Review*, 9(2), 24–29.

Flinn, Mark V., David C. Geary, and Carol V. Ward (2005), "Ecological Dominance, Social Competition, and Coalitionary Arms Races: Why Humans Evolved Extraordinary Intelligence," *Evolution and Human Behavior*, 26(1), 10–46.

Folkes, Valerie S. and Shashi Matta (2004), "The Effect of Package Shape on Consumers' Judgments of Product Volume: Attention as a Metal Contaminant," *Journal of Consumer Research*, 31(2), 390–401.

Fornell, Claes and David F. Larcker (1981), "Evaluating Structural Equation Models with Unobservable Variables and Measurement Error," *Journal of Marketing Research*, 18(1), 39–50.

Förster, Jens, Ronald S. Friedman, and Nira Liberman (2004), "Temporal Construal Effects on Abstract and Concrete Thinking: Consequences for Insight and Creative Cognition," *Journal of Personality and Social Psychology*, 87(2), 177–189.

———, Nira Liberman, and Stefanie Kuschel (2008), "The Effect of Global versus Local Processing Styles on Assimilation versus Contrast in Social Judgment,"

Journal of Personality and Social Psychology, 94(4), 579–599.

Fujita, Kentaro, Tal Eyal, Shelly Chaiken, Yaacov Trope, and Nira Liberman (2008), "Influencing Attitudes toward Near and Distant Objects," *Journal of Experimental Social Psychology*, 44(3), 562–572.

———, Yaacov Trope, Nira Liberman, and Maya Levin-Sagi (2006a), "Construal Levels and Self-control," *Journal of Personality and Social Psychology*, 90(3), 351–367.

———, Marlone D. Henderson, Juliana Eng, Yaacov Trope, and Nira Liberman (2006b), "Spatial Distance and Mental Construal of Social Events," *Psychological Science*, 17(4), 278–282.

Garber, Lawrence L. Jr. (1995), "The Package Appearance in Choice," in Frank R. Kardes and Mita Sujan (eds.), *Advances in Consumer Research*, 22, UT: Association for Consumer Research, 653–660.

———, Raymond R. Burke, and J. Morgan Jones (2000), "The Role of Package Color in Consumer Purchase Consideration and Choice," *Marketing Science Institute*, Working Paper.

Gardner, Meryl P. and Marion Vandersteel (1984), "The Consumer's Mood: An Important Situational Variable", in Thomas C. Kinnear (eds.), *Advances in Consumer Research*, 11, UT: Association for Consumer Research, 525–529.

Gilead, Michael, Nira Liberman, and Anat Maril (2014), ""I Remember Thinking...": Neural Activity Associated with Subsequent Memory for Stimulus-Evoked Internal Mentations," *Social Neuroscience*, 9(4), 387–399.

Gilly, Mary C. and Betsy D. Gelb (1982), "Post-Purchase Consumer Processes and the Complaining Consumer," *Journal of Consumer Research*, 9(3), 323–328.

Girisken, Yener and Diren Bulut (2014), "How Do Consumers Perceive A/An Logotype/Emblem in the Advertisements: An Eye Tracking Study," International *Journal on Strategic Innovative Marketing*, 1(4), 198–209.

Glaser, Wilhelm R. (1992), "Picture Naming," *Cognition*, 42(1-3), 61–105.

Goldstein, Daniel G., Siddharth Suri, R. Preston McAfee, Matthew Ekstrand-Abueg, and Fernando Diaz (2014), "The Economic and Cognitive Costs of Annoying Display Advertisements," *Journal of Marketing Research*, 51(6), 742–752.

Goodman, Joseph K. and Selin A. Malkoc (2012), "Choosing Here and Now versus There and Later: The Moderating Role of Psychological Distance on Assortment Size Preferences," *Journal of Consumer Research*, 39(4), 751–768.

Grohmann, Bianca, Eric R. Spangenberg, and David E. Sprott (2007), "The Influence of Tactile Input on the Evaluation of Retail Product Offerings," *Journal of Retailing*, 83(2), 237–245.

Guest, Lester (1962), "Consumer Analysis," *Annual Review of Psychology*, 13, 315–344.

Guo, Chiquan (2001), "A Review on Consumer External Search: Amount and Determinants," *Journal of Business and Psychology*, 15(3), 505–519.

Hagtvedt, Henrik and Vanessa M. Patrick (2008), "Art Infusion: The Influence of Visual Art on the Perception and Evaluation of Consumer Products," *Journal of Marketing Research*, 45(3), 379–389.

Haire, Mason (1950), "Projective Techniques in Marketing Research," *Journal of Marketing*, 14(5), 649–656.

Hamilton, Rebecca W. and Debora Viana Thompson (2007), "Is There a Substitute for Direct Experience? Comparing Consumers' Preferences after Direct and Indirect Product Experiences," *Journal of Consumer Research*, 34(4), 546–555.

Haugtvedt, Curtis P., Richard E. Petty, and John T. Cacioppo (1992), "Need for Cognition and Advertising: Understanding the Role of Personality Variables in Consumer Behavior," *Journal of Consumer Psychology*, 1(3), 239–260.

Henderson, Marlone D., Yaacov Trope, and Peter J. Carnevale (2006), "Negotiation from A Near and Distant Time Perspective," *Journal of Personality and Social Psychology*, 91(4), 712–729.

Herzenstein, Michal, Steven S. Posavac, and J. Joško Brakus (2007), "Adoption of New and Really New Products: The Effects of Self-Regulation Systems and Risk Salience," *Journal of Marketing Research*, 44(2), 251–260.

Hess Jr., Ronald L., Shankar Ganesan, and Noreen M. Klein (2003), "Service Failure and Recovery: The Impact of Relationship Factors on Customer Satisfaction," *Journal of the Academy of Marketing Science*, 31(2), 127–145.

Hirschman, Elizabeth C. and Morris B. Holbrook (1982), "Hedonic Consumption: Emerging Concepts, Methods and Propositions," *Journal of Marketing*, 46(3), 92–101.

Hoegg, JoAndrea and Joseph W. Alba (2007), "Taste Perception: More than Meets the Tongue," *Journal of Consumer Research*, 33(4), 490–498.

Hofstede, Geert (1991), *Cultures and Organizations. Software of the Mind, London,* UK: Mc Iraw-Hill（岩井紀子・岩井八郎訳『多文化世界—違いを学び未来への道を探る』有斐閣，1995年）.

Holbrook, Morris B. and Elizabeth C. Hirschman (1982), "The Experiential Aspects of Consumption: Consumer Fantasies, Feelings, and Fun," *Journal of Consumer Research*, 9(2), 132–140.

Holmberg, Lennart and Ingrid Holmberg (1969), "The Perception of the Area of Rectangles as a Function of the Ratio between Height and Width," *Psychological Research Bulletin (Lund University)*, 9(3), 6.

Homer, Pamela M., and Sandra G. Gauntt (1992), "The Role of Imagery in the Processing of Visual and Verbal Package Information," *Journal of Mental Imagery*, 16(3/4), 123–144.

Hong, Jiewen and Angela Y. Lee (2010), "Feeling Mixed but Not Torn: The Moderating Role of Construal Level in Mixed Emotions Appeals," *Journal of Consumer Research*, 37(3), 456–472.

——— and Yacheng Sun (2012), "Warm It Up with Love: The Effect of Physical Coldness on Liking of Romance Movies," *Journal of Consumer Research*, 39(2), 293–306.

Hornik, J. (1992a), "Effects of Physical Contact on Customers' Shopping Time and Behavior," *Marketing Letters*, 3(1), 49–55.

——— (1992b), "Tactile Stimulation and Consumer Response," *Journal of Consumer Research*, 19(3), 449–458.

Howard, John A. and Jagdish N. Sheth (1969), *The Theory of Buyer Behavior*, NY: Wiley.

———, Robert P. Shay, and Christopher A. Green (1988), "Measuring the Effect of Marketing Information on Buying Intentions," *Journal of Consumer Marketing*, 5(3), 5–14.

Hoyer, Wayne D., Deborah J. MacInnis, and Rik Pieters (2008), *Consumer Behavior*, Sixth Edition, International Edition, OH: South-Western Cengage Learning.

Huang, Xun (Irene), Meng Zhang, Michael K. Hui, and Robert S. Wyer Jr. (2014), "Warmth and Conformity: The Effects of Ambient Temperature on Product Preferences and Financial Decisions," *Journal of Consumer Psychology*, 24(2), 241–250.

Hui, Sam K., Yanliu Huang, Jacob Suher, and J. Jeffrey Inman (2013), "The Effect of In-Store Travel Distance on Unplanned Spending: Applications to Mobile Promotion Strategies," *Journal of Marketing*, 77(2), 1–16.

Hutchinson, Wesley J. (1983), "Expertise and the Structure of Free Recall", in Richard P. Bagozzi and Alice M. Tybout (eds.), *Advances in Consumer Research*, 10, MI: Association for Consumer Research, 585–589.

IJzerman, Hans and Gün R. Semin (2009), "The Thermometer of Social Relations: Mapping Social Proximity on Temperature," *Psychological Science*, 20(10), 1214–1220.

Irmak, Caglar, Cheryl J. Wakslak, and Yaacov Trope (2013), "Selling the Forest, Buying the Trees: The Effect of Construal Level on Seller-Buyer Price Discrepancy," *Journal of Consumer Research*, 40(2), 284–297.

Jacoby, Jacob (1976), "Consumer Psychology: An Octennium," *Annual Review of*

Psychology, 27(1), 331–358.
———, Robert W. Chestnut, and William A. Fisher (1978), "A Behavioral Process Approach to Information Acquisition in Nondurable Purchasing," *Journal of Marketing Research*, 15(4), 532–544.
Jacoby, Jacob, Gita V. Johar, and Maureen Morrin (1998), "Consumer Behavior: A Quadrennium," *Annual Review of Psychology*, 49(1), 319–344.
———, Jerry C. Olson, and Rafael A. Haddock (1971), "Price, Brand name, and Product Composition Characteristics as Determinants of Perceived Quality," *Journal of Applied Psychology*, 55(6), 570–579.
———, Donald E. Speller, and Carol Kohn (1974), "Brand Choice Behavior as a Function of Information Load," *Journal of Marketing Research*, 11(1), 63–69.
Janiszewski, Chris (1998), "The Influence of Display Characteristics on Visual Exploratory Search Behavior," *Journal of Consumer Research*, 25(3), 290–301.
John, Deborah Roedder, Barbara Loken, and Christopher Joiner (1998), "The Negative Impact of Extensions: Can Flagship Products Be Diluted?," *Journal of Marketing*, 62(1), 19–32.
Johnson, Eric J. and J. Edward Russo (1984), "Product Familiarity and Learning New Information," *Journal of Consumer Research*, 11(1), 542–550.
Jostmann, Nils B., Daniël Lakens, and Thomas W. Schubert (2009), "Weight as An Embodiment of Importance," *Psychological Science*, 20(9), 1169–1174.
Kahle, Lynn R., Sharon E. Beatty, and Pamela Homer (1986), "Alternative Measurement Approaches to Consumer Values: The List of Values (LOV) and Values and Life Style (VALS)," *Journal of Consumer Research*, 13(3), 405–409.
Karslake, James Spier (1940), "The Purdue Eye-Camera: A Practical Apparatus for Studying the Attention Value of Advertisements," *Journal of Applied Psychology*, 24(4), 417–440.
Kassarjian, Harold H. (1982), "Consumer Psychology," *Annual Review of Psychology*, 33(1), 619–649.
Kelley, Scott W. and Mark A. Davis (1994), "Antecedents to Customer Expectations for Service Recovery," *Journal of the Academy of Marketing Science*, 22(1), 52–61.
Kerckhove, Anneleen Van, Maggie Geuens, and Iris Vermeir (2015), "The Floor is Nearer than the Sky: How Looking Up or Down Affects Construal Level," *Journal of Consumer Research*, 41(6), 1358–1371.
Khan, Uzma, Meng Zhu, and Ajay Kalra (2011), "When Trade-Offs Matter: The Effect of Choice Construal on Context Effects," *Journal of Marketing Research*, 48(1), 62–71.
Kiel, Geoffrey C. and Roger A. Layton (1981), "Dimensions of Consumer Information

Seeking Behavior," *Journal of Marketing Research*, 18(2), 233–239.

Kim, Hyeongmin (Christian) (2013), "Situational Materialism: How Entering Lotteries May Undermine Self-Control," *Journal of Consumer Research*, 40(4), 759–772.

Kim, Kyeongheui, Meng Zhang, and Xiuping Li (2008), "Effects of Temporal and Social Distance on Consumer Evaluations," *Journal of Consumer Research*, 35(4), 706–713.

Kisielius, Jolita and Brian Sternthal (1986), "Examining the Vividness Controversy: An Availability-Valence Interpretation," *Journal of Consumer Research*, 12(4), 418–431.

Klatzky, Roberta L. and Susan J. Lederman (1992), "Stages of Manual Exploration in Haptic Object Identification," *Perception & Psychophysics*, 52(6), 661–670.

Klenosky, David B. and Arno J. Rethans (1988), "The Formation of Consumer Choice Sets: A Longitudinal Investigation at the Product Class Level", in Michael J. Houston (eds.), *Advances in Consumer Research*, 15, UT: Association for Consumer Research, 13–18.

Krider, Robert E., Priya Raghubir and Aradhna Krishna (2001), "Pizzas: π or Square? Psychophysical Biases in Area Comparisons," *Marketing Science*, 20(4), 405–425.

Krishna, Aradhna (2010), "An Introduction to Sensory Marketing," in A. Krishna (ed.), *Sensory Marketing: Research on the Sensuality of Consumers*, NY: Routledge, 1–13.

——— (2013), *Customer Sense: How the 5 Senses Influence Buying Behavior*, NY: Palgrave Macmillan（平木いくみ・石井裕明・外川拓訳『感覚マーケティング―顧客の五感が買い物にどのような影響を与えるのか』有斐閣，2016 年）.

——— and Maureen Morrin (2008), "Does Touch Affect Taste? The Perceptual Transfer of Product Container Haptic Cues," *Journal of Consumer Research*, 34(6), 807–818.

———, Ryan S. Elder, and Cindy Caldara (2010), "Feminine to Smell but Masculine to Touch? Multisensory Congruence and Its Effect on the Aesthetic Experience," *Journal of Consumer Psychology*, 20(4), 410–418.

Krugman, Herbert E. (1965), "The Impact of Television Advertising: Learning without Involvement," *Public Opinion Quarterly*, 29(3), 349–356.

LaBarbera, Priscilla A. and David Mazursky (1983), "A Longitudinal Assessment of Consumer Satisfaction/Dissatisfaction: The Dynamic Aspect of the Cognitive Process," *Journal of Marketing Research*, 20(4), 393–404.

Labroo, Aparna A., Ravi Dhar, and Norbert Schwarz (2008), "Of Frog Wines and Frowning Watches: Semantic Priming, Perceptual Fluency, and Brand Evaluation," *Journal of Consumer Research*, 34(6), 819–831.

Lacey, Simon, Randall Stilla, and K. Sathian (2012), "Metaphorically Feeling: Comprehending Textural Metaphors Activates Somatosensory Cortex," *Brain & Language*, 120(3), 416–421.

Lakoff, George and Mark Johnson (1980), *Metaphors We Live By*, Chicago: University of Chicago Press（渡部昇一・楠瀬淳三・下谷和幸訳『レトリックと人生』大修館書店，1986 年）.

Landau, Mark J., Brian P. Meier, and Lucas A. Keefer (2010), "A Metaphor-Enriched Social Cognition," *Psychological Bulletin*, 136(6), 1045–1067.

Lawson, Robert (1998), "Consumer Decision Making within a Goal-driven Framework," *Psychology & Marketing*, 14(5), 427–449.

Lee, Angela Y. and Aparna A. Labroo (2004), "The Effect of Conceptual and Perceptual Fluency on Brand Evaluation," *Journal of Marketing Research*, 41(2), 151–165.

———, Punam Anand Keller, and Brian Sternthal (2010), "Value from Regulatory Construal Fit: The Persuasive Impact of Fit between Consumer Goals and Message Concreteness," *Journal of Consumer Research*, 36(5), 735–747.

Lee, Hyojin, Xiaoyan Deng, H. Rao Unnava, and Kentaro Fujita (2014), "Monochrome Forests and Colorful Trees: The Effect of Black-and-White versus Color Imagery on Construal Level," *Journal of Consumer Research*, 41(4), 1015–1032.

———, Kentaro Fujita, Xiaoyan Deng, and H. Rao Unnava (2017), "The Role of Temporal Distance on the Color of Future-Directed Imagery: A Construal-Level Perspective," *Journal of Consumer Research*, 43(5), 707–725.

Lee, Leonard and Dan Ariely (2006), "Shopping Goals, Goal Concreteness, and Conditional Promotions," *Journal of Consumer Research*, 33(1), 60–70.

Lehmann, Donald R., Terrence V. O'Brien, John U. Farley, and John A. Howard (1974), "Some Empirical Contributions to Buyer Behavior Theory," *Journal of Consumer Research*, 1(3), 43–55.

Lemon, Katherine N. and Peter C. Verhoef (2016), "Understanding Customer Experience throughout the Customer Journey," *Journal of Marketing*, 80(6), 69–96.

Levitt, Theodore (1993), "The Globalization of Markets," *Readings in International Business: A Decision Approach*, 249, 2–20.

Liberman, Nira and Yaacov Trope (1998), "The Role of Feasibility and Desirability Considerations in Near and Distant Future Decisions: A Test of Temporal Construal Theory," *Journal of Personality and Social Psychology*, 75(1), 5–18.

——— and ——— (2008), "The Psychology of Transcending the Here and Now," *Science*, 322(5905), 1201–1205.

———, Michael D. Sagristano, and Yaacov Trope (2002), "The Effect of Temporal

Distance on Level of Mental Construal," *Journal of Experimental Social Psychology*, 38(6), 523–534.

———, Yaacov Trope, and Elena Stephan (2007), "Psychological Distance," in Arie W. Kruglanski and E. Tory Higgins (eds.), *Social Psychology: Handbook of Basic Principles (Second Edition)*, NY: The Guilford Press, 353–381.

———, ———, and Cheryl Wakslak (2007), "Construal Level Theory and Consumer Behavior," *Journal of Consumer Psychology*, 17(2), 113–117.

Linville, Patricia W., Gregory W. Fischer, and Carolyn Yoon (1996), "Perceived Covariation among the Features of Ingroup and Outgroup Members: The Outgroup Covariation Effect," *Journal of Personality and Social Psychology*, 70(3), 421–436.

Lohse, Gerald L. (1997), "Consumer Eye Movement Patterns on Yellow Pages Advertising," *Journal of Advertising*, 26(1), 61–73.

Loken, Barbara (2006), "Consumer Psychology: Categorization, Inferences, Affect, and Persuasion," *Annual Review of Psychology*, 57, 453–485.

Lutz, Richard J. and Robert W. Resek (1972), "More on Testing the Howard-Sheth Model of Buyer Behavior," *Journal of Marketing Research*, 9(3), 344–345.

Lynch, John G. Jr. and Gal Zauberman (2007), "Construing Consumer Decision Making," *Journal of Consumer Psychology*, 17(2), 107–112.

———, Eric T. Bradlow, Joel C. Huber, and Donald R. Lehmann (2015), "Reflections on the Replication Corner: In Praise of Conceptual Replications," *International Journal of Research in Marketing*, 32(4), 333–342.

MacInnis, Deborah J. and Linda L. Price (1987), "The Role of Imagery in Information Processing: Review and Extensions," *Journal of Consumer Research*, 13(4), 473–491.

Madzharov, Adriana V. and Lauren G. Block (2010), "Effects of Product Unit Image on Consumption of Snack Foods," *Journal of Consumer Psychology*, 20(4), 398–409.

———, ———, and Maureen Morrin (2015), "The Cool Scent of Power: Effects of Ambient Scent on Consumer Preferences and Choice Behavior," *Journal of Marketing*, 79(1), 83–96.

Maglio, Sam J. and Yaacov Trope (2012), "Disembodiment: Abstract Construal Attenuates the Influence of Contextual Bodily State in Judgment," *Journal of Experimental Psychology: General*, 141(2), 211–216.

Malhotra, Naresh K. (1984), "Reflections on the Information Overload Paradigm in Consumer Decision Making," *Journal of Consumer Research*, 10(4), 436–440.

Markus, Hazel R. and Shinobu Kitayama (1991), "Culture and the Self: Implications for Cognition, Emotion, and Motivation," *Psychological Review*, 98(2), 224–253.

Martin, Brett A. S., Juergen Gnoth, and Carolyn Strong (2009), "Temporal Construal in Advertising: The Moderating Role of Temporal Orientation and Attribute

Importance in Consumer Evaluations," *Journal of Advertising*, 38(3), 5–19.

Masuda, Takahiko and Richard E. Nisbett (2001), "Attending Holistically versus Analytically: Comparing the Context Sensitivity of Japanese and Americans," *Journal of Personality and Social Psychology*, 81(5), 922–934.

Maxham III, James G. and Richard G. Netemeyer (2002), "A Longitudinal Study of Complaining Customers' Evaluations of Multiple Service Failures and Recovery Efforts," *Journal of Marketing*, 66(4), 57–71.

McAlister, Leigh and Edgar Pessemier (1982), "Variety Seeking Behavior: An Interdisciplinary Review," *Journal of Consumer Research*, 9(3), 311–322.

McCabe, Deborah Brown and Stephen M. Nowlis (2003), "The Effect of Examining Actual Products or Product Descriptions on Consumer Preference," *Journal of Consumer Psychology*, 13(4), 431–439.

McCollough, Michael A., Leonard L. Berry, and Manjit S. Yadav (2000), "An Empirical Investigation of Customer Satisfaction after Service Failure and Recovery," *Journal of Service Research*, 3(2), 121–137.

McDaniel Carl and R. C. Baker (1977), "Convenience Food Packaging and the Perception of Product Quality," *Journal of Marketing*, 41(4), 57–58.

Meyers-Levy, Joan and Durairaj Maheswaran (1992), "When Timing Matters: The Influence of Temporal Distance on Consumers' Affective and Persuasive Responses," *Journal of Consumer Research*, 19(3), 424–433.

———, Rui Zhu, and Lan Jiang (2009), "Context Effects from Bodily Sensations: Examining Bodily Sensations Induced by Flooring and the Moderating Role of Product Viewing Distance," *Journal of Consumer Research*, 37(1), 1–14.

Miller, Joan G. (1984), "Culture and the Development of Everyday Social Explanation," *Journal of Personality and Social Psychology*, 46(5), 961–978.

Mitchell, Andrew A. (1986), "The Effect of Verbal and Visual Components of Advertisements on Brand Attitudes and Attitude toward the Advertisement," *Journal of Consumer Research*, 13(1), 12–24.

Moore, William L. and Donald R. Lehmann (1980), "Individual Differences in Search Behavior for a Nondurable," *Journal of Consumer Research*, 7(3), 296–307.

Moorthy, Sridhar, Brian T. Ratchford, and Debabrata Talukdar (1997), "Consumer Information Search Revisited: Theory and Empirical Analysis," *Journal of Consumer Research*, 23(4), 263–277.

Morrin, Maureen (1999), "The Impact of Brand Extensions on Parent Brand Memory Structures and Retrieval Processes," *Journal of Marketing Research*, 36(4), 517–525.

Morris, Michael W. and Kaiping Peng (1994), "Culture and Cause: American and Chinese Attributions for Social and Physical Events," *Journal of Personality and*

Social Psychology, 67(6), 949–971.
Nair, Unnikrishnan K. and S. Ramnarayan (2000), "Individual Differences in Need for Cognition and Complex Problem Solving," *Journal of Research in Personality*, 34(3), 305–328.
Navon, David (1977), "Forest before Trees: The Precedence of Global Features in Visual Perception," *Cognitive Psychology*, 9(3), 353–383.
Ng, Sharon and Michael J. Houston (2006), "Exemplars or Beliefs? The Impact of Self-view on the Nature and Relative Influence of Brand Associations," *Journal of Consumer Research*, 32(4), 519–529.
Nicosia, Francesco M. (1966), *Consumer Decision Process: Marketing and Advertising Implications*, NJ: Prentice-Hall.
Nisbett, Richard (2003), *The Geography of Thought: How Asians and Westerners Think Differently...and Why*, NY: Simon and Schuster（村本由紀子訳『木を見る西洋人　森を見る東洋人』ダイヤモンド社，2004年）.
Nixon, Howard Kenneth (1924), "Attention and Interest in Advertising," *Archives of Psychology*, 72, 5–67.
Nussbaum, Shiri, Yaacov Trope, and Nira Liberman (2003), "Creeping Dispositionism: The Temporal Dynamics of Behavior Prediction," *Journal of Personality and Social Psychology*, 84(3), 485–497.
Oliver, Richard L. (2010), *Satisfaction: A Behavioral Perspective on the Consumer (Second Edition)*, London: Routledge.
Olshavsky, Richard W. and John A. Miller (1972), "Consumer Expectations, Product Performance, and Perceived Product Quality," *Journal of Marketing Research*, 9(1), 19–21.
Orth, Ulrich R. and Keven Malkewitz (2008), "Holistic Package Design and Consumer Brand Impressions," *Journal of Marketing*, 72(3), 64–81.
Paivio, Allan (1986), *Mental Representations: A Dual Coding Approach*, NY: Oxford University Press.
Park, Whan C. and V. Parker Lessig (1977), "Students and Housewives: Differences in Susceptibility to Reference Group Influence," *Journal of Consumer Research*, 4(2), 102–110.
——— and Daniel C. Smith (1989), "Product-level Choice: A Top-down or Bottom-up Process?," *Journal of Consumer Research*, 16(3), 289–299.
Peck, Joann (2010), "Does Touch Matter? Insights from Haptic Research in Marketing," in A. Krishna (ed.), *Sensory Marketing: Research on the Sensuality of Consumers*, NY: Routledge, 17–31.
——— and Terry L. Childers (2003a), "To Have and to Hold: The Influence of

Haptic Information on Product Judgments," *Journal of Marketing*, 67(2), 35–48.

——— and Terry L. Childers (2003b), "Individual Differences in Haptic Information Processing: The "Need for Touch" Scale," *Journal of Consumer Research*, 30(3), 430–442.

——— and Jennifer Wiggins (2006), "It Just Feels Good: Customers' Affective Response to Touch and its Influence on Persuasion," *Journal of Marketing*, 70(4), 56–69.

Pennings, Marieke C., Tricia Striano, and Susan Oliverio (2014), "A Picture Tells a Thousand Words: Impact of an Educational Nutrition Booklet on Nutrition Label Gazing," *Marketing Letters*, 25(4), 355–360.

Peterson, Robert A. (1970), "The Price-Perceived Quality Relationship: Experimental Evidence," *Journal of Marketing Research*, 7(4), 525–528.

Petty, Richard E. and John T. Cacioppo (1986a), *Communication and Persuasion: Central and Peripheral Routes to Attitude Change*, NY: Springer-Verlag.

——— and ——— (1986b), "The Elaboration Likelihood Model of Persuasion," in L. Berkowitz (eds.), *Advances in Experimental Social Psychology*, NY: Academic Press, 123–205.

———, ———, and Rachel Goldman (1981), "Personal Involvement as a Determinant of Argument-based Persuasion," *Journal of Personality and Social Psychology*, 41(5), 847–855.

———, Thomas M. Ostrom, and Timothy C. Brock (eds.) (1981), *Cognitive Responses in Persuasion*, NJ: Lawrence Erlbaum Associates.

Pham, Michel Tuan and Hannah H. Chang (2010), "Regulatory Focus, Regulatory Fit, and the Search and Consideration of Choice Alternatives," *Journal of Consumer Research*, 37(4), 626–640.

Pieters, Rik and Luk Warlop (1999), "Visual Attention during Brand Choice: The Impact of Time Pressure and Task Motivation," *International Journal of Research in Marketing*, 16(1), 1–16.

——— and Michel Wedel (2004), "Attention Capture and Transfer in Advertising: Brand, Pictorial, and Text-size Effects," *Journal of Marketing*, 68(2), 36–50.

——— and ——— (2007), "Goal Control of Attention to Advertising: The Yarbus Implication," *Journal of Consumer Research*, 34(2), 224–233.

———, Edward Rosbergen, and Michel Wedel (1999), "Visual Attention to Repeated Print Advertising: A Test of Scanpath Theory," *Journal of Marketing Research*, 36(4), 424–438.

———, Michel Wedel, and Rajeev Batra (2010), "The Stopping Power of Advertising: Measures and Effects of Visual Complexity," *Journal of Marketing*,

74(5), 48–60.

———, ———, and Jie Zhang (2007), "Optimal Feature Advertising Design under Competitive Clutter," *Management Science*, 53(11), 1815–1828.

Pilditch, James (1961), *The Silent Salesman*, London, UK: London Business Publication Ltd.（向野元生・関口猛夫・渡辺好章訳『パッケージ戦略』ダイヤモンド社，1965 年）.

Piqueras-Fiszman, Betina, Vanessa Harrar, Jorge Alcaide, and Charles Spence (2011), "Does the Weight of the Dish Influence Our Perception of Food?," *Food Quality and Preference*, 22(8), 753–756.

Plummer, Joseph T. (1974), "The Concept and Application of Life Style Segmentation," *Journal of Marketing*, 38(1), 33–37.

Proffitt, Dennis R., Jeanine Stefanucci, Tom Banton, and William Epstein (2003), "The Role of Effort in Perceiving Distance," *Psychological Science*, 14(2), 106–112.

Punj, Girish and Robert Moore (2009), "Information Search and Consideration Set Formation in a Web-based Store Environment," *Journal of Business Research*, 62(6), 644–650.

——— and Richard Staelin (1983), "A Model of Consumer Information Search Behavior for New Automobiles," *Journal of Consumer Research*, 9(4), 366–380.

Putrevu, Sanjay, Joni Tan, and Kenneth R. Lord (2004), "Consumer Responses to Complex Advertisements: The Moderating Role of Need for Cognition, Knowledge, and Gender," *Journal of Current Issues & Research in Advertising*, 26(1), 9–24.

Pyone, Jin Seok and Alice M. Isen (2011), "Positive Affect, Intertemporal Choice, and Levels of Thinking: Increasing Consumers' Willingness to Wait," *Journal of Marketing Research*, 48(3), 532–543.

Quattrone, George A. and Edward E. Jones (1980), "The Perception of Variability within In-groups and Out-groups: Implications for the Law of Small Numbers," *Journal of Personality and Social Psychology*, 38(1), 141–152.

Raghubir, Priya and Eric A. Greenleaf (2006), "Ratios in Proportion: What should the Shape of the Package Be?," *Journal of Marketing*, 70(2), 95–107.

——— and Aradhna Krishna (1999), "Vital Dimensions in Volume Perception: Can the Eye Fool the Stomach?," *Journal of Marketing Research*, 36(3), 313–326.

Rao, Akshay R. and Kent B. Monroe (1989), "The Effect of Price, Brand Name, and Store Name on Buyers' Perceptions of Product Quality: An Integrative Review," *Journal of Marketing Research*, 26(3), 351–357.

Ratchford, Brian T., Myung-Soo Lee, and Debabrata Talukdar (2003), "The Impact of the Internet on Information Search for Automobiles," *Journal of Marketing Research*, 40(2), 193–209.

———, Debabrata Talukdar, and Myung-Soo Lee (2007), "The Impact of the Internet on Consumers' Use of Information Sources for Automobiles: A Re-Inquiry," *Journal of Consumer Research*, 34(1), 111–119.

Ratneshwar, Srinivasan, Lawrence W. Barsalou, Cornelia Pechmann, and Melissa Moore (2001), "Goal-derived Categories: The Role of Personal and Situational Goals in Category Representations," *Journal of Consumer Psychology*, 10(3), 147–157.

Rettie, Ruth and Carol Brewer (2000), "The Verbal and Visual Components of Package Design," *Journal of Product & Brand Management*, 9(1), 56–70.

Rich, Stuart U. and Subhash C. Jain (1968), "Social Class and Life Cycle as Predictors of Shopping Behavior," *Journal of Marketing Research*, 5(1), 41–49.

Roehm, Michelle L. and Harper A. Roehm Jr. (2011), "The Influence of Redemption Time Frame on Responses to Incentives," *Journal of the Academy of Marketing Science*, 39(3), 363–375.

Rosbergen, Edward, Rik Pieters, and Michel Wedel (1997), "Visual Attention to Advertising: A Segment-level Analysis," *Journal of Consumer Research*, 24(3), 305–314.

Rosch, Eleanor and Carolyn B. Mervis (1975), "Family Resemblances: Studies in the Internal Structure of Categories," *Cognitive Psychology*, 7(4), 573–605.

Roullet, Bernard and Olivier Droulers (2005), "Pharmaceutical Packaging Color and Drug Expectancy," Advances in Consumer Research, in Geeta Menon and Akshay R. Rao, Duluth, MN (eds.), *Advances in Consumer Research*, 32, UT: Association for Consumer Research, 164–171.

Russo, Edward J. (1978), "Eye Fixations Can Save the World: A Critical Evaluation and a Comparison between Eye Fixations and Other Information Processing Methodologies," in Kent Hunt (eds.), *Advances in Consumer Research*, 5, MI: Association for Consumer Research, 561–570.

Rust, Roland T., J. Jeffrey Inman, Jianmin Jia, and Anthony Zahorik (1999), "What You Don't Know about Customer-perceived Quality: The Role of Customer Expectation Distributions," *Marketing Science*, 18(1), 77–92.

Schaninger, Charles M. and Donald Sciglimpaglia (1981), "The Influence of Cognitive Personality Traits and Demographics on Consumer Information Acquisition," *Journal of Consumer Research*, 8(2), 208–216.

Schifferstein, Hendrik N.J. (2006), "The Perceived Importance of Sensory Modalities in Product Usage: A Study of Self-reports," *Acta Psychologica*, 121(1), 41–64.

Schmidt, Jeffrey B. and Richard A. Spreng (1996), "A Proposed Model of External Consumer Information Search," *Journal of the Academy of Marketing Science*, 24(3), 246–256.

Schoormans, Jan P. L. and Henry S. J. Robben (1997), "The Effect of New Package Design on Product Attention, Categorization and Evaluation," *Journal of Economic Psychology*, 18(2-3), 271–287.

Silayoi, Pinya and Mark Speece (2007), "The Importance of Packaging Attributes: A Conjoint Analysis Approach," *European Journal of Marketing*, 41(11/12), 1495–1517.

Simonson, Itamar, Ziv Carmon, Ravi Dhar, Aimee Drolet, and Stephen M. Nowlis (2001), "Consumer Research: In Search of Identity," *Annual Review of Psychology*, 52(1), 249–275.

Smith, Amy K., Ruth N. Bolton, and Janet Wagner (1999), "A Model of Customer Satisfaction with Service Encounters Involving Failure and Recovery," *Journal of Marketing Research*, 36(3), 356–372.

Spassova, Gerri and Angela Y. Lee (2013), "Looking into the Future: A Match between Self-View and Temporal Distance," *Journal of Consumer Research*, 40(1), 159–171.

Spenner, Patrick and Karen Freeman (2012), "To Keep Your Customers, Keep It Simple," *Harvard Business Review*, 90(5), 108–114.

Spreng, Richard A., Gilbert D. Harrell, and Robert D. Mackoy (1995), "Service Recovery: Impact on Satisfaction and Intentions," *Journal of Services Marketing*, 9(1), 15–23.

Srinivasan, Narasimhan and Brian T. Ratchford (1991), "An Empirical Test of a Model of External Search for Automobiles," *Journal of Consumer Research*, 18(2), 233–242.

Srull, Thomas K. (1983), "Affect and Memory: The Impact of Affective Reactions in Advertising on the Representation of Product Information in Memory", in Richard P. Bagozzi and Alice M. Tybout (eds.), *Advances in Consumer Research*, 10, MI: Association for Consumer Research, 520–525.

Stafford, James E. (1966), "Effects of Group Influences on Consumer Brand Preferences," *Journal of Marketing Research*, 3(1), 68–75.

Sternthal, Brian, Alice M. Tybout, and Bobby J. Calder (1987), "Confirmatory Versus Comparative Approaches to Judging Theory Tests," *Journal of Consumer Research*, 14(1), 114–125.

Sundar, Aparna, and Theodore J. Noseworthy (2014), "Place the Logo High or Low? Using Conceptual Metaphors of Power in Packaging Design," *Journal of Marketing*, 78(5), 138–151.

Swait, Joffre and Wiktor Adamowicz (2001), "The Influence of Task Complexity on Consumer Choice: A Latent Class Model of Decision Strategy Switching," *Journal of Consumer Research*, 28(1), 135–148.

Tangari, Andrea Heintz, Judith Anne Garretson Folse, Scot Burton, and Jeremy Kees

(2010), "The Moderating Influence of Consumers' Temporal Orientation on the Framing of Societal Needs and Corporate Responses in Cause-Related Marketing Campaigns," *Journal of Advertising*, 39(2), 35–50.

Thomas, Manoj and Claire I. Tsai (2012), "Psychological Distance and Subjective Experience: How Distancing Reduces the Feeling of Difficulty," *Journal of Consumer Research*, 39(2), 324–340.

Thompson, Debora Viana, Rebecca W. Hamilton, and Roland T. Rust (2005), "Feature Fatigue: When Product Capabilities Become Too Much of a Good Thing," *Journal of Marketing Research*, 42(4), 431–442.

Trope, Yaacov and Nira Liberman (2000), "Temporal Construal and Time-Dependent Changes in Preference," *Journal of Personality and Social Psychology*, 79(6), 876–889.

——— and ——— (2003), "Temporal Construal," *Psychological Review*, 110(3), 403–421.

———, ———, and Cheryl Wakslak (2007), "Construal Levels and Psychological Distance: Effects on Representation, Prediction, Evaluation, and Behavior," *Journal of Consumer Psychology*, 17(2), 83–95.

Trout, Jack and Steve Rivkin (2008), *Differentiate or Die: Survival in Our Era of Killer Competition*, NY: Wiley（吉田利子訳『独自性の発見』海と月社，2011 年）.

Tsai, Claire I. and Ann L. McGill (2011), "No Pain, No Gain? How Fluency and Construal Level Affect Consumer Confidence," *Journal of Consumer Research*, 37(5), 807–821.

Tversky, Amos and Daniel Kahneman (1974), "Judgment under Uncertainty: Heuristics and Biases," *Science*, New Series, 185(4157), 1124–1131.

Twedt, Dik Warren (1965), "Consumer Psychology," *Annual Review of Psychology*, 16, 265–294.

Tybout, Alice M. and Nancy Artz (1994), "Consumer Psychology," *Annual Review of Psychology*, 45, 131–169.

Underwood, Robert L. (2003), "The Communicative Power of Product Packaging: Creating Brand Identity via Lived and Mediated Experience," *Journal of Marketing Theory and Practice*, 11(1), 62–76.

——— and Noreen M. Klein (2002), "Packaging as Brand Communication: Effects of Product Pictures on Consumer Responses to the Package and Brand," *Journal of Marketing Theory and Practice*, 10(4), 58–68.

———, ——— and Raymond R. Burke (2001), "Packaging Communication: Attentional Effects of Product Imagery," *Journal of Product & Brand Management*, 10(7), 403–422.

Vallacher, Robin R. and Daniel M. Wegner (1989), "Levels of Personal Agency: Individual Variation in Action Identification," *Journal of Personality and Social Psychology*, 57(4), 660–671.

———, ———, and Maria P. Somoza (1989), "That's Easy for You to Say: Action Identification and Speech Fluency," *Journal of Personality and Social Psychology*, 56(2), 199–208.

van den Berg-Weitzel, Lianne, and Gaston van de Laar (2001), "Relation between Culture and Communication in Packaging Design," *Journal of Brand Management*, 8(3), 171–184.

Verge, Charles G. and Richard S. Bogartz (1978), "A Functional Measurement Analysis of the Development of Dimensional Coordination in Children," *Journal of Experimental Child Psychology*, 25(2), 337–353.

Verplanken, Bas (1993), "Need for Cognition and External Information Search: Responses to Time Pressure during Decision-Making," *Journal of Research in Personality*, 27(3), 238–252.

———, Pieter T. Hazenberg, and Grace R. Palenéwen (1992), "Need for Cognition and External Information Search Effort," *Journal of Research in Personality*," 26(2), 128–136.

Wakslak, Cheryl J., Yaacov Trope, Nira Liberman, and Rotem Alony (2006), "Seeing the Forest When Entry is Unlikely: Probability and the Mental Representation of Events," *Journal of Experimental Psychology: General*, 135(4), 641–653.

Walsh, Gianfranco, Thorsten Henning-Thurau, and Vincent-Wayne Mitchell (2007), "Consumer Confusion Proneness: Scale Development, Validation, and Application," *Journal of Marketing Management*, 23(7-8), 697–721.

Wan, Echo Wen and Nidhi Agrawal (2011), "Carryover Effects of Self-Control on Decision Making: A Construal-Level Perspective," *Journal of Consumer Research*, 38(1), 199–214.

——— and Derek D. Rucker (2013), "Confidence and Construal Framing: When Confidence Increases Versus Decreases Information Processing," *Journal of Consumer Research*, 39(5), 977–992.

Wang, Xin (Shane), Neil T. Bendle, Feng Mai, and June Cotte (2015), "The Journal of Consumer Research at 40: A Historical Analysis," *Journal of Consumer Research*, 42(1), 5–18.

Wansink, Brian (1996), "Can Package Size Accelerate Usage Volume?," *Journal of Marketing*, 60(3), 1–14.

——— and Koert Van Ittersum (2003), "Bottoms Up! The Influence of Elongation on Pouring and Consumption Volume," *Journal of Consumer Research*, 30(3), 455–463.

——— and ——— (2016), "Boundary Research: Tools and Rules to Impact Emerging Fields," *Journal of Consumer Behaviour*, 15(5), 396–410.

Wedel, Michel and Rik Pieters (2000), "Eye Fixations on Advertisements and Memory for Brands: A Model and Findings," *Marketing Science*, 19(4), 297–312.

——— and ——— (2008), "A Review of Eye-tracking Research in Marketing," *Review of Marketing Research*, 4(1), 123–147.

Westbrook, Robert A. and Richard L. Oliver (1991), "The Dimensionality of Consumption Emotion Patterns and Consumer Satisfaction," *Journal of Consumer Research*, 18(1), 84–91.

White, Katherine, Rhiannon MacDonnell, and Darren W. Dahl (2011), "It's the Mind-Set that Matters: The Role of Construal Level and Message Framing in Influencing Consumer Efficacy and Conservation Behaviors," *Journal of Consumer Research*, 48(3), 472–483.

Williams, Lawrence E. and John A. Bargh (2008), "Experiencing Physical Warmth Promotes Interpersonal Warmth," *Science*, 322(5901), 606–607.

Wright, Scott, Chris Manolis, Drew Brown, Xiaoning Guo, John Dinsmore, C.-Y. Peter Chiu, and Frank R. Kardes (2012), "Construal-Level Mind-Sets and the Perceived Validity of Marketing Claims," *Marketing Letters*, 23(1), 253–261.

Yan, Dengfeng and Jaideep Sengupta (2011), "Effects of Construal Level on the Price-Quality Relationship," *Journal of Consumer Research*, 38(2), 376–389.

Yang, Xiaojing, Torsten Ringberg, Huifang Mao, and Laura A. Peracchio (2011), "The Construal (In) Compatibility Effect: The Moderating Role of a Creative Mind-Set," *Journal of Consumer Research*, 38(4), 681–696.

Yuille, John C. and Michael J. Catchpole (1977), "The Role of Imagery in Models of Cognition," *Journal of Mental Imagery*, 1(1), 171–180.

Zaichkowsky, Judith Lynne (1985), "Measuring the Involvement Construct," *Journal of Consumer Research*, 12(3), 341–352.

Zeithaml, Valarie A. (1988), "Consumer Perceptions of Price, Quality, and Value: A Means-end Model and Synthesis of Evidence," *Journal of Marketing*, 52(3), 2–22.

———, Leonard L. Berry, and Ananthanarayanan Parasuraman (1996), "The Behavioral Consequences of Service Quality," *Journal of Marketing*, 60(2), 31–46.

Zhang, Meng and Xiuping Li (2012), "From Physical Weight to Psychological Significance: The Contribution of Semantic Activations," *Journal of Consumer Research*, 38(6), 1063–1075.

——— and Jing Wang (2009), "Psychological Distance Asymmetry: The Spatial Dimension vs. Other Dimensions," *Journal of Consumer Psychology*, 19(3), 497–507.

Zhao, Min and Jinhong Xie (2011), "Effects of Social and Temporal Distance on

Consumers' Responses to Peer Recommendations," *Journal of Marketing Research*, 48(3), 486–496.

Zhao, Xinshu, John G. Lynch Jr, and Qimei Chen (2010), "Reconsidering Baron and Kenny: Myths and Truths about Mediation Analysis," *Journal of Consumer Research*, 37(2), 197–206.

Zhu, Rui (Juliet) and Joan Meyers-Levy (2009), "The Influence of Self-View on Context Effects: How Display Fixtures Can Affect Product Evaluations," *Journal of Marketing Research*, 46(1), 37–45.

Zwebner, Yonat, Leonard Lee, and Jacob Goldenberg (2013), "The Temperature Premium: Warm Temperatures Increase Product Valuation," *Journal of Consumer Psychology*, 24(2), 251–259.

相原修・嶋正・三浦俊彦（2009）『グローバル・マーケティング入門』日本経済新聞出版社。

青木幸弘（2004）「製品関与とブランド・コミットメント—構成概念の再検討と課題整理」『季刊マーケティングジャーナル』，第23巻第4号，日本マーケティング協会，25～51頁。

————（2012）「消費者行動の変化とその諸相」，青木幸弘・新倉貴士・佐々木壮太郎・松下光司著『消費者行動論』有斐閣，112～136頁。

秋本昌士（2012）『イノベーションの消費者行動』成文堂。

アサヒグループホールディングス（2008）「第265回調査　ちょっとしたプレゼント」（http://www.asahigroup-holdings.com/company/research/hapiken/maian/bn/200812/00265/#content　2014年8月5日最終アクセス）。

阿部周造（1984a）「消費者情報処理理論」中西正雄編著『消費者行動分析のニューフロンティア—多属性分析を中心に—』誠文堂新光社，119～163頁。

————（1984b）「消費者行動の国際比較—その予備的考察—」『横浜経営研究』，第4巻特別号，横浜国立大学経営学会，115～122頁。

————（1998）「消費者満足の測定に関する一考察」阿部周造・新倉貴士編著『消費者行動研究の新展開』千倉書房，3～20頁。

————（2009）「解釈レベル理論と消費者行動研究」『流通情報』，第481号，流通経済研究所，6～11頁。

————（2013）『消費者行動研究と方法』千倉書房。

————・守口剛・恩蔵直人・竹村和久（2010）「解釈レベル理論を用いた消費者行動の分析」『行動経済学』，第3巻，行動経済学会，178～182頁。

安藤和代（2017）『消費者購買意思決定とクチコミ行動—説得メカニズムからの解明—』千倉書房。

池田謙一（2010）「マスメディアとインターネット—巨大にみえる影響力はどこまで実像

か」池田謙一・唐沢穣・工藤恵理子・村本由紀子著『社会心理学』有斐閣，267〜289頁。
池田新介（2012）『自滅する選択』東洋経済新報社。
石井淳蔵（1993）『マーケティングの神話』日本経済新聞出版社。
石井裕明・阿部周造・守口剛・恩蔵直人・竹村和久（2010）「消費者の評価・選択軸の変化と解釈レベル理論」『第40回消費者行動研究コンファレンス報告要旨集』日本消費者行動研究学会，57〜60頁。
井上理・河野紀子・中尚子（2015）「拡散し揺れ惑う消費者」『日経ビジネス』，2015年1月19日号，日経BP社，34〜37頁。
井上裕珠・阿久津聡（2015）「『特性』としての解釈レベルを考える―BIF尺度に注目して―」『マーケティングジャーナル』，第34巻第3号，日本マーケティング学会，83〜98頁。
大石芳裕（2017）『実践的グローバル・マーケティング』ミネルヴァ書房。
大垣昌夫・田中沙織（2014）『行動経済学―伝統的経済学との統合による新しい経済学を目指して』有斐閣。
太田憲一郎（2006）「洋菓子パッケージに学ぶ　音や触感が甘い記憶に彩りを添える」『日経デザイン』，4月号，日経BP社，94〜101頁。
大槻博（1982）「一九八一年度衝動買い調査報告」『季刊消費と流通』，第6巻第2号，日本経済新聞社，128〜130頁。
小川孔輔（2005）「バラエティシーキング行動モデル：既存文献の概括とモデルの将来展望」『商學論究』，第52巻第4号，関西学院大学商学部・商学研究科，35〜52頁。
恩蔵直人（1995）『競争優位のブランド戦略―多次元化する成長力の源泉―』日本経済新聞社。
――――（2002）「パッケージ」恩蔵直人・亀井昭宏編『ブランド要素の戦略論理』早稲田大学出版部，135〜152頁。
――――（2007）『コモディティ化市場のマーケティング論理―新たな戦略論理の構築に向けて―』有斐閣。
――――・井上淳子・須永努・安藤和代（2009）『顧客接点のマーケティング』千倉書房。
木内亜紀（1997）「女子大学生とその母親の相互独立・相互協調的自己観」『教育心理学研究』，第45巻第2号，日本教育心理学会，183〜191頁。
神山貴弥・藤原武弘（1991）「認知欲求尺度に関する基礎的研究」『社会心理学研究』，第6巻第3号，日本社会心理学会，184〜192頁。
笹田克彦（2014）「計画の3倍を売り上げた「ギフト専用」の金」『日経デザイン』，2014年1月号，日経BP社，34〜35頁。
佐藤郁哉（2002）『フィールドワークの技法―問いを育てる，仮説をきたえる』新曜社。
澁谷覚（2013）『類似性の構造と判断―他者との比較が消費者行動を変える』有斐閣。
清水聰（1999）『新しい消費者行動』千倉書房。

――――（2013）『日本発のマーケティング』千倉書房。
杉江あこ（2014）「写実的な花の絵からは良い香りを連想する」『日経デザイン』，2014年6月号，日経BP社，82～83頁。
杉本徹雄（2012）「消費者行動への心理学的接近」杉本徹雄編著『新・消費者理解のための心理学』福村出版，26～38頁。
須永努（2010）『消費者の購買意思決定プロセス―環境変化への適応と動態性の解明―』青山社。
須永努・石井裕明（2012）「消費者行動研究における解釈レベル理論の展開」『日経広告研究所報』，第263号，日経広告研究所，23～29頁。
総務省（2014）『平成26年版　情報通信白書』（http://www.soumu.go.jp/johotsusintokei/whitepaper/ja/h26/pdf/n5300000.pdf　2014年12月26日最終アクセス）
髙橋広行（2011）『カテゴリーの役割と構造―ブランドとライフスタイルをつなぐもの―』関西学院大学出版会。
武井寿（1997）『解釈的マーケティング研究―マーケティングにおける「意味」の基礎理論的研究』白桃書房。
竹内淑恵（2007）「製品パッケージの情報処理とコミュニケーション戦略」『日経広告研究所報』，第41巻第4号，日経広告研究所，30～37頁。
竹村和久（2009）『行動意思決定論―経済行動の心理学』日本評論社。
出牛正芳（2004）『基本マーケティング用語辞典』白桃書房。
外川拓（2010）「消費者反応に及ぼすパッケージ要素の効果―既存研究の整理と課題―」『商学研究科紀要』，第71号，早稲田大学大学院商学研究科，201～214頁。
――――・八島明朗（2014）「解釈レベル理論を用いた消費者行動研究の系譜と課題」『消費者行動研究』，第20巻第2号，日本消費者行動研究学会，65～94頁。
――――・石井裕明・朴宰佑（2016）「『硬さ』『重さ』の感覚と消費者の意思決定―身体化認知理論に基づく考察―」『マーケティングジャーナル』，第35巻第4号，日本マーケティング学会，72～89頁。
中村勇介（2012）「4人に1人は家電でショールーミング」『日経デジタルマーケティング』，第62号，日経BP社，26～27頁。
鍋島弘治朗（2011）『日本語のメタファー』くろしお出版。
新倉貴士（2005）『消費者の認知世界―ブランド・マーケティング・パースペクティブ―』千倉書房。
――――（2012）「情報処理の能力」青木幸弘・新倉貴士・佐々木壮太郎・松下光司著『消費者行動論』有斐閣，185～208頁。
西原彰宏（2013）「関与概念の整理と類型化の試み」『商學論究』，第60巻第4号，関西学院大学商学部・商学研究科，305～323頁。
――――（2015）「消費者関与の概念的整理に向けて：社会心理学における関与概念の整

理」『関西学院商学研究』, 第69巻, 関西学院大学大学院商学研究科研究会, 1～14頁。
日本経済新聞（2010）「『友のため』なら気前よく—お手軽ギフト　若者の心包む」『日本経済新聞』（2010年5月18日付朝刊）。
————（2012）「ギフトを手軽に　SNSで贈る」『日本経済新聞』（2012年10月17日付朝刊）。
日本経済新聞社（2011）『ヒットの経営学』日本経済新聞出版社。
日本貿易振興機構（2016）『2016年版「ジェトロ世界貿易投資報告」』（https://www.jetro.go.jp/news/releases/2016/41ec591029d31aca.html　2017年4月4日最終アクセス）。
ネスレ日本（2013）「日本人の「ありがとう」を徹底解剖！　キットカット　調査リリース　」（http://www.nestle.co.jp/media/pressreleases/allpressreleases/20130924　2014年8月5日最終アクセス）。
朴正洙（2012）『消費者行動の多国間分析—原産国イメージとブランド戦略—』千倉書房。
朴宰佑・石井裕明・外川拓（2016）「消費者行動における触覚経験の影響～ハプティック知覚に関する研究の展開と課題～」『流通研究』, 第19巻第1号, 1～13頁。
星野克美（1985）『消費の記号論』講談社。
堀田一善（1991）「初期のマーケティング研究方法論争の特質」堀田一善編著『マーケティング研究の方法論』中央経済社, 1～70頁。
————（2006）『マーケティング思想史—メタ理論の系譜—』中央経済社。
堀越比呂志（2005）『マーケティング・メタリサーチ—マーケティング研究の対象・方法・構造—』千倉書房。
真壁昭夫（2010）『行動経済学入門』ダイヤモンド社。
牧野圭子（2015）『消費の美学—消費者の感性とは何か』勁草書房。
松井剛（2013）『ことばとマーケティング—「癒し」ブームの消費社会史—』碩学舎（発売元：中央経済社）。
南知惠子（1998）『ギフト・マーケティング—儀礼的消費における象徴と互酬性—』千倉書房。
守口剛（2012）「消費者行動研究のアプローチ方法」守口剛・竹村和久編著『消費者行動論』八千代出版, 27～50頁。
————・八島明朗・阿部誠（2012）「取引特定的顧客満足と全体的満足に対する影響要因の比較～解釈レベル理論を基礎とした仮説の検証～」『第44回消費者行動研究コンファレンス報告要旨集』, 日本消費者行動研究学会, 63～64頁。
渡辺隆之（2000）『店舗内購買行動とマーケティング適応—小売業とメーカーの協働局面—』千倉書房。
渡部千春（2009）「花王アタック　各国の洗濯スタイルを反映」『日経デザイン』, 2009年10月号, 日経BP社, 76～77頁。
————（2011a）「大関ワンカップ　本物が飲みたい米国の消費者」『日経デザイン』,

2011年1月号，日経BP社，76～77頁。
――――（2011b）「ミツカン穀物酢　『本場の味』をそのままに」『日経デザイン』，2011年11月号，日経BP社，64～65頁。
――――（2013）「ミツカン米酢　食事情の変化に合わせ表情を現地化する」『日経デザイン』，2013年6月号，日経BP社，74～75頁。

主 要 事 項 索 引

Ⓐ

Association for Consumer Research 9
Advances in Consumer Research 37-38
Annual Review of Psychology 9, 25

Ⓑ

BIF 尺度 41-44, 58, 61, 67, 74, 116
Bettman モデル 11

Ⓔ

Engel Kollat Blackwell (EKB) モデル 12

Ⓕ

fMRI（機能的磁気共鳴断層撮影装置）46, 201

Ⓗ

How の視点 29-31
Howard-Sheth モデル 9-10, 12

Ⓙ

Journal of Consumer Psychology（JCP）17, 29, 37-38
Journal of Consumer Research（JCR）iii, 9, 17-18, 37-38
Journal of Marketing Research（JMR）17, 37-38

Ⓛ

Liberman, Nira 28-39, 44-47, 88, 96, 136-137, 139-140, 163, 222

Ⓝ

Navon タスク 53, 76
Nicosia モデル 9

Ⓣ

t 検定 93, 116, 146, 175, 182, 210, 214, 217
Trope, Yaacov 28-39, 41, 44-45, 47, 57, 64, 88, 96, 136-140, 163, 193-194, 201-202, 206, 219, 221-222

Ⓦ

Web of Science 28, 38, 47
Why の視点 29-31

㋐

アイトラッキング viii, 13, 82-87, 89-91, 93, 97, 99, 228
厚さ 207-210, 212-214, 217
意思決定 iv-vi, viii-ix, 2, 7-10, 12-14, 16-19, 22-25, 31-32, 38, 46-47, 82, 104-106, 111-112, 120, 122-123, 128-129, 140, 185, 192-194, 196, 199-204, 206, 219-222, 226-227, 229-230
異時点間選択 40
1 元配置分散分析 212
意味概念 200
インターネット viii, 90, 104, 109-113, 120, 123, 144, 147, 151, 170, 174, 179
売り手と買い手の違い 57
エロンゲーション効果 131, 159
重さ 192-193, 195, 197, 200-203, 206-210, 212-214, 217, 219

㋕

下位検定 95, 119, 173, 176-177, 183, 210, 214, 217
解釈主義的アプローチ 13
解釈レベル特性 113-119, 121
解釈レベル理論 v-vii, 2-4, 22, 25, 28-29, 32-41, 46-47, 50-53, 55, 57, 61-62, 64-65, 67-76, 83, 87-88, 96-98, 113, 120, 122, 128-129, 136,

139-140, 145, 152, 155-156, 163, 185, 193, 203, 219, 221, 226-228, 233-234
外集団 137, 147, 168-169
概念構造 138
概念的追試 223
外部情報探索 15, 105-106, 110
外部妥当性 188, 193, 223
価格に依拠した品質判断 60
学習構成概念 10
仮説的距離 32
硬さ ix, 192-195, 197, 200-201, 204-217, 219-223, 229-230
カテゴリー化タスク 44-45
カラー 58, 84, 92, 94, 100-101, 128, 130-131, 133-134, 143, 164
感覚マーケティング 192, 194
感情 viii, 18, 56, 59-60, 63, 97, 122, 221, 228
間接的経験 53-54
関与 14-16, 25, 39, 76, 99, 106, 108, 110, 227
記憶 3, 11-12, 15, 17-18, 86-87, 105, 112, 135, 138, 143, 164, 200, 227, 230
機能核磁気共鳴断層装置（fMRI）46, 201
機能疲労 54, 68, 76
ギフト vi, 54, 68, 70-71, 128, 137-138, 140, 142, 148-152, 155, 157-158, 198, 229
ギフトとしての製品評価 140, 148-150
気分 15, 178
キャッシュバック 53
競合理論 40, 67-68, 71, 73, 98, 228
共分散分析 118
許容金額 215, 217-218
近接的な感覚 203
金銭的補償 193-194, 205-206, 215, 221
空間的距離 32-35, 37, 46, 55, 63, 99-100, 137, 140, 222, 231
具体的 vi-vii, 2-3, 8, 10-11, 14, 21-22, 25, 28-30, 33, 36-39, 43-45, 52-53, 57-58, 64-65, 74, 86, 88, 91, 96-97, 113, 121, 129, 136, 138-141, 144-146, 148-149, 151, 153, 155, 158, 163, 167, 169-172, 174, 176, 178-181, 184, 187, 196, 200, 202-203, 206, 215-216, 228-229
クーポン 52-53, 62
クチコミ 18, 77, 110, 123
グループ・インタビュー 22
グローバル化 162
経験的距離 32, 54, 65, 137-138
継続的探索 105
ゲイン型メッセージ 60
ゲシュタルト心理学 134
決定回避の法則 61
現在志向 56, 63
現地適合化 162
限定的問題解決 10
広告 ix, 2-3, 8, 10-12, 14, 19, 24, 56-57, 59-60, 63-64, 67, 71, 83-87, 89, 98, 105, 110, 113, 129, 139, 169, 192-195, 198, 201, 204-205, 207-209, 211-214, 220-221, 223, 226, 229
広告関与 14
交互作用 54-55, 62, 65, 94, 98, 118, 149, 153, 172-173, 176, 183, 210, 214, 217
行動経済学 v, 40, 60-61, 68, 226
購買意思決定モデル 12, 14, 16, 105
購買意思決定プロセス 8, 12-13, 104-105, 111, 122, 204
購買意図 14, 57, 59, 131, 204
購買関与 14-15, 106, 108, 110
購買経験 10, 99, 106-108, 142, 187
購買前探索 105-106
購買目標 3, 8, 87, 97, 196-197
購買後満足度 107
広範的問題解決 10
考慮集合 14
（制御資源の）枯渇効果 59, 68, 71
国際比較研究 60, 75, 170, 178, 229
個人的関連性 39-40, 67
個人的関与 39
コミュニケーション環境 24, 104, 120
コモディティ化 23
混合感情 59-60, 122

サービス・リカバリー 205, 215, 220-222
作業記憶 200
作文タスク 180, 185
3元配置分散分析 176
視覚情報 ix, 58, 134, 165, 192, 201

視覚探索 viii, 82-85, 87-89, 91, 93, 95-99, 228
視覚野 45-46
時間圧力 82, 86-87
時間推移 vii, 2, 19, 226-227
時間的距離 viii, ix, 32-34, 37, 39-40, 44, 46, 51-55, 57-58, 60, 62-63, 65, 67, 69-72, 74-75, 83, 87-90, 92-99, 128-129, 136-137, 139-141, 151-159, 169, 202-203, 209-211, 213-219, 221-222, 226, 228-231
時間的志向 52, 56, 63
時間割引率 40, 56, 67-71, 168
刺激 — 反応型モデル 10-11
自己観 ix, 57, 64, 163, 166-170, 174, 178-180, 182-185, 187, 229
自己制御 18, 31, 59, 63-65, 68
自己目的的接触欲求 197
自信 57, 61, 63-64, 195
指数割引 40
視線追跡 4, 82
視線追跡装置 4
視線停留時間 86, 91, 93-96, 99
実現可能性 29-30, 32-33, 46, 56, 61
実証分析 3, 227
品揃え 32, 61, 64
シナリオ 3-4, 44, 55, 66, 75, 90-91, 96-97, 100, 109, 142, 147-148, 151-152, 155, 158-159, 171, 174-175, 181, 209, 215-216, 219
支払意思額 193-194, 204-205, 211, 214-215, 219-221, 223, 230
社会階層 9
社会心理学 17, 28, 33, 37, 39, 41, 226
社会的距離 viii-ix, 32-35, 37, 46, 54-55, 60-63, 65, 67, 70, 97, 99, 128-129, 136-140, 147-151, 155-158, 162-163, 169-176, 178, 181-185, 222, 226-227, 229, 231
尺度の信頼性 146
重回帰分析 117-118
習慣的反応行動 10
重視属性 vi, 20-21, 23, 40, 68, 70-71, 74-75
収束妥当性 146
周辺的ルート 39-40, 70, 98
準拠集団 9, 17-18
消費 iii-ix, 8, 11-12, 28, 70, 98-99, 128-129, 131-133, 135, 139, 141, 143, 145, 151-152, 155-157, 226, 229, 231
消費者意思決定 v, 204, 206, 220, 227
消費者行動研究 iii-iv, vi-viii, 2, 8-11, 13-14, 16-19, 25, 28-29, 37-39, 41, 44, 47, 50-52, 62, 65-71, 73-76, 82-83, 86-87, 91, 97, 104, 128, 152, 168, 185, 192, 194, 220, 226-228
情報過負荷 111, 112, 115-117, 120-123
情報型接触 196
情報取得 viii, 3, 11, 15, 226, 228, 230
情報処理型モデル 2, 11, 14, 16
情報探索 viii, 4, 12, 15-16, 89, 98-99, 104-113, 115-123, 226, 228
情報統合 viii, 3, 11, 229-230
情報モニタリング法 82
将来志向 56, 63
触覚情報 ix, 133, 192-197, 199, 201-204, 206, 215, 219-220, 222-223, 226, 229
ショールーミング 104
身体化認知理論 58, 64, 200-201, 219-220, 222
診断的触覚情報 192-194, 196-197, 199, 201-204, 206, 215, 219, 222, 223
心的シミュレーション 200
心理的距離 vii, 2-3, 29-37, 39-40, 46, 51-55, 58, 61-67, 70, 72-73, 75, 82-83, 88, 99, 113, 128, 136-137, 139, 140-141, 152, 155-158, 193, 199, 203, 219-220, 222, 226-231
　単一の——— 51-52, 65, 228
　複数の——— 51, 54-55, 65, 228
　———の非対称性 55
(他者からの) 推奨 55, 137, 140
推論 60, 63, 137, 156
スマートフォン viii, 22-23, 104, 110-111
制御資源 59, 71
制御焦点理論 52, 56, 63, 109, 168
精神的表象 2, 29, 35-37, 203, 206
精緻化見込みモデル 11, 70, 98, 108
製品選択 28, 32, 38, 45, 65, 69, 88-89, 92, 105, 111, 120, 196
製品訴求 viii, 226, 229
製品評価 iv, viii-ix, 2, 11, 14, 54, 70, 89, 128-129, 131, 133, 136, 140-141, 143, 148-158, 163, 170, 175-178, 181, 183-187, 192, 195, 199-200, 219,

229-230
西洋文化圏 163, 166-170, 174, 178
世界標準化 162
情報型接触 196
接触欲求 133, 197-198, 223
説得 19, 62, 67, 226
選好の逆転現象 v, 226
選択基準 iv-v, 2, 22-23
前頭頭頂部 45
双曲線割引 40
相互協調的自己観 ix, 57, 64, 163, 167-170, 174, 178, 183-184, 229
相互独立的自己観 ix, 57, 64, 163, 166-170, 174, 183, 184, 229
操作チェック 66, 180, 182, 210, 214, 217
贈与品購買 18, 163, 178, 181
促進焦点 56, 109, 168

態度 10-11, 15, 17, 19, 39-40, 56, 59, 63, 70, 89, 98, 193-194, 198, 201, 206, 220, 226, 234
　———形成 11, 70, 89, 98
　———変容 19, 40, 226
妥協効果 60, 63, 72
多属性態度モデル 10, 15
脱文脈的 29-30, 43
妥当性判断 53
タブレット端末 104, 110-111
単純主効果 150, 154, 158
知覚犠牲 60-61
知覚構成概念 10
知覚困難性 61, 65, 83, 88-89, 91-93
知覚品質 15, 60-61, 63, 65, 132, 185, 194, 204-205, 207, 209-211, 220-221, 223
知覚リスク 15, 52
知識 iii, viii, 3, 15-16, 18, 32, 41-42, 99, 106-108, 110, 132, 142-143, 200, 227, 230
注意 iii, 32, 44, 59-60, 73, 83-87, 109, 128-129, 131-132, 135-136, 203
抽象的 vi, 2, 21, 29-30, 33, 36-38, 43-44, 53, 57-58, 60, 64-65, 88, 96, 121, 136, 138, 141, 170, 179, 184, 200-201, 203-206, 229
中心的ルート 39-40, 70, 98
直接的経験 53-54
チラシ 129, 220-221
動機 9, 11, 39, 82, 86-87, 97, 105, 108, 133
東洋文化圏 163, 165-170, 174, 178
遠い感覚 46

内集団 137, 147, 168, 185
内的一貫性 146
内部情報探索 15, 105
2 元配置分散分析 94, 149, 153, 172-173, 176, 183, 210, 214, 217
二重過程モデル 39-40, 67-68, 70-71, 98
日本消費者行動研究学会 iii, vi
俄かな情報探索 viii, 105, 111-112, 115-122, 228
認知革命 9
認知心理学 17, 193-194, 201
認知プロセス v, 82-83, 87, 165
認知プロセスの東西文化差 165
認知欲求 76, 83, 89-92, 94-99, 114, 118, 226, 228
望ましさ 29-30, 32-33, 46, 56, 58, 61, 64
脳科学 45-46
脳の半球優位性 134, 165

パーソナリティ 8
背景対比効果 60
パブリケーション・バイアス 77
パッケージ・カラー 130
パッケージ形状 131
パッケージ・サイズ 132
パッケージ・デザイン 128-130, 133-134, 143-144, 146, 149, 153, 156, 158, 162-165, 186, 194
パッケージの材質 132-133
パッケージへの画像掲載 128-129, 134-136, 138, 140-141, 151, 155-157, 163, 165, 169, 174, 184, 186-187
パッケージング 159
バラエティ・シーキング 15
反応時間法 82
比較研究 ix, 60, 73, 75, 170, 178, 229
非言語的処理 138
被験者間計画 90, 118, 147, 151, 174, 179, 209,

213, 216
被験者内要因 173
非情報型接触 196
非診断的触覚情報 192-194, 196-197, 199, 201-204, 206, 215, 219, 222-223
ピースミール処理 15
ビデオトラッキング 82
比喩表現 200
ヒューリスティックス 112, 121
不確実性回避傾向 178-179
副次的属性 39, 54-56, 58-59, 62, 64, 70, 137
ブランド・イメージ 38, 134
ブランド・コミットメント 15
ブランド拡張 15
ブランド信念 135-136, 156
ブランド評価 136
ブランド・カテゴライゼーション 12
ブランド・ファミリアリティ 135
プリテスト 207-214
フレーミング v, 60, 63
プロセシング・フルーエンシー 139
プロセス跡付け法 82
プロトコル法 13, 82
文化差（または文化的差異）44, 75, 162-165, 168-169, 179
文化心理学 163, 165, 174
文化的特性 164, 187
分析的認知 166
文脈依存的 29-30, 43
文脈効果 60, 63, 68, 71, 137, 156, 168
変容性 v, vii, 8, 19, 23-25, 226-227, 230
包括的認知 165
ホリスティック・パッケージ・デザイン 134
本質的属性 39, 54-56, 58-59, 64, 137, 185

マインドセット 44, 46, 52, 56-57, 64, 74, 88, 122, 179
マウストラッキング 82
マーケティング・コミュニケーション 25, 163, 221
マスメディア 105, 110, 120
身近な他者 ix, 163, 168-169, 174, 176-178, 181, 183-185, 187, 227, 229
魅力効果 60, 63
メタ認知 61, 63
目標 iv, vi, 2, 3, 8, 11, 14-16, 18, 22, 31, 52-53, 62, 74, 82, 86-87, 89, 96-97, 109, 169, 196-197, 203-204, 219, 221, 226-227
目標階層 14
目標関連的 29-31, 39, 70, 74, 94, 96, 136
———属性 70, 94, 96
目標非関連的 29-31, 39, 70, 74, 94, 96, 136, 203, 206
———属性 70, 94, 96
モチベーション・リサーチ 9
モノクロ 58, 84

予防焦点 56, 109, 168

ライフスタイル 9
リベート 56, 63
類似性 15, 23, 61, 88, 137, 168
レビューサイト 54
ロス型メッセージ 60
ロゴ 85, 130, 136

著者略歴

外川　拓（とがわ・たく）

上智大学経済学部准教授

1985年生まれ。東海大学政治経済学部卒業後，早稲田大学大学院商学研究科修士課程修了。同研究科博士後期課程単位取得。早稲田大学助手，千葉商科大学准教授などを経て2020年より現職。博士（商学）。2016年，オハイオ州立大学客員研究員。

主な著作に“A Packaging Visual-Gustatory Correspondence Effect: Using Visual Packaging Design to Influence Flavor Perception and Healthy Eating Decisions,” *Journal of Retailing* (2019年，共著)，“Effects of Consumers' Construal Levels on Post-impulse Purchase Emotions,” *Marketing Intelligence & Planning* (2019年，共著) など。

消費者意思決定の構造──解釈レベル理論による変容性の解明

2019年8月29日 初版第1刷発行
2021年2月10日 初版第2刷発行

著　者　外川　拓

発行者　千倉成示
発行所　株式会社 千倉書房
〒104-0031 東京都中央区京橋2-4-12
電話 03-3273-3931（代表）
https://www.chikura.co.jp/

印刷・製本　藤原印刷株式会社

ISBN 978-4-8051-1177-2 C3063